アレント『革命について』を読む

On Revolution
Hannah Arendt

牧野雅彦

法政大学出版局

凡　例

本書で頻繁に引用する『革命について』、『人間の条件』ならびにその原型となったプリンストン大学講義草稿『カール・マルクスと西欧政治思想の伝統』については、以下のように略記して、本文中に頁を示す。なおアレントのものに限らず訳文は原文に基づき適宜変更した。

- 『革命について』: *On Revolution* (1963), Harmondsworth: Penguin Books, 1990（『革命について』志水速雄訳、筑摩書房（ちくま学芸文庫）、一九九五年）。独語版 *Über die Revolution*, Müünchen und Zürich: Piper, 2011. 英語版（一九九〇年）は「p. **」として示し、邦訳の該当する個所を、漢数字で併記した。ドイツ語版は、「S. **」の形で示した。
- 『人間の条件』: *The Human Condition*, The University of Chicago Press, 1958（『人間の条件』志水速雄訳、筑摩書房（ちくま学芸文庫）、一九九四年）。「*HC*」と略記し、邦訳の該当する個所を、漢数字で併記した。
- 『カール・マルクスと西欧政治思想の伝統』佐藤和夫編、アーレント研究会訳、大月書店、二〇〇二年。「『伝統』」と略記し、邦訳の該当する個所を、漢数字で併記した。

なお、〔　〕内は引用者による挿入を示す。

本書第二章以降は『革命について』の章・節の構成に従っている。『革命について』の章の構成は以下に掲げる。

『革命について』

目次

序章　政治的なものの再発見
：「カール・マルクスと西洋政治思想の伝統」

1 『政治入門』から『革命について』へ

これからハンナ・アレント（一九〇六―七五年）の『革命について』（一九六三年）を読んでいくことにしたいと思います。この書物は、『全体主義の起源』（一九五一年）や『人間の条件』（一九五八年）とならぶアレントの主要著作の一つですが、近代革命の代表とされるフランス大革命ではなく、一七七五年にはじまる独立戦争から一七八七年の合衆国憲法の制定にいたる過程を「アメリカ革命」と呼んで[1]、これを高く評価して議論の中心に据えていることもあって、正面からとりあげられることはあまり多くありません。アレントの政治思想といえばまず名前が挙げられるのは『人間の条件』の方で、そこで論じられている古代ギリシアの都市共同体ポリスをモデルとした政治活動をめぐる議論、複数の人間によって構成される公共空間において行われる「活動」のうちに、「労働」や「製作」といった他の人間活動とは異なる政治活動の特質をアレントが見ていることは御存じの方も多いと思います。

しかしながら、その内容をよく検討するならば、『革命について』という書物は、アレントが「政治」を正面から扱ったものとしては第一に挙げられるべき書物、いわばアレントの政治思想の主著ともいうべき内容を備えている書物です。そうした事情についてまず簡単に説明しておきましょう。

ハンガリー革命の衝撃

アレントが一九五〇年代半ばに『政治入門』というタイトルの書物を計画していたことは、ウルズラ・ルッツによってアレントの遺稿『政治とは何か』が編集され公刊されて以来、アレント研究者の間ではよく知られています。(2)

一九五一年に最初の大著『全体主義の起源』を出版した後、アレントは五三年にプリンストン大学、ニューヨーク大学、ハーヴァード大学で講義を行っています。主にプリンストン大学の講義のために準備されたと見られる草稿「カール・マルクスと西洋政治思想の伝統」が残されていて、今日その内容はアメリカ議会図書館の『ハンナ・アレント関係文書』のＨＰで読むことができます。(3)そこで論じられている論点は、『政治入門』関連の草稿の内容ともかなりの程度重なり合うものでした。アレントは一九五五年の秋にドイツの出版社ピーパーからの提案を受けて、(4)五七年には『政治入門』の執筆に取りかかる予定でいたのですが、(5)『人間の条件』の執筆と公刊――こちらも五三年のプリンストン講義で提示された論点を発展させた内容になっています――をはじめとする一連の仕事のために『政治入門』の作業はなかなかはかどりません。そこに飛び込んできたのが、ハンガリー事件のニュースでした。一九五六年一〇月二三日に起きた市民の反乱について、アレントはこう述べています。(6)

武器を持たない元来は無害な学生のデモは数千人規模から突然、自然発生的に巨大な群衆に膨れあがり、彼らは学生の要求の一つであったブダペスト広場のスターリンの立像を引き倒すことになった。次の日には何人かの学生が放送局の建物に赴いて一六カ条にわたる宣言を放送するように説得した。すぐに大群衆がどこからともなく集まって、建物を警備していた政治警察であるÁVH〔Államvédelmi Hatóság: State Protection Authority〕が数発の射撃で群衆を蹴散らそうとした時に革命は始まった。大衆は警察を襲って最初の武器を獲得した。状況を知った労働者たちが工場を後にして群衆に加わった。体制を守って警察に協力するように要請された軍隊は革命の側について民衆を武装させた。学生のデモから始まったことは二四時間も経たないうちに武装蜂起になったのである。

この瞬間から以後、どんな綱領も要求箇条も宣言も何の役にも立たなかった。革命を推し進めたのは民衆全体が一つになって行動する勢いそのものであって、彼らの要求はあまりに明白で定式化の必要もないほどだった。すなわち、ロシアの軍隊は国外に去って、新たな体制は自由な選挙によって決められるべきだというのである。もはや問題は行動、言論、思想の自由がどこまで認められるかではなく、すでに達成された事実となった自由をどうやって制度化するかだった。かりにロシアの軍隊の外部からの介入——まずはこの国に駐留している軍隊の、次に完全武装でロシアから来た正規の大隊の介入——がなかったならば、これほど早く、完璧に、しかもごく僅かな犠牲でその目標を達成した革命は一つとしてなかったということができたかもしれない。ハンガリー革命の興味深い事実は、そこでは内戦が起きなかったことである。ハンガリーの軍隊は数時間の内に解体され、独裁体制は数日の内にすべての権力を剝奪された。国民のどのグループも、どんな階級も民衆の意志がひとたび知られ、その声が市場で聴かれるようになってからはそ

れに反対することはなかった。(7)

ソビエト・ロシアの全体主義支配を主導していたスターリンの死後(一九五三年)、盤石と思われていた共産圏に変化の兆しが起こってきます。フルシチョフの第二〇回党大会報告におけるいわゆる「スターリン批判」の衝撃を受けて東欧各地で民衆の反乱が起こり、一九五六年六月二八日ポーランドのポズナン暴動は共産党(統一労働者党)を除名されていたヴワディスワフ・ゴムウカの復権をもたらし、つづいて一〇月に起きたブダペストでの民衆反乱は共産党(勤労者党)の独裁体制を崩壊させてナジ・イムレの連立政権が成立します。とりわけハンガリーでは、既存の体制とそれを支える軍隊や警察は短期間に解体され、ソ連の軍事介入がなければ革命は成功を収めていたであろうとアレントは言うのです。そこに登場したのはほとんど自然発生的な民衆の自己組織でした。

その積極的な意義について言うならば、この反乱の際だった特徴は、リーダーも事前に定式化された綱領もない民衆の行動から、いかなる混乱も生じることがなかったことである。そこには略奪も、財産への侵害もなかった、その生活水準は悲惨で商品に対する渇望が深刻な群衆の間でもそうしたことは起きなかったのである。お互いの生命にかかわるような犯罪行為はなかったし、例外的に為されたÁVH将校の公開での絞首刑はごく一部の者に限定され区別されて行われていた。暴徒の支配が起きてもおかしくなかったような状況の下で、自然発生的な蜂起とほとんど同時に登場したのは、革命的・労働者評議会、すなわち一〇〇年以上にもわたって、民衆が上から押し付けられた政府(や政党綱領)なしに、数日間、数週間、数カ月の間であれ自分自身の政治的意向に従うことが許されるところではいつでも現れた組織なのである[8]。

もともと何の準備もなかった民衆が突然に「呼び出されて」政治活動に加わる、というのはアメリカ革命の際の市民の政治参加の特徴だとアレントは『革命について』の中で述べているのですが、そうした自然発生的な民衆の政治参加にもかかわらず、目立った混乱は起きなかった。暴徒化した群衆による略奪も、体制側の人間に対する私刑もほとんど伴うことなく既成の権力が解体される――いやむしろ人々が共に行動するところに本来の「権力」は生まれるというのがアレントの権力論の要点なのですが――。それはヨーロッパの歴史をとおして繰り返し登場してきた民衆の自己組織、自発的な政治形態としての「評議会」のあらたな登場であったとアレントは言うのです。そうした民衆の自己組織の原型の一つが現れたのが、アメリカ革命なのでした。

アメリカ革命への関心

そうした関心からアレントはアメリカ革命の検討をはじめます。一九五八年一二月にアレントはノートルダム大学で「政治における暴力の役割」という講義を、五九年の春学期にはプリンストン大学で「革命について」の講義を行いますが[9]、五八年一一月一六日付のヤスパース夫妻宛の書簡にはこう書かれています。

今私はアメリカ史にどっぷり浸かって、革命の概念についてのプリンストン講義の準備中です。(いずれピーパーのための本に組み入れることになるでしょう)。息を呑むほどのおもしろさ、壮大さです、アメリカ革命、共和国創設、憲法。それにマディソン、ハミルトン、ジェファーソン、ジョン・アダムズ――何とすごい男たち。そして今日へ目を転じると――何という衰退。[10]

当初、アレントはアメリカ革命についての講義の準備作業を『政治入門』に組み込む予定でいたのですが、そうこうするうちにプリンストンで革命論の公刊の話がもちあがり、関心の重点は『政治入門』から『革命について』へと次第に移っていったのでした。[11] そこには一九五六年のハンガリー革命、さらにはそれとほぼ同時に起こったスエズ戦争――こちらもユダヤ人国家イスラエルの行く末を案ずるアレントにとっては切実な問題でした――といった、革命と戦争をめぐる問題をあらためて突きつける「世界史的な事件」が背後にありました。[12]『革命について』の冒頭が「戦争と革命」と題された序章ではじまっているのもそうしたアレントの関心の所在をよく示しています。

モンテスキューと「政治的なもの」の再発見

ただしアレントの関心が『政治入門』から『革命について』へと移行していった背景には、今一つの、より本質的な理由があるように思われます。それは「政治的なもの」を扱う方法に関わっています。政治というのは複数の人間の間で構成される公的な空間において行われる「活動」であるというのがアレントの考えであったことは今日よく知られています。そうした「人間の複数性」という条件の下で、しかも多くの場合「公的な空間」における「言論」を通じて行われる「活動」は、どのようなかたちで論ずることができるのか。それ自体が言論、つまり言葉による意見の表出と討論の過程でもある政治を、これまた同じく言葉によって分析し、論ずることはそもそも可能なのか、可能であるとすれば、それはいかなる形で行われるべきか。アレントが考えていたのは、こうした問題であったように思われるのです。

そうした問題を考える際にアレントが注目したのが『法の精神』(一七四八年)で有名なフランスの啓蒙思想家モンテスキューでした。後に『全体主義の起源』のドイツ語版ならびに英語版第二版の終章に組み入れられることになる「イデオロギーとテロル」[13]という論文の中で、アレントはモンテスキューの政治体制類型論を手がかりに全体主義体制を位置づけようと試みています。モンテスキューは『法の精神』で政治体制を大きく君主政、共和政、専制の三つに分類して、それらを支える原理(人間の情念)をそれぞれ名誉、徳、そして恐怖であるとしたのですが、支配者の恣意に委ねられる専制の特質についてアレントはこう述べています。

孤立と無力、すなわちそもそも活動する能力を根本的に欠いているということは、これまでずっと専制の特徴だった。人と人との間の政治的接触は専制的統治においては断ちきられ、活動を行い力を行使する能力は発揮されない。だが人間同士のすべての接触が断たれたわけではないし、すべての人間的能力が破壊されるわけではない。私的な生活全体は、経験する能力、ものを作る能力、思考する能力とともに無疵のまま残っている。全体的テロルの鉄の紐帯はそうした私的生活のいかなる余地も残さないし、全体主義的論理の自己拘束は活動する能力と同様の確実さを以て人間の思考能力や経験する能力を破壊してしまうことをわれわれは知っている。[14]

君主政、共和政、専制の三つの統治類型の中で専制のみが政治体制を内部から破壊する性質を帯びている。[15] 専制の活動原理である恐怖と猜疑は人々を結びつけるかわりに互いに引き離し、人々の間の共通世界を否定する。したがって法に基づいて人々を結びつける君主政と共和政に対して、専制はそうした本来の政治の営みそのものに対立するところにその特徴がある。だが全体主義はそうした専制の特徴さえも乗り越えてしまうというのです。[16] アレントは法に基づく統治としての共和政・君主政とこれに相反する専制との対比というモンテスキューの類型学を継承して、人間そのものを破壊する全体主義体制の特質を西洋政治哲学の体制類型学の中に位置づけようとしたと言うことができるでしょう。

しかしながら、アレントがモンテスキューから継承したのは古典古代以来の政治体制の類型学にとどまりません。そもそもモンテスキューの分類そのものが、西洋政治哲学の伝統的な体制類型論をそのまま継承したものではありませんでした。アリストテレスに代表される従来の体制類型論が一人の支配者による王制あるいは僭主制、少数者支配の貴族制・寡頭制、多数者支配の民主政という形で支配者の数を基準にしているのに対して、モンテスキューにあっては法の支配に基づく君主政・共和政と、人々を孤立させる専制との対比が基軸になっていることにアレントは注目します。そこには人々の結びつきによってはじめて形成される政治的世界への着眼がある。モンテスキューは西洋政治哲学の伝統においては忘却されてきた「政治的なもの」を再発見したのでした。そしてモンテスキューが見いだしたこの「政治的なもの」を自ら経験し、モンテスキューに依拠して新たな共和国を創設したのがアメリカ革命の指導者たちだったのです。政治活動とその経験はどのようにして概念、つまり言葉で表現し定着させることができるのか、そもそも言論をその重要な要素とする「活動」をどのようなかたちで論ずることができるのか、つまり政治についての思考はいかにして可能となるのか、アレントにとってモンテスキューの思想はそうした問題についての重要な手がかりを示すものでした。

アレントの草稿「カール・マルクスと西洋政治思想の伝統」（以下「マルクス草稿」と呼ぶことにします）は、プラトンからマルクスにいたる西洋政治哲学の伝統が何故に「政治的なものの経験」を忘却してきたのか、それをモンテスキューはどのようにして再発見したのかを主題としていて、その意味において実質的にはモンテスキュー論といってもいい内容を備えています[17]。それではアレントはモンテスキューから何を学び取り、そしてモンテスキューを通じて政治的なものを再発見したアメリカ革命の指導者たちの経験から何を読み取ろうとしたのでしょうか。まずは「マルクス草稿」から『革命について』にいたるアレントの思考作業を見ておくことにしましょう。

2　政治活動の三要素と統治形態

アレントは「マルクス草稿」の第一草稿で次のように述べています。

共に生きるという公的領域の際立った経験から、われわれの歴史を貫いて現れる若干の統治形態が興隆してきた。おそらく最も古い、統治形態としては明らかに最も基本的なものである王制（バシレイア（basileia）であって君主政ではない）は、新しいことを始めるという一般的な意味での活動の経験に基づいている。それが王（バシレウス（basileus）であって、すべての者に対する権力の保持者としての君主ではない）に対して新たな企てを始めるよう要求し、忠実な従者に対してはその企てを最後まで見届けるよう要求するのである。支配することと活動することを表すギリシア語、アルケイン（archein）とプラッテイン（prattein）の最も古い意味はそれぞれ、何事かを始めること、何事かを見届けるということである。それは共に生きる一つの仕方をはっきり指示しており、この仕方が、典型的な貴族的形態とともにホメロスの全世界を貫いている。行い耐える勇気をもって新たな企てにとりかかることとしての活動（action）によって、最終的には人間のプラグマータ（pragmata）、すなわち、人々が自分たち自身の間で行い耐えるものからなる人間事象の世界が生まれてくる。自由に選ばれた王の下で共に生きるという王制は、統治の最も積極的な形態である。そこから生じる王の美徳は、忠誠・友愛・信頼性である。[18]（『伝統』第一草稿、二七頁）

アレントにとって「政治」の本質が公的な場——複数の人間によって構成される公共空間——とそこにおける「活動」にあったこと、『人間の条件』においてそうした人間の営みとしての「活動」の特徴を「労働」や「仕事」と対比させながら論じていることはよく知られています。西洋の伝統的な統治形態の基礎には公的領域で共に生きて活動するという経験があり、その最古のものは古代ギリシア、それもホメロスの時代の王制（バシレイア）にまでさかぼることができる。王制という統治形態の背後には、人々が何か新たなことを企て、それを共に行うという「活動」の経験、とりわけ新たな企てをはじめるという、いわばリーダーシップの経験があったというのです。これがギリシア語で「支配」や「活動」を意味する「アルケイン」、「プラッテイン」のもともとの意味するところでした——その意味が次第に変容していくことについては後に述べることになります。

王制以来のそうした政治活動の経験を基盤として、古代ギリシアにおいては市民の政治的共同体が形成されることになります。これがポリスという都市共同体です。そこで行われる自由な市民の活動が、ヨーロッパの中世都市において復活することによって、プラトン、アリストテレスの政治学が再発見されて、政治についての基本的な考え方がそこから継承される。古代ギリシアやローマがヨーロッパにとってはたんなる古代ではなく、その文化を継承し再生する模範としての「古典古代」であるというのはそこから来ています。こうしたギリシア・ローマの政治的空間としての都市共同体の上に形成される共和政的政治体について、アレントは続けてこう述べています。

王制とは原理的に異なる二つの共和主義的統治形態がある。一つは、自分と平等な者たちの間で生きる喜び、そして世界の中で一人ではないことへの感謝という平等の経験に基づく。もう一つは逆に差異の経験に基づく。それは各人を取り替えのきかない、かけがえのない唯一のものとし、それゆえ自分自身をすべての他者から区別し、自分と同等の者と比べることによって自分自身のものを見つけだそうとする。すべての他者に抜きんでていることへの愛、ギリシア人、とくにアテナイ人のアリステウエイン（aristeuein）の精神、つねに最善であろうとする情熱、こうしたものが政治体に滲透するところではどこでも、われわれは言葉のもともとの意味での貴族制に出会う。ギリシアのポリスの生活が際立ちあいの競技的（agonal）な精神によって鼓舞されている間は、たとえ少数者が権力を握る寡頭制でなくても、貴族制であり続けた。こうした貴族的特徴、卓越への情熱とそれにともなう向こう見ずな個人主義は、最終的にはポリスを敗北させた。個人主義が彼らの同盟をほとんど不可能にしたからである。これに対して古代ローマの偉大な美徳となったのは、サルース・レイー・プーブリカエ（salus rei publicae）、共和国の繁栄であって、これはすべての個人的栄誉よりも優先することであり、完全に自分らしさに達し不死の栄誉を手に入れるという情熱的野心を、平等のために抑制することであった。この平等が行動原理・生活の仕方になったのはその時だけであり、そこでの平等はアテナイのように自分が抜きんでるための踏み台ではなかった。（『伝統』第一草稿、二七―二八頁）

「民主政」の典型とされるギリシアのアテナイが市民の「平等」ではなく「卓越」に基づく貴族制的な統治形態とされ、ギリシアほど民主政が徹底しておらず、民会に対して元老院の力が強いローマの共和政のほうが「平等」を代表するものとされていることは興味深いところです。アレントにとってはギリシアが代表する「卓越」もローマが代表する「平等」もともに共和政体を支える原理であり、政治体を構成する市民が「平等」を前提としながらその「卓越」を競い合うというかたちで相互に不可分の関連にあったのでした。そしてこの「卓越」と「平等」は、王制のうちに見ることのできた「新たなことを始める」という原理とともに、「共に生きる」という政治活動の経験を構成する三つの要素だったのでした。これら三つの要素の関係は、古代ギリシアやローマにおいても微妙に変化していくとアレントは見ています。

しかし、ギリシアの政体とローマ共和国ではともに、かつて王制において経験された活動という初期の概念や、同輩者中の第一人者（primus inter pares）の統率の下で人々が開始し、最後まで見届けねばならない偉大な企てという観念が、その政治体自身の内部で重要性を失ってしまい、

とくに戦争とか侵攻に際しての対外政治にしか残されなくなったのである。(『伝統』第一草稿、二八頁)

典型的な公共空間が成立していたとされるギリシアやローマの共和政体において、何かを「始める」という政治的経験の重要な要素の一つは見失われていた、本来の政治のあり方がすでに変容し始めていたと言うのです。

いまひとつ重要なことは、政治活動の経験の三つの要素とそれに基づく統治形態は「支配」とは無縁だったとアレントが見ていることです。

最善の統治形態を探求する際に統治の混合形態がかくも高く扱われたのは、支配のカテゴリーが元来、いわゆる統治の良き諸形態のどれにも欠けていたからであった。最善の統治形態とは、複数で存在する人間の条件を性格づける三つの基本的な諸特性を結合ないし統合したものにすぎない。すなわち、平等への愛が卓越への愛と結びついて、活動(action)の「王的」能力へと統合されるということと、人間は何か新しいことを始めることができ、何かの企てを始めることができるという経験であり、しかも人間は一人では何もできないという三つの経験の結合である。これらの政治体は相互に排除も対立もしない。例えば王制の対立項はポリスではなく、あの私的な日々の生活である。(『伝統』第二草稿第二部、二三四頁)

異なる統治形態のそれぞれの利点を兼ね備える体制、あるいはそれぞれの原理を相互に均衡させた体制こそが最もすぐれた統治形態であるとアリストテレスが『政治学』で論じて以来、最善の統治形態としての混合政体論は、アリストテレスの哲学を復興させたといわれるトマス・アクィナスからはじまってそれ以降の西洋の体制類型論、統治形態論にさまざまな形で継承されていくのですが、アレントに言わせれば、それぞれの統治形態が政治活動の一つの要素の特徴を類型化したものである以上、政治活動の要素すべてが含まれている混合体制が最善の形態になるのは当然のことでした。そのもとのギリシアの政治的経験の三要素の内には「支配」の要素は含まれていなかった、いいかえれば、ギリシアで行われていた公的領域における政治活動は支配・被支配というカテゴリーでは捉えることができないと言うのです。そうしたギリシアにおける政治活動の特徴を明確に意識していた思想家が、すでに述べたようにモンテスキューでした。

ヘロドトスやプラトンがなお君主と同一視していた専制支配者は（重要なのは一人の人間がすべてのものに対する権力をもつということだけであり、この権力の正当性という問題はまだ提起されていない）、対抗して争う諸権力をおしなべて無力にし、活動したり能動的であったりすることを不可能にすることで、消去してしまう。モンテスキューによれば、専制の活動原理である恐怖と猜疑は、人々を結びつけるかわりに互いに引き離し、人々の間の共通世界といったものがともかく存在するということを否定しようとするのである。（『伝統』第一草稿、二九頁）

恐怖と無力に基づく専制は、臣民の間に猜疑を引き起こすことによって相互の間の結びつきを断ち切ってしまう。臣民たちに許されているのはせいぜいのところ私的な生活への退却である。[19] モンテスキューが法に基づく統治としての君主政と共和政に対して専制を対置したのも、市民の活動を不可能にするという専制の「反政治的」性格の認識に基づいていたからなのでした。その意味においては専制こそまさに「支配」のカテゴリーが当てはまる体制だということになります。かくしてモンテスキューの体制類型論においては君主政と共和政のそれぞれに、古典期ギリシア・ローマの共和政体の二つの原理であった「卓越」と「平等」が対応することになります。

モンテスキューによると、徳は平等への愛から生じ、名誉は卓越への愛から生ずる。どちらも人間の複数性に基づく根本的で相互に結びついた二つの人間の条件の特徴のどちらかを「愛する」ことから生ずる。〔…〕いずれにせよ、そこから活動の原理が生ずるという意味で根本的な経験とでも呼ぶべき「愛」は、モンテスキューにとって、法の精神のなかに代表的に表現されている統治の構造や本質と、政体や市民の活動を結びつける絆なのである。根本的な平等の経験は十分な政治的表現を共和政の法に見出し、徳と呼ばれる平等への愛は共和国の活動を引き起こす。君主政（貴族制およびその他の階統的な統治の形態）の基本的な経験は、生まれたときから人々はお互い異なり、それゆえ互いに区別して際立ちあい、自分たちの生まれつきの違い、そして社会的な違いを示そうとしなければならないということである。名誉というのは、公的な卓越性であり、これによって君主政は臣民の相違を公的に認めるのである。いずれの場合も、われわれは、生まれつきの自らの存在、つまり、われわれは、絶対的に異なっており、互いに卓越したところがあるということで平等に生まれるということに直面するのである。（『伝統』第二草稿第三部、二〇二―二〇三頁）

モンテスキューは『法の精神』において、君主政、共和政、専制の三つの統治形態のそれぞれに対応する活動原理として名誉、徳、恐怖の三つを導入しているが、彼が挙げた君主政の名誉と共和政の徳の二つの活動原理こそ、古代ギリシア以来の政治的経験の基本要素としての「卓越」と「平等」であったとアレントは言うのです。

政体が平等の経験に根ざそうが、卓越の経験に根ざそうが、どちらの場合でも次のことに変わりはない。つまり、ともに生活することこそが、生まれながらに与えられた力を権力に発展させ、それによって、どんな力能をもっていても孤立して一人では本質的に無力で自分の力能を発達させることも示すこともできない人間に、自然でも、死でも、神でもなくて、自分自身こそが力を及ぼしうる生存の一領域を確立する、唯一の人間的な可能性として現れるのである。モンテスキューが専制的な統治における恐れを生み出す基本的な経験について言及しなかった理由は、これまでのすべての伝統と同じように、彼が専制を真性の政体と全く考えていなかったからである。なぜなら、公的政治的な活動の原理としての恐怖は、どんな理由であれ、人が全く活動できないような無力の経験と密接な関係をもつからである。(『伝統』第二草稿第三部、二〇四―二〇五頁)

平等と卓越は、一人では無力な人間が共同して何かを行う――そこにはじめて公的な領域と本来の「権力」は生まれる――という公的政治的な「活動」を構成する二つの要素であり、それゆえに恐怖によって一人一人の人間を孤立させて支配する「専制」とは本質的に対立する。名誉と徳というかたちで政治活動の基本要素としての平等と卓越をそれぞれ基礎とする君主政と共和政に対して、専制は本来の政治活動に敵対し、むしろそれを破壊する。このようなかたちで、モンテスキューは古典期ギリシア・ローマの政治活動の経験とその原理を再発見して、統治形態の分類の基礎に据えたのでした。

3　プラトンと西洋政治哲学の伝統

それでは、古典古代ギリシアとローマにおける政治活動の経験が——西洋政治哲学とその統治形態をめぐる議論の内から完全に失われたわけではないとしても——モンテスキューが再発見するまで忘却の闇に沈んでいたのはなぜでしょうか。アレントによれば、その理由はプラトンに始まる西洋政治哲学の伝統そのものにありました。

政治哲学の伝統は、ギリシアのポリス生活が腐敗し始めた頃に始まったのだが、こうした初期の経験をポリスの関わりで定式化し分類せざるを得なかった（そのために例えばアルケイン（archein〔始める〕）やプラッテイン（prattein〔達成する〕）という言葉のもともとの意味の痕跡が残されているのである）。政治（politics）という言葉自体も、この特殊な政治生活の形態から派生したものであり、そうした特殊な形態を示すものでありながらも、一種の普遍的妥当性が付与されることになったのである。活動（action）は、なんといっても政治科学の最重要の概念、おそらくは中心的概念でさえあるが、それについて語り考える場合、われわれは知ってか知らずか、目的と手段、利害と「道徳的」基準、支配と被支配といったカテゴリー体系を思い浮かべる。これらは伝統哲学が始まって以来のものなのである。だがそうした伝統哲学においては、それ以前にこのアルケインとプラッテインというギリシア語に生命を吹き込んでいた精神、すなわちある企てを新たにはじめ、他者と共にそれをやり遂げるという精神の余地はない（Arché という語は、古典ギリシア語では始めると支配するという二つの意味をもつにすぎないが、元来は、ある企てを始めたものがその本来のリーダーであるということ、事を行うこと（プラッテイン）が必要であり、彼に従う者たちから要求されていたことを指していた）。ここで重要なのはただ、人間の行いはそれ自体がもつ特有の偉大さを表すものだと考えられていて、いかなる「目的」、究極のテロス（telos）も必要とされず、行為の正当化に使われることとさえなかったということである。アリストテレスによるプラクシス（praxis）の定義ほど、人間の行為についての前ポリス的経験から疎遠なものはない。伝統を通して権威とされるようになったその定義はこう述べている。「活動が企てられた目的と比べれば、活動それ自体が美しいか美しくないかはたいした違いではない」（『政治学』vii, 1333a9）。（『伝統』第二草稿第二部、一六三―一六四頁）

西洋の政治哲学の伝統においては、初期ギリシア人の政治的経験に基づいた用語に、元々の意味からかけ離れた再解釈が加えられることによって、本来の政治的経験には当てはまらないような概念的・哲学的枠組みがつくり出されることになったと言うのです。アルケインのもとになったアルケーというギリシア語は、後に英語でも君主政（*monarchy*）や寡頭制（*oligarchy*）という言葉に引き継がれていて、今日では「支配」を示す言葉として理解されていますが、もともとは「新たなことを始める」という意味を含んでいたのでした。そこでは行為をそれが目差す目的によって正当化するのではなく、行為と活動それ自体がいわば目的、人間の偉大さを示すものとされていた。これが後になると活動そのものよりも企てられた目的の方が重視されるようになる。アリストテレスは人間の知の営みの中でも観想（theoria）と実践（praxis）そして制作（poiesis）とを区別しました。物事を実行する、実践するという英語の"practice"の語源となった「プラクシス」についてのアリストテレスの定義においてすでに、目的と行為とが分離されて目的がそれ自体として重視されるようになる。そうした変化をもたらしたのはアリストテレスの先生であったプラトンでした。アレントは次のようなプラトンの発言（『ポリティコス』305）を引用しています。

なぜなら本当に王的な政治家のための学がつかさどるのは活動（plattein）ではなく、プラッテインできる人をアルケイン（archein）すること、すなわち、何かをなすことができる人を支配し、彼らにそうさせることだからである。政治家が理解するのはアルケー（arche）、必然的な始まりであり原則であり、これはポリスにとって何が必要かについての規則を含んでいる。これに対して他の者たちは言われたことしかしないのである。[20]（『伝統』第二草稿第四部、二四五頁）

プラトンにあっては、政治家のなすべきことは他者と共に活動することではなく、あたかも主人が奴隷に対するように他者に命令することとして理解されている。[21]かくしてプラトンからはじまる「政治」の意味の変容――共に活動することから支配・命令することへの変容――は、「目的」の設定を重視するアリストテレスの「実践」の概念にも継承されていると言うのです。

アレントの「政治」概念、『人間の条件』で「労働」や「仕事」と対比されて論じられている「活動」の概念は、しばしばアリストテレスの「実践」概念との関連で理解されていますが、ここでのアレントの発言は、そうした理解に疑問を投げかけるものです。プラトン、アリストテレスに代表される西洋政治哲学の伝統は、むしろギリシア本来の政治活動とその経験から切り離されたところから始まる。それはいいかえれば哲学の政治に対する訣別でありました。

4 ソクラテスとプラトン

西洋政治哲学の伝統、すなわち哲学と政治との訣別の出発点をアレントはアテナイにおけるソクラテス裁判に求めています。

おそらく西洋の伝統の発展に対して最も重みを持った精神史上の事実は、政治哲学が政治的なものすべてに対する見下しと軽蔑から始まったという事実であろう。政治哲学がその打撃から立ち直ることは決してなかった。それは、思想の伝統の出発点となったソクラテス以後の哲学者、プラトンとアリストテレスによって加えられた打撃だった。ある意味で、すべてはソクラテスの死から始まったといえるだろう。政治史上ソクラテスの裁判と有罪宣告は、宗教史上ナザレのイエスの裁判と有罪宣告が占めているのと同じ位置を占めている。両者は、われわれの伝統——記憶された過去の物語というのではなく——がそこから始まる転換点である。それ以前にあったものは、そして、ある程度はソクラテスやイエスのもともとの教義も含めて、いっさい忘れられるか、この伝統の用語で理解されたのである。（『伝統』第一草稿、一〇〇頁）

ソクラテス裁判とナザレのイエスの裁判、この二つの裁判が西洋の歴史上、決定的な転換点をなしている。裁判と処刑にいたるソクラテスとイエスの二人の言行は西洋の歴史と思想に大きな影響を及ぼすことになったと同時に、二人の思想はそれを伝承する弟子たちによって改変あるいは改竄されて、彼らがもともと考えていたこと、その行動で示そうとしていたことからは離れてしまっているとアレントは見ています。ソクラテスとならんで挙げられているイエスの意義については第二章で述べることになります。古代ギリシアの政治的共同体の典型とされるアテナイにおいて、なぜソクラテスは死刑を宣告されねばならなかったのか、アテナイにおけるソクラテスの刑死の意味を問い直そうとするプラトンの努力は、ソクラテスのそれとは異なる方向に彼を導くことになります。それではソクラテスが本来問おうとしていたものは何だったのでしょうか。

ソクラテスの理解では、「汝自身を知れ」というデルフォイの銘が意味するのは、私にとって現れるもの、私だけに現われるもの、具体的に私の実存に絶えず関わるものを知ることによってのみ、私は真理を理解できるということである。絶対的な真理というものは、すべての人間にとって等しく、それゆえに各人の実存と関わりなく、それから独立しているのであって、そのような絶対的真理は、死すべき者にとっては存在しえないのである。死すべき者にとって重要なのは、意見（doxa）を真実にすること、どんな意見（ドクサ）の中にも真理を見いだすこと、自分自身の意見（ドクサ）を、そこに含まれる真理を自分や他人に開示するようなかたちで語ることである。（『伝統』第二草稿第六部[22]、二九二頁）

ここで意見と訳されている「ドクサ」というギリシア語は、「共通の意見」や「世論」などという意味合いをもつ言葉です――そこから派生して「正統（*orthodoxy*）」などというかたちで使われます――。プラトンはそうしたさまざまな「意見」は真の「知識」ではないと批判します[23]。ここから「ドクサ」をもっぱら「臆見」や「憶説」という意味の語として用いることが定着していくのですが、ソクラテスにとっては、各人の実存から切り離された絶対的真理などというものは存在せず、真理はただ人々の間で交わされる語りとしての意見（ドクサ）の中に、語り合う複数の人間によって形成される世界の中にしか存在しなかったとアレントは言うのです（『伝統』第二草稿第六部、二九三頁）。それではソクラテスの場合に、いかにして意見は真理となるのでしょうか。いいかえれば、みずからの意見が真理でありうるということを人はいかにして確かめることができるのでしょうか。

ソクラテス的な真理の概念は、われわれがお互いに話すという形で存在するというところにその位置を占めている。真実を語るということは、ソクラテスにとって第一次的には、自分自身と矛盾しないということ、矛盾したことを言わないことを意味していた。ほとんどの人間はそうした矛盾を犯しているし、われわれの誰もがなぜかそれを犯すのを恐れている。そうした矛盾への恐れは、われわれの誰もが一人の者（hena onta）でありながら、あたかも二人であるかのように自分自身と（eme emautō）語ることができるという事実に由来する。話すという能力と人間の複数性という事実は互いに対応している。共に生きる他者とコミュニケートするために言葉を用いるという意味においてだけでなく、さらに重要なのは、自分自身に話すことで私は自分自身とともに生きているのである。矛盾律が論理学の最も基本的なルールとなったのは、私は一人でありながら、思考という孤独（solitude）の中で《一者の中の二者》であるからだ。思考の孤独の中で私は、私は自分自身と共に生きているということを理解するのである。（『伝統』第二草稿第六部、二九四頁）

ソクラテスにとっては、「一者の中の二者」としての私が行う内的対話において自分自身と矛盾しないということが真実を語ることの基準でした。自己の中に矛盾対立するもう一人の自分を抱え込んだまま人は生きてはいけない。人間はたとえ一人の時であっても、もう一人の「誰か」と生きていかなければならない。自分の中のもう一人の自分と共に生きることができるために矛盾律が論理学の基本的なルールとなったのだ、とアレントは言うのです。それは同時に複数の人間によって構成される世界において他者とともに生きることを可能にするという意味で、倫理的・実践的な意義をもつものなのでした。(24)

ソクラテスの教義が意味していたのは、いかに自分自身とともに生きるかを知る者だけが、他者とともに生きるに相応しいということである。彼の道徳哲学全体は次の一文に含まれている。一人でいながら私自身と一致しないくらいなら、全世界と一致しない方がはるかにましである、と。（『伝統』第二草稿第六部、二九五頁）

そしてこれが良心と呼ばれているものの起源であるとアレントは続けています。

その場合、良心は単純に次のように言う。どうか殺人者とならないでほしい。私は殺人者と一生つきあい続けたくはない。それはよい同伴者ではない、と。あるいは、ソクラテス自身の言い方に言いかえるなら、あなたはみずから殺人者とともにいたいと思うことはできない。だが、それを犯してしまったら、生きている限り、あなたは自分自身を一人の殺人者にしてしまうことになる、と。(『伝統』第二草稿第六部、二九六頁)

かりに誰にも見られなくとも罪を犯せばその人は自己の内部に罪人を抱え込むことになる。誰も自分の中に罪人を抱えて一生を過ごしたくはない。そうした自己の内部のもう一人の自分との対話こそが罪を犯す内的な歯止めとなりうる。その意味において内的な対話に基づく「思考」と「良心」は密接な関係があるというのがアレントの考えでした。むろんそうした内的な対話の向こうにある「存在への驚嘆」にこそ哲学の発端があることをアレントは認めています。

驚嘆(タウマゼイン)、あるがままの存在への驚きというのは、プラトンによれば一つの情念、そのままに耐えられねばならない何かであって、対話や知覚とはまったく別のものである。人が耐えるこの驚き、降りかかってくる驚嘆は言葉に関係づけることができない。なぜならそれは、言葉で表現するにはいわばあまりに一般的すぎるからである。宇宙の内部の特定の問題ではなく、総体としての宇宙の謎に直面して、人間は答えのないまま、言葉を失い、どう応じていいか分からなくなる。この無言の驚嘆という状態を言葉に翻訳しようとするやいなや、究極の問いといわれているさまざまの問題が定式化されはじめるだろう。例えば、私はどこから来てどこへ行くのか。人生とは何か。人間とは誰か。存在とは何か。宇宙の始まりは何か。神は存在するのか。不死はあるのか、などである。これらの問いに共通しているのは、それは答えられないということである。〔…〕しかし同時に、あるがままの存在への無言の驚嘆が、答えのないこれらの問いに翻訳される一方で、人は自らを問いかける存在として打ち建てる。この第二の意味が、驚嘆のアリストテレス的な意味なのだが、そこでは、答えられない究極の問いが、すべての答えられる問い、すなわちそれによって私たちの科学的な知識や探求がつくり出されるようなすべての問いの端緒となるのである。（『伝統』第二草稿第六部、二九八―二九九頁）

哲学には哲学の領分があり、哲学にしかなしえない事柄がある。私がいて、私をとりまく世界があること、そうした森羅万象の存在を前にして、人はおそらく絶句して立ち尽くす。そうした無言の驚嘆、そこから発する存在への問い、答えのない問いを問う能力なくしては、およそ人間の問いかける能力、思考の能力はなかっただろう。その意味において「無知の知」を説いたソクラテス、答えのない問いをめぐって対話をすすめたソクラテスも、存在への驚嘆に向き合っていたということができる。だがそうした驚嘆は、やはり大多数の人々とその「世界」との間に深淵をつくり出さざるをえない、とアレントは言葉を続けます。

すべての偉大な哲学的探求に浸透しているこのいわば哲学的な衝撃が、驚嘆に耐える哲学者を彼が共に生きている人々から分けるのである。この少数者たる哲学者と大衆との相違は、大多数の人間が驚嘆という情念（パトス）を知ろうとしないからでは決してなく、彼らが驚嘆に耐えるのを拒否するという点にある。独りでいること、そして《一者の中の二者》の対話の始まりにこの衝撃があるからこそ、独りでいることが政治的な領域では猜疑の目で見られることの原因なのであり、独りでいることに続いて生ずる対話のためではない。そうした対話においては、私が思考の対話を取り交わす自分自身の中に、人間の複数性は再び完全なかたちで現前し提供されている。人はその複数性において話す存在である以上、無言であることそれ自身、猜疑の対象とならざるをえない。この衝撃が人を捉えるのはその単独性においてであり、他者との平等性においてでも、あらゆる他者と絶対的に区別される唯一無二の点においてでもない。この衝撃において、人間はいわば単独者として過ぎゆく一瞬の間、宇宙全体と向き合うのである。その死の瞬間に再び向き合うように。（『伝統』第二草稿第六部、二九九―三〇〇頁）

個体としての人間は死にゆく存在であり、人は死ぬ時には誰でも一人である。人はそこで単独で死と、そして宇宙全体と向き合あう。その限りにおいて人は多かれ少なかれ、哲学への端緒としての存在への驚嘆の経験を有している。しかしながらそれが単独者としての人間の驚嘆あるいは恐怖の経験に依拠している以上、複数の人間とその間に形成される「世界」とそこでの営みとしての「政治」とは、究極的には対立することにならざるをえない。存在と向き合う哲学者が、多数の人間から構成される「世界」と世間から距離を置き、人間の複数性を条件とする政治に対して批判的、懐疑的な態度をとる基本的な理由も、哲学的な経験に依拠する政治体制が専制へと向かう根本的な理由もここにありました。[25] アテナイの民主政によるソクラテスの刑死からその思考を始めたプラトンが行き着いたのも、まさにそのような意味における人間の複数性に対して、存在への驚嘆としての哲学を擁護しようとする試みであったのでした。自己内対話としてのソクラテスの思考、思考の内における複数性をプラトンは大胆に変更します。それは自己の内部における二者の対話から、自己自身に対する支配への転換でした。

プラトンにあっては、人間における《一者の中の二者》はもはや思考の対話ではなく身体に対する魂の支配となる。支配は何よりもまず自分自身の内部で打ち建てられ、すべての問題は、魂が身体を支配するのか、それとも身体が魂を支配するのかということになる。自分自身に命令し自分自身に服従することが徳のしるしとなる。いいかえれば、哲人王の専制支配は、洞窟の中で蠢く大衆と人間的事象の暗闇から哲学者を護るために必要とされるのだが、それは哲学者が自分自身の中に逃避して、自分自身に対する専制支配を打ち建てるところから始まるのである。すべての哲学の始まりにある無言の驚嘆を無限に持続させ、それ自体としては過ぎゆく一瞬のことでしかあり得ないものを一つの生き方にまで発展させようとして、哲学者は、驚嘆という情念（パトス）に耐えた時に自分自身を見出したその単独性において、自分自身を確立する。それによっていわば自分自身の内部の複数性という人間の条件を破壊するのである。（『伝統』第二草稿第六部、三〇二―三〇三頁）

プラトンにあっては自己の内なる「対話」は、精神による肉体の「支配」となる。自己の身体を支配するものこそが、自然の必然性とその最たるものである「死」を克服することができる。かくして死と向き合い、自己をよく統御できるもの、絶対的な真理としてのイデアを垣間見ることのできる哲学者こそが、肉体の必要性と卑俗な要求に屈する大衆を支配しなければならない。そこで行われる支配は、あたかも自己の身体に対するものと同じような専制支配になるだろうとアレントは言うのです。

もとより『国家』の有名な「洞窟の比喩」でプラトンが述べているように、洞窟の暗闇から抜け出した哲学者は、眩いばかりの真理（イデア）に向き合ってこれを見据える術を獲得した後に——真理の世界に安らうのではなく——再び洞窟に戻って人々の目を壁面の影から真理の光のほうに向け変えてやります（『国家』第七巻一―五）。そこにプラトンから始まる西洋哲学がなお政治哲学でありつづける理由があるのですが、アレントからみれば、それは人間がもともとその内部に抱え込んでいるはずの他者との対話を否定するものでしかありません。洞窟の壁面に映った影に踊らされているとプラトンが批判する人々の、謬見と臆説と言われるものの中にこそ「対話」の出発点はあるのであって、どこか他のところにではない。かくしてプラトンにおいては、人間の複数性に基づく言葉による自己内対話としてのソクラテス的思考と、死と存在への驚嘆にはじまる無言の思考としての哲学との間に当初からあった溝は決定的な断絶となります。人間の複数性という本来の政治的領域における経験から切り離され、そうした経験を蔑み拒否する政治哲学の伝統はここからはじまったのでした。

アレントが注目しているのは、ギリシアの政治的経験だけではありません。ギリシアとローマの相違にも目が配られています。問題は再び、本来の意味における「政治」と「支配」の相違に関わってきます。

5　ローマの経験

ギリシア人の支配に関する無能力ほどギリシアの歴史の否定的な側面が示されているものはない。この無能力さは、都市の破壊、男たちの虐殺、女たちと子供の奴隷化に終わったトロイ遠征から、ペロポネソス戦争でのメロス島の人々への、さらに同盟国すべてに対するアテナイの不幸な行動にいたるまで一貫して示されている。ギリシア人が征服した人々を支配できたことは一度もなかった。つまり、一方で破壊、他方で隷従から保護するための政治的に有効な原理として支配関係を確立できたところはないのである。勝利によって私有財産は豊かになったかもしれないが、市民たちが従属民たちを支配できる新しい公共空間を創設することはできなかった。それはただ私的な家支配をより多くの奴隷に対して拡大し強化するのに役立っただけである。ギリシア政治史に特有な残酷さを性格づけるのはまさしく公的空間のあらゆる部門における支配の不在である。(26)（『伝統』第二草稿第四部、二三七―二三八頁）

アテナイはスパルタとのペロポネソス戦争の際に、自らのデロス同盟に加わることを拒んだメロス島を征服して、戦闘能力ある男子全員を皆殺しに、女性と子供をすべて奴隷にして、五〇〇人のアテナイ人を入植させたとトゥキュディデスの『戦史』には記されています。ギリシアの都市共同体ポリスの原理は――プラトンの政治哲学が行き着いたような――支配とは疎遠であった。そうであるがゆえにこそ、ギリシアは戦争と征服の過程で、征服地域を支配関係のもとに包摂することができなかった。ギリシアにおいてはポリスの公共空間をその征服地域にまで拡げることもできず、さりとてそれにかわる恒常的な支配・従属関係を形成することもできなかった結果、そこにもたらされたのは徹底的な破壊と殺戮、そして奴隷化であったとアレントは言うのです。

それではローマの場合にはどうでしょうか。共和政ローマの場合にも、そこでの公的空間は「支配」とは異質でした。

ローマは、たしかに、この問題を解決するだけの偉大さをもっていた。しかし、ローマの解決もまた、支配という意味では考えにくいものである。ドミニウム（dominium）もイムペリウム（imperium）もソキエターテス（societates）、かつての敵との同盟を創設するというローマの慣行に基づいていた。ローマとその隣国（それが敵であろうと、味方であろうと中立であろうと）との間に特殊な公的領域を設立することにローマの権力は示される。したがってそこに成立する共通世界はローマ自身とも同盟国の以前の政治的地位とも同じではない。それは言うなれば両者の間に生まれる一つの新しい政治体なのである。それはローマ法に基づくものではあったが、ローマ市民に通用していた法ではなく、ローマと同盟国の間で機能するように特別に考案された普遍法（ius gentium）であり、これが諸都市のさまざまに異なる法を媒介する。(27)（『伝統』第二草稿第四部、

二三八頁。強調は原文。以下同様）

ギリシアとは異なり、ローマと征服された諸都市との間は単なる支配・服従の関係ではなく、同盟関係として再編される。こうしてローマにおいては諸都市との関係を規制する普遍法、諸国民の法としての国際法の観念が形成されることになったのでした。ここで形成されるローマ法とは、ローマの市民にのみ通用する法ではなく、ローマの法と征服された諸都市の法との仲裁をつかさどる法であり、この普遍法（jus gentium）に基づいて一つの公的な共通世界が形成される。はじめに述べた『政治入門』の中では次のように述べています。

疑いの余地がないのは、対外政治という観念や、自己の民族や都市政体の境界を越えたところに一つの政治的な秩序が存在するという考えは、もっぱらローマに起源を有するものだということである。諸民族との間の空間をローマがこのように政治化したということ、これがヨーロッパ世界の始まりを画しているのであり、かかる空間の政治化こそがはじめてヨーロッパ世界を世界そのものとしてつくり出したのである。ローマに至るまでに数多くの、しかも非常に豊かな大文明が存在したが、それらの諸文明の間にあったのは世界ではなく、砂漠であった。そうしたところでは、うまくいったところでか細い糸や小径のような繋がりが未開の土地同士を結びつけ、悪くすれば殲滅戦争が広がり既存の世界を崩壊させたのである。(28)

ローマとその法は一つの公的な空間、共通世界をつくり出すことによって、後にヨーロッパが一つの共通世界として形成されるための前提を形成したのでした。もとよりローマの共通世界がそのままのかたちでは引き継がれたわけではありません。先の「マルクス草稿」の引用の続きではこう述べています。

　没落期になってはじめてローマはそのソキエタスに受け入れていた人々を支配し始め、「世界の覇者」[Barrow] となった。共通世界、ローマが打ち建てた最初の偉大な共通の富はこれによって破壊された。この意味においてローマ帝国の没落は、ローマの権力（Imperium Romanum）の破壊であった。この権力は、キケロが言うように gloria et benevolentia sociorum, つまりローマの栄光と同盟国の厚情に基づいていた［キケロ『義務について』第三巻二二］からである。
　古代世界の滅亡の間においてのみ、すべての組織された共同体には支配と被支配の区分が基本的に必要なものだということが、政治的領域での等しく基礎的な経験として基づくことができた。これ以来、中世を通じて近世の最初の数世紀までも、その意味は保持され、成長し続けたのである。（『伝統』第二草稿第四部、二三九頁）

　ローマ帝国の没落とともに、法に基づく共通世界は衰退して、支配・被支配の関係がそれにとって代わる。これが封建的な支配関係、領主の農民に対する支配に基づく中世ヨーロッパ世界を形成して近世へと引き継がれることになったのでした。政治体の伝統的な定義が「支配」と「服従」のカテゴリーで理解され、今日にいたるまでほとんど疑問とされることなく受け入れられてきた理由はまさにここにありました(29)。

かくしてローマの政治的経験もまた忘却されていくことになります。その際に失われたのは――敗者との和解に基づく講和条約や同盟の基礎となる――普遍的な国際法の観念だけではありません。それは政治活動の基本的要素としての「新たなことを始める」という経験に関わっています。

ギリシア史における前ポリス期の経験ともポリスの経験とも非常に大きな対照をなしているのがローマの経験である。そこでは政治活動とは都市（civitas）の創設と保持にあった。都市創設の神聖性が将来の世代を拘束するという信念は、ある意味ではギリシア特有の政治的経験の一つに対応している。われわれはその経験がギリシアの都市共同体生活においていかに重要な役割を演じていたかを知っているが、ギリシア文献では僅かな資料しか見当たらない。その経験とは、植民の経験、市民が故郷を離れること、新しい土地を求めること、そしてついには新しいポリスを創設するという経験である。これが『アエネイス』で語られた苦難と放浪のつねに変わらぬ意味であり、それらはすべて一つの目的をもち、ローマの創設で終わる――dum conderet urbem（都市を創設するまで）。ウェルギリウスは、それを冒頭の一行に要約している。Tantae molis erat Romanam condere gentem（巨大な努力が同種族を一つにするローマを創設した）と。（『伝統』第二草稿第二部、一六六頁）

ローマ人にとって政治的な経験とはローマという新たな政治体の「創設」の経験でした。もとより「何かを始める」という経験はギリシアのポリスの政治生活において重要な役割を果たしていたし、植民都市の創設というかたちでそうした経験は事実として反復されていました。ローマ人は、このギリシアの植民都市創設の経験を都市ローマの創設において意識的に継承します――ローマの詩人ウェルギリウスがローマ建国の起源を描いた叙事詩『アエネイス』で、トロイア戦争で滅ぼされたトロイアの王子の放浪譚によって自らをその末裔としたように。かくしてローマにおいて創設の経験は、一方ではギリシアの植民都市創設の経験の継承という側面をもつと同時に、他方ではギリシアとは異なり、永遠の都市ローマの一回限りの創設というかたちで神聖化されることになります。

ローマの創設は一回限りのかけがえのないもので反復不可能なものでありつづけた（イタリアにおけるローマの植民都市はローマの管轄権の下におかれたが、ギリシアの植民地でその母都市の管轄下に置かれたものはなかった）。その（ローマの）全歴史は永遠なものの始まりとしてのそれ（この創設）に基づいている。永遠性のために創設されたローマは、われわれにとってさえ今なお唯一の永遠の都市であり続けている。〔…〕巨大で超人間的であるがゆえに伝説的な創設の努力を神聖化すること、新しい炉床と故郷の基礎を築くこと、これがローマの宗教の礎石となった。ここでは政治と宗教の営みは一つのものと見なされた。キケロの言葉によれば「新たな国家を創設すること、すでに創設された国家を保持することほど、人間の徳が神の聖なる道（numen〔ヌーメン〕）に近づくことはない」［キケロ『国家について』第一巻七］。創設の「結合力」は宗教的なものだったのであり、人々の間に神々が住まう場所を与えた。そのためローマの神々はいつもローマの寺院に安置された。これと違ってギリシアの神々は、都市を護り一時そこに住まうこともあったが、死すべき者たちの家から遠く離れたオリュンポスにつねに自分自身の家を持っていたのだった［Barrow, The Romans］。（『伝統』第二草稿第二部、一六七―一六八頁）

ギリシアにおいては、それぞれの都市はたえず新たに創設されるものであり、したがって都市を守護する神々も、それぞれの都市をかりそめの住処とするにすぎない。これに対してローマにおいては、すべての植民都市を統括する最初の都市ローマの存在がいわば永遠化されたのでした。唯一無比の都市ローマ、永遠の都市ローマの創設そのものが栄光化され伝説化され、この創設を担った先祖の者たちの偉業を維持することそのものがローマの宗教の基礎となる。「こうして宗教－権威－伝統は互いに不可分となり、権威ある始まりの神聖な拘束力を表現し、人は伝統の力によってのみこの始まりに結びつけられつづけられる」。宗教・権威・伝統が独特のかたちに結びついた政治体の伝統はローマが共和政から帝国になっても存続し、さらにキリスト教会を通じてヨーロッパに継承されていくことになります。

ローマ的精神の全面的な力、政治共同体設立の信頼できる基礎としての創設の力は、ローマ帝国の崩壊後になってはじめて発揮された。このとき、新たなキリスト教会はローマ的性格をもつようになり、キリストの復活を、もう一つの永遠の制度が創設されるための礎石として再解釈したのである。カトリック教会の創設がローマ創設を反復することで、偉大なローマの政治的三位一体、宗教－権威－伝統という三位一体がキリスト教の時代に持ち込まれることができたのであり、そこで単一の制度が長きにわたって存続するという奇跡が起こることになったのである。これに比肩できるのは古代ローマの一千年にわたる歴史という奇跡しかない。

公的制度としてのキリスト教会が、『新約聖書』にはまだはっきりと現れているその教義の強力な反制度的傾向を克服できたのは、宗教についてのローマ的な政治的概念を受け継いだからである。（『伝統』第二草稿第二部、一六八—一六九頁）

カトリック教会はローマの創設を反復することによって中世ヨーロッパ世界の存続を保障したとアレントは言うのです。

古典古代の中でもギリシアに対してローマの比重が大きいこと、そこでは政治体の創設と共にそれを継続させる伝統が重視されているという点で、[30]「マルクス草稿」はアレントにおける「政治的なもの」の意味を考える上で重要な示唆を与えてくれます。すなわち、政治的な活動においては人々の相互の関係のあり方——平等と卓越——が重要なことはもとより、新たな企てを通じて人々の間に公的な空間そのものを確立し、さらにはそれを存続させていくことが重要な要素をなしていたのでした。

プラトン、アリストテレスにはじまる西洋政治哲学の伝統において忘却されていた「政治的なもの」の経験、キリスト教をつうじて一部は継承されていたものの、西洋政治哲学ではモンテスキューを例外として明確な継承者をもたなかったそうした経験を、近代で新たに再発見したのがアメリカ革命とその指導者たちでした。そこで以下ではいよいよ『革命について』の本文について、章ごとに順を追って読んでいくことにしましょう。

第一章　「革命」とは何か

：序章「戦争と革命」第一章「革命の意味」

1　序章「戦争と革命」

『革命について』は次のような書き出しで始まっています。

戦争と革命が——さまざまな出来事があたかもレーニンのかつての予言を大急ぎで実現するかのように——これまでの二〇世紀の相貌をかたちづくってきた。ナショナリズムや国際主義、資本主義と帝国主義、社会主義と共産主義といった一九世紀のイデオロギーは——多くの人がいまだにそれらを自らを正当化する大義として掲げているけれども——もはや現代世界の主要な現実との接点を失ってしまっている。これに対して、戦争と革命は今日の世界の二つの中心的な政治的争点であり続けている。（p. 11／一一頁）

二〇世紀が戦争と革命の世紀であったというのは、よく言われることですし、「イデオロギーの終焉」というのも、今日ではいささか陳腐になってしまった表現のように思われるかもしれません。しかしながらアレントがここで述べようとしているのは、イデオロギーがもはや人々を惹きつける力を失い、現実を覆い隠すことができなくなって、後には剝き出しの事実としての戦争と革命が残るばかり、というようなことではありません。そもそも複数の人々によって構成される「世界」こそがわれわれにとっての「現実」であるというのがアレントの基本的な立場でした。『人間の条件』でアレントはこう述べています。

われわれにとっては、現れ（appearace〔現象〕）——他人によってもわれわれ自身によっても見られ聞かれる何か——がリアリティを形成する。（*HC*, p. 50／七五頁）

アレントにとっては「現実」そのものが人間の複数性に基づく公共空間の産物であり、はじめから「政治的」な性格を帯びていて、政治的な問題や争点と不可分なものなのでした。したがってイデオロギーが「リアリティ」を喪失する、「現実」との接点をもたなくなるということは、さまざまなイデオロギーが公的世界とその現象を納得いくように説明するものではなくなる、人々に了解しうる図式や指針を与えることができなくなるということを意味します。他方で戦争と革命がなおそうしたリアリティの一部であり続けているとすれば、これらの現象を人々に了解させるなんらかの説明が必要になります。人々はそうした意味づけや目的なしにはこの世界で生きていくことはできないからです。それでは、その戦争と革命に人々はいかなる意味、目的を見いだしているのでしょうか。

戦争の正当化の問題

革命が近代に属する現象であるのに対して、戦争は人類の歴史と同じくらい古いといわれます。アレントはまず戦争の正当化の問題について、ギリシアとローマの対比を踏まえながら次のように論じています。

まず西洋における政治的思考の出発点であったギリシアでは、政治の営みは暴力ではなく言論に基づくものと観念されていました。ソクラテスの死刑が、自ら毒杯をあおぐという形でなされたことに示されているように、暴力はおよそ正常な人間関係とは無縁であるというのが彼らの信念でした。しかしながらそのギリシアにおいても、言論による人間的な営みとしての政治は都市共同体ポリスの内部に限られていた。トゥキュディデスが『戦史』で述べているように、ポリスの城壁の外では、むき出しの暴力が何の制約も受けることなく行使され、そこには行動を規制する規則や法の成立する余地はなかったのでした（p. 12／一三頁）。

これに対して古代ローマにおいては——すでに「マルクス草稿」で述べたように——政治的共同体相互の関係を規制する「諸民族の法」の観念が形成されてきます。それにともなって諸民族の間の戦争についても「不正な戦争」と「正義の戦争」との区別の萌芽が生まれることになります。ただし古代ローマでは、戦争はさまざまな根拠に基づく「必要事（necessity）」に基づくものとされていたし、「征服や領土の拡張、既得権の保護、新興勢力の脅威に備えるための力の保持、あるいは一定の勢力均衡の維持」を理由に戦争は行われてきたのでした。「侵略は犯罪であって、戦争を正当化できるのは、侵略を防いだり阻止したりする場合に限られるという観念が実際面でも意味をもち、また理論面でも重要になってくるのは、ようやく第一次世界大戦になって現代技術の条件の下で戦争の恐るべき破壊的な潜在能力が示されてからのことであった」とアレントは言うのです（pp. 12-13／一三—一四頁)。

もとより人が戦争に訴える正当な理由は何かという問題、戦争の正当事由をめぐる問題はローマの法的思考を継承した中世のスコラ哲学からの長い議論の歴史があります。トマス・アクィナスは『神学大全』で戦争の正当事由について論じていて(第二 - 二部第四〇問題「戦争について」)、これを出発点としてそれ以降の「正戦論」が展開され、第一次世界大戦以降のいわゆる「戦争の違法化」をめぐる議論でいわば再生されていくことになります。アレントが「戦争の違法化」について論じていないのは何故かについても解釈の余地がありますが、おそらくそこには戦争の「リアリティ」についての見方があります。すなわち、これまで人々が戦争に訴える「正当な理由」として考えられてきた領土の拡張や既得権の保護、さらにそれらを保障するための「力の均衡」の維持といったいわゆる「権力政治」の原理は、とにもかくにも国際政治や外交の現実を動かしていく「リアリティ」として人々の間に受けとめられてきた。そうした戦争の「リアリティ」に対する信頼が揺らぎ始めたのは、第一次世界大戦による未曾有の大量破壊によってであり、ようやくそこで人々は戦争の正当な理由、戦争に訴えるだけの説得力ある理由を自衛、他国からの侵略から自らを防衛することに限定する——その根拠はともあれ——ようになっていったとアレントは言うのです。

戦争の意味喪失

こうして第一次世界大戦以降、戦争に対する人々の「リアリティ」が揺らぎ始めるにともなって、それまで人々がいわば当然のこととしていた戦争の「意味」が失われていきます。アレントはそうした戦争の意味喪失について、四つの点から次のように論じています。

第一に、戦争がその国のもつ人的・物的資源の全てを動員し組織する総力戦の段階になると、兵士と民間人の区別はもはや意味をもたなくなります。戦争は戦闘員同士の戦闘にとどまらず、相手の国の軍需産業や資源、それらを支える経済活動や国民生活そのものに打撃を与えることが重要な目的となる。しかも大量破壊兵器の出現は戦闘員と非戦闘員の区別なく攻撃目標周辺の人員を確実に死に至らしめることを可能にする——いいかえればこれまでの近代戦争において目標とされていたような、相手の戦闘能力を解体ないし減殺させることに限定する武器の使用はむしろ困難になる。かくして戦闘員と非戦闘員、軍人と民間人の区別が不分明になれば、そもそも民間人を保護し防衛するという軍隊の役割が成り立たなくなる。これは近代国家における統治構造の基本であった軍事部門と文官部門の区別そのものが崩れることを意味します。まことに逆説的なことながら、戦争の世紀としての二〇世紀の歴史は、その主人公であったはずの軍隊が非武装の民間人、つまりは国民を防衛するという基本的な役割を果たすことができなくなる歴史であったとアレントは言うのです（pp. 14-15／一六—一七頁）。

第二に、戦争が民間人どころか国家そのものの存立を保証できるかどうかが怪しくなってきます。戦争に負けた国家は崩壊するか体制の根本的な転換を迫られることになる。そうした徴候はすでに一八七〇年の普仏戦争の敗北によるフランス第二帝政の崩壊や、日露戦争の敗北の結果生じた一九〇五年のロシア革命に示されていました——後に論じられるパリ・コミューンとソビエトがそこで出現しています。第一次世界大戦以降、敗戦は体制そのものの崩壊に直結するという傾向はさらに顕著になります。第二次世界大戦後には、その国の人民によるものであれ戦勝国の強制によるものであれ敗戦は旧体制の崩壊とその革命的な転換をもたらすことになる。戦争はあくまでも政治のための手段、政治の延長であるというクラウゼヴィッツの『戦争論』（一八三二─三四年）以来の古典的な定義そのものが成り立たなくなります。その意味においては、核兵器が登場する以前からすでに戦争それ自体が政治体制の存続そのものを危うくしかねない手段となっていたのでした（p. 15／一七─一八頁）。

第三は、戦争のための技術的手段の発展がもたらす戦争の意味の変容です。核兵器の登場以降、いわゆる抑止戦略が軍拡競争の指導原理として導入されるようになります。報復のための軍事力を備えることによって、相手方の攻撃を思いとどまらせて戦争を未然に防止する。そのためには大規模な反撃を可能とするような軍備が必要になる。こうして、もともとは戦争のための準備であったはずの軍備の拡張や兵器の開発が、戦争の回避を目標として──それが実際に政策として追求されているかどうかは別として、少なくとも外見上は──行われるようになる。つまり軍隊の存在や軍備の目標が、もはや戦闘行為ではなく、戦争を不可能にすることに向けられるようになってきているというこれまた逆説的な事態です(1)。

もちろん戦争が戦闘行為や殺戮をそれ自体として目的とするものではなく、他の目的のために行われる政治的行為であるとするならば、軍拡や強力な破壊兵器の開発もたんなる技術的過程ではなく、政治的な手段としての意味をもっています。その限りでは戦闘のためであろうが抑止のためであろうが軍備が一つの政治的手段であることに変わりはありません。アレントがここで注目しているのは、核実験などに代表される新兵器の開発や実験が、武器技術の進歩や開発を目標とするだけでなく、政治的・軍事的な性格を帯びた軍事演習になっているという事態です。核軍拡競争は、あたかも互いに自己の所有する兵器の破壊力を誇示しあう「一種の実験的な戦争」になっている。もとよりこの「仮想条件下での死のゲーム（this deadly game of ifs and whens）」が突然現実のものに転化するということはありうる――政治の手段あるいは政治の延長としての戦争、戦闘行為の場合と同様である――けれども、核兵器の登場以降はこの仮想の戦争、いわば「実験室の内部で行われる戦争」が勝敗を決めることになるかもしれないと言うのです（p. 16／一八―一九頁）。

相互の専門家による破壊力の測定が現実の戦闘や大量破壊兵器の使用にとって代わるだろうという予想それ自体、アレントの言う「リアリティ」にそくして検討する必要があるでしょう。ともあれ技術的手段の発達にともなって破壊行為の規模と確実性が非常に大きなものになったがゆえに、かえって戦争は「リアリティ」を失いつつあるのではないかというのがアレントの問題提起でした。

最後に、戦争の「リアリティ」の喪失ないし希薄化と関連して、戦争と革命の関係が大きく変化します。アメリカ革命のように独立戦争と並行して革命が遂行されるにせよ、フランス革命のように革命が周辺国からの干渉に対する防衛戦争からさらに侵略戦争へと転化した場合にせよ、革命と戦争は近代の歴史において密接に関連して起きていました。しかしながら二〇世紀に入ると、明らかに革命の方が優位に立つようになる。戦争は革命が解き放った暴力のたんなる準備段階とされたり、あるいは世界戦争は革命の結果でありいわば世界大の内戦であるかのように見える。第二次世界大戦もまたそのようなかたちで――たとえばファシズムとデモクラシーの間の巨大な内戦と後者の最終的勝利として――理解されてきていることは周知のことでしょう。今日、戦争の目的は革命であり、戦争を正当化しうる唯一の大義は「自由」であるということはほとんど自明のこととされてきている。おそらくその意味において今後の世界に生き残り続けるのは戦争ではなく革命であろう（pp. 17-18／二〇―二一頁）。しかしながら、戦争の技術的手段の発達が進み、すでにその破壊的側面が露わになってきた現代の段階において、あらためて戦争を正当化する根拠として「自由」が引き合いに出されるようになっていることにアレントは深刻な問題を見ます。

実際、自分の国や子孫の生命と自由のために自分自身の命を投げ出すことと、それと同じ目的のために人類の存在そのものを賭けることとは全然別のことである。(p. 13／一四頁)

今日、核兵器のような敵国軍隊や国家だけにその破壊力が限定されない大量破壊兵器が出現し、人類そのものの存続が危ぶまれる段階では、独立と自由を根拠としてであれ、そうした兵器の使用を正当化することはできないのではないか、とアレントは言うのです。

暴力と政治の関係

かくして問題の焦点は暴力と政治の関係になります。[2] 戦争と革命が二〇世紀の人々の「リアリティ」を形成してきた最大の理由は、そこに現れる圧倒的な暴力でした。それでは戦争と革命を他のあらゆる政治現象から区別しているところの暴力は、人間の生にとっていかなる意義をもつものであるのか。序章の最後の部分はこの問題の考察に当てられています。

まず第一に注意しなければならないのは、暴力は「政治」の本質そのものではないということです。すでに述べたように古代ギリシアにおいて政治とは言葉を用いてする営み、討論を通じて相手を説得したり、相手を批判することによって自らの主張を際立たせる、そうした営みのことでした。「暴力そのものは言葉を発する能力をもたない」。暴力の前には言葉は沈黙を余儀なくされるだけでなく、物理的な力の行使が政治の世界で力を発揮するためには、言葉を通じて自らを表現しなければならい。自らの意義を言葉によって示すことでそれは政治の世界の一角にかろうじて自らの位置を占めることができる。その意味においてこの「暴力の正当性」をめぐる問題は、「政治の限界」を境界づけているのであり、言葉をめぐってなされる政治の世界において暴力はいわば周辺的な現象なのでした。「たしかに戦争と革命が〔言葉によって〕記録される歴史において大きな役割を果たしているけれども、暴力が支配的な役割を果たしている限りにおいては、両者とも厳密にいえば政治の領域外で起こっているのである」（pp. 18-19／二二─二三頁）。

だが、そうであるにもかかわらず、とアレントは続けて問います。暴力と政治との間にはどこか深い所でつながりがあるのではないか、暴力は政治にとって周辺的な現象であるからこそかえって政治の本質をそこから照らし出すという側面があるのではないか。戦争と革命とが今日の政治現象の中で独自のリアリティをもつ根拠も、そこに求められるのでないか、と。

始まりと暴力　革命と戦争の一七世紀のリアリティ

ここでアレントが挙げているのが一七世紀に提示された「自然状態」という仮説です。宗教改革に端を発する宗派の対立は、それまでの教皇と皇帝を二つの頂点とするキリスト教の共同体を解体して、いわば宗教内戦の状態を生みだします。大陸における三〇年戦争（一六一八─四八年）、そして英国においてはピューリタン革命（一六四二年）から名誉革命（一六八八年）にかけての時期は、いわばもう一つの「戦争と革命の時代」だったのでした。「自然状態」から契約による政府の設立という社会契約論の理論構成は、そうした時代の経験を表現しているとアレントは言うのです。

一九世紀的な発展の観念というのは、これを因果関係の形式、可能性と現実性の形式、弁証法的運動の形式、存在の単純な整合性や連続性の形式など、いろいろな形式において考えられるだろうが、自然状態という観念は、そのような一九世紀的な発展の観念によっては理解できないようなリアリティを暗示しているのである。なぜなら自然状態の仮説は、その後に続く一切のものからまるで渡ることのできない亀裂によって切り離されているような始まり（a biginning）の存在を意味として含んでいるからである。（pp. 19-20／二三—二四頁）

現実の歴史過程についての説明ということであれば、一九世紀になって案出されるさまざまな歴史発展の理論、因果関係についての説明のほうが事実に適合しているかもしれない。だが「自然状態」という仮説は、そうした説明とは異なったリアリティをもっている。すなわち、「政治」というものがおよそ人間が集団的に生活をしているところであればどこでも自動的に現れるものではないということ。「自然状態」と「政治の世界」との間には明確な断絶が存在すること。「政治の世界」が成立するためには一つの「始まり」がなければならないということ。戦争と革命の一七世紀の経験はそうした洞察を人々に示したのでした。

ここには政治の本質に関わる重要な問いが含まれているとアレントは考えます。すなわち、「政治的な世界」が一つの明確な断絶によって生ずるものであるとするならば、その成立、つまり政治的な共同体の設立にはつねに何らかのかたちで暴力が伴っているのではないか。都市ローマ建設の際にロムルスが弟レムスを殺したというローマの歴史伝承、さらにはカインがアベルを殺害したという聖書の兄弟殺しなど、人類の歴史の始まりには兄弟殺し、同胞殺害の暴力の伝承がある。それが歴史的な事実であったかどうかは別として、そうした初発の行為がたえず語り継がれ、説得力ある比喩や普遍性をもった物語を生み出してきたということそのもののうちに、ある種の真理が隠されているのではないか。「どんなに人間が互いに兄弟たりえようとも、それは兄弟殺しから成長してきたものであり、どんな政治組織を人間がつくりあげてきたにせよ、それは犯罪に起源をもっている」のではないかとアレントは言うのです（p. 20／二四頁）。

政治の始まりにともなう暴力の問題をどのように考えるのか、あるいは――それが人間の生に伴う不可避の事実であるとすれば――そこで生ずる葛藤をどのようにして解決するのか、革命という現象はそうした根本的な問題を正面からわれわれに突きつけているとアレントは見たのでした。アメリカ革命がこの問題にどのように取り組んだのか、それは政治の営みをめぐるこの根本的な問題に果たして答えを与えることができたのか。これが以下の諸章を貫く主題となります。

2 「革命」とは何か（第一章「革命の意味」）

(1) 革命という観念

古代の政体循環論との相違

戦争とは対照的に、革命という観念は近代になってから登場しました。もちろん党派の争いとそれに伴って生ずる政体の変動は、古代ギリシアやローマの都市共同体の時代から知られていましたし、プラトンの『国家』やアリストテレスの『政治学』にもそうした体制の変動、政体の転換が論じられています。そうした古代の政治体制変動論の代表とされるのが、ローマ時代のギリシア出身の歴史家ポリュビオスの『歴史』でした。そこでは歴史は政治体制の交代の過程として描かれていますが、体制の崩壊や転換は周期的な循環の一環であって決して「新しい始まり」を意味するものではありませんでした（p. 21／二七―二八頁）。

もとより同じ古典古代でもギリシアとローマでは歴史の理解に微妙な相違があります。ローマ人にとっては、たえず新たに生起してくるものを古いものに結びつけること、新しい世代を教育によって自らの父祖たちに相応しい存在にすることが重要であったのに対して、新しいものは何ものも生みださないというのがギリシア人の考えでした。いつかは死んでいく人間とその世界において、新たに生まれてきた若者は古いものを揺るがし、打ち壊していくけれども、そこから何か新しいものが生まれてくることはない。新たな者、新たな世代がこの世界に参入することによってもたらされる変化をアレントは人間的世界、政治の世界にとって重要な要素――何か「新たなことを始める」という活動の本質的な要素――だと見ているのですが、古代ギリシア人にとっては、新たな者の参入も生と死の永遠の循環の一局面に過ぎなかったのでした。古代ギリシアのプラトン、アリストテレスにはじまる西洋哲学が、死すべき人間の事象、政治の世界を真剣な考慮に値しないと看做した背景にはそうした観念がありました。その意味においてポリビュオスはローマの歴史をギリシア人の目で観察したということができる。それは古代末期の人々の支配的な気分の反映でもあった、とアレントはこの節の最後で述べています（pp. 27-28／三六―三七頁）。

キリスト教的歴史観との相違

こうした古代の循環史観に対して直線的な時間の観念にもとづく歴史観の出発点となったのがキリスト教です。キリスト教は神による天地創造から人間の堕罪、そしてキリストの犠牲と再臨による救済という単線的な、つまり循環したり逆転することのない時間の進行を前提としています。しかしながら、そうしたキリスト教の観念はここで問題にする「革命」という観念とは異なっているとアレントは考えます。

キリスト教の救済論は、イエス・キリストが神のひとり子としてこの世に遣わされるところから始まります。そこには時間の進行を一回限りのものとする観念があるばかりでなく、キリストが生まれたことによって、人間の救いに向けた「新しい始まり」が開かれるという発想があります。そうした「始まり」の問題について本格的に取り組んだのがアウグスティヌスでした。神がこの世界を創造するに際して、他の生き物に加えてさらに人間を創り出した理由は、この世界に「新たな始まり」が存在するためだった。この世界を創り給うたのは神であるけれども、この世界に運動と変化が組み込まれたのは人間の存在によってである。新たなことを始める能力を授けられているという意味で人間はまさに「神の似姿」というにふさわしい。このように考えたアウグスティヌスは「新たなことを始める」ことができる原動力としての「意志」について考察した最初の哲学者であったとアレントは晩年に書かれて死後出版された『精神の生活』の中で述べています(3)。

ただし、アウグスティヌスのようなキリスト教の立場からすれば、そうした始まりは究極的には神に由来することになります。本当に「新しい始まり」は、地上の世界の歴史の進行に、神意が介入することによって初めて起こる。そうした出来事はキリストの生誕ただ一度限りのことであったし、キリストの再臨までは起こることはない。そこに至るまでの世俗的な歴史においては、さまざまの帝国が勃興しては衰退するという古代人の循環史観があてはまるとされていたのでした。その意味においてキリスト教の立場からは、この地上の世界において「新たなことを始める」という政治についての理解は出てこないというのです。

アレントはこう述べています。神の前の平等を強調し、地上の世界の権威を相対化するキリスト教の立場は近代革命に影響を与えたと思われるかもしれない。なるほど宗教改革の出発点となったルターは、新たな教会の創設者となったけれども、それは世俗的な意味での新たな政治秩序の始まりではなかった——アメリカ革命の指導者たちが目指したのが「時代の新秩序（novus ordo sarclorum）」であったことについては第五章で論じられることになります（p. 212／三三七—三三八頁）——。あるいはまた中世の終末論的な運動に今日の大衆ヒステリー現象の先駆形態を見るひともいるかもしれない。だがそもそも大衆ヒステリーは、革命はもちろん集団的な暴動とも違っているし、宗教的な覚醒運動や再生運動はそうした政治的な成果をもたらすことはなかった。近代以前にキリスト教の名において行われた革命は存在しなかったということがそれを証明している、と（pp. 25-27／三三—三六頁）。

社会問題との関係

他方で、体制変動の背景に経済的な要因があることは、すでにアリストテレスの『政治学』以来、周知の事実でした。富者による政府の打倒は寡頭制の成立をもたらし、貧者による政府の打倒は民主政の成立をもたらすこと、平民や貧民の支持に依拠して、平等な条件をもとめる人民の欲望を喚起することによって僭主（暴政）が権力を握ることも周知のことでした。しかしながら貧富の格差が時として暴力的な政治変動をもたらすことは知られていたものの、そうした格差は自然のものであり、不可避的なものだと考えられていたのでした。人々が貧困そのものに疑問をいだき、貧困からの解放を求めるようになるのは近代に入ってからのことになります（pp. 21-22／二八―二九頁）。

この点でアメリカはヨーロッパの革命に大きな影響力を与えたとアレントは述べています。すでに革命前のアメリカの植民地は相対的に平等で豊かな社会を事実として実現していた。新世界アメリカにおけるそうした経験の影響を受けて、ジョン・ロックそしてアダム・スミスが労働は富の源泉であると定式化する――これがマルクスの労働価値説へとつながることはよく知られています――。アメリカ社会のそうした経験がヨーロッパに知られるようになってはじめて、貧富の格差と民衆の絶対的な貧困は自明のものではなくなる。そうした格差と貧困が永遠に続くものではないと人々が考えるようになる。かくしてヨーロッパにおいて「社会問題」と貧者の反乱が革命の原動力と見なされるようになったというのです。古代以来の政体循環論における体制転換の原因が経済的条件に基づく貧者の反乱であったとするならば、革命前のアメリカ社会はすでにそうした循環を乗りこえていたのでした（pp. 22-23／二九―三〇頁）。

ということは言いかえれば、ヨーロッパが新大陸アメリカの経験から継承したのは、革命前に存在していた豊かな社会の経験であって、アメリカ革命の経験それ自体ではなかったということです。独立戦争とアメリカ合衆国の建国の事業が「革命」として受けとめられて、フランス革命に始まるヨーロッパの近代革命の一連の経過に影響を及ぼすことはなかった。アメリカ革命の経験が継承されなかったことは次のような二重の結果をもたらすことになります。

まず第一に、「革命」の意味内容がもっぱらフランス革命の経緯と結果――そこで行われたテロルの経験――に照らして理解されるようになります。「革命」がもっぱらそれに伴う「暴力」の観点から問題にされるようになった一つの理由もここにありました。

第二に、そうした「革命」の意味理解は、革命を行ったはずのアメリカ本国に受け容れられて大きな影響を及ぼすことになります。アメリカの豊かで平等な社会はいわば自然の経路をたどって発展してきたのであって、ヨーロッパにおけるような革命的変動と混乱をともなわずに実現された。アメリカでは「革命」は必要なかったし、起きたこともない、というかたちでアメリカ革命の記憶は忘却されることになったのでした（p. 25／三三頁）。

フランス革命の圧倒的な影響によって規定された「革命」の理解に対して、「革命」の本来の意味を復権させることがアレントの課題となります。

(2) 自由の創設としての革命

「フリーダム」と「リバティ」

今日われわれが用いている「革命」という観念は、アメリカ革命とフランス革命が起きるまではまったく知られていませんでした。事前に何の観念も予想もなく人々が巻き込まれた一連の事件とその成行きが、後に「革命」と呼ばれるようになる。革命はそれまでになかったまったく新しいものを人々の目前に提示したのでした。そしてその新しいものとは「自由」の実現であった。「革命」という観念は「自由」と密接に結びつくかたちで登場してきたとアレントは言うのです。

問題は「自由」をどう理解するかです。アレントはこう述べています。

自明のことだが、解放（liberation）と自由（freedom）は同じものではない。解放は自由の条件ではあるが、決して自動的に自由をもたらすものではないからである。解放の中に含まれる自由（liberty）という観念は消極的なものでしかない。解放を求めることと自由（freedom）への願望とは同じではないのである。（p. 29／三九頁）

ここでアレントはリバティ（liberty）とフリーダム（freedom）を区別しています。英語の辞書的な説明でも、リバティはおおむね制約や抑圧からの自由を意味するのに対して、フリーダムは制約のない自由な状態や、そうした自由を行使する権利の意味合いが強いとされていますが、必ずしも両者が画然と区別されているわけではありません。[4] この点は他のヨーロッパの言語でも同様で、フランス語ではおもにラテン語の系譜の "liberté" が用いられ、ドイツ語では "Freiheit" が用いられています――アレント自身が監修している『革命について』のドイツ語版では「リバティ」と「フリーダム」にそれぞれ "Befreiung" と "Freiheit" が当てられています――。したがって自由の二つの意味の違いはラテン系とゲルマン系という言語の系譜の違いに由来するというわけでもありません。古典古代とくにローマからの継承の問題とも関連してきますので、ここで二つの自由をめぐるアレントの議論のおおまかな筋道を整理しておくことにしましょう。

アレントによれば、公共の場における政治的な活動の自由としての「フリーダム」は、古典古代ギリシア・ローマの都市共同体において経験され、それは例えば古代ローマの "libertas" のように今日の「自由」を示す言葉によって意識され表現されていた――アレントはこの政治的な自由を

“freedom”というゲルマン系譜の言葉によって概念化したということになります。アメリカ革命とフランス革命の指導者たちはそうした古代の意味における「自由」を再現しようとしたのでした。もとより彼らが当初求めていたのはイギリスの名誉革命などで要求されたのと同様の「古来からの自由(liberties)」の回復であったけれども、事態の推移は消極的な意味での自由(liberty)を超えて、積極的な活動の自由(freedom)とそれを保障する体制そのものの建設に彼らを導くことになった。ここに古来の体制の復帰や回帰ではないまったく新しい自由な体制の建設という意味での「革命」という言葉が生まれる。そこで実現されたものこそ、消極的な自由としての「リバティ」ではなく、公的な活動の自由としての「フリーダム」であったと言うのです。

アメリカ革命とフランス革命の指導者たちが直面した問題は「公的自由(public freedom)」と市民的自由(civil lierty)」との区別の問題であったと後にアレントが論じることになるように[5]、両者の区別は決定的に重要な論点です。したがって「フリーダム」と「リバティ」に別の訳語を当てる方がいいのですが、適当な語が見当たらず、また「積極的自由」と「消極的自由」という訳語では、「自由」の語に付けられている形容詞の違いだという誤解が生じかねないので、アレントの訳文や訳語には原則として“freedom”や“liberty”あるいは“liberties”を付けることにします。

革命の目的としての「自由」

アレントによれば、政治的な意味における「自由(freedom)」がはじめて明確なかたちで姿を現したのが、古代ギリシアの都市共同体でした。

政治現象としての自由（freedom）は、ギリシアの都市共同体の出現と時を同じくして生まれた。ヘロドトス以来、それは、市民が支配者と被支配者に分化せず、無支配関係（no rule）のもとに集団生活を送っているような政治組織の一形態を意味していた。この無支配という観念はイソノミアという言葉によって表現された。古代人たちが述べているところによると、いろいろな統治形態のなかでこのイソノミアの顕著な性格は支配の観念（君主政（monarchy）や寡頭制（oligarchy）の ἄρχειν――統治する――からきた -archy や民主政（democracy）の κρατεῖν――支配する――からみた -cracy）がそれにまったく欠けている点にあった。都市共同体はイソノミアであると思われていた。「民主政」という言葉は当時でも多数支配、多数者の支配を意味していたが、もともとはイソノミアに反対していた人々が作った言葉であった。（p. 30／四〇頁）

市民が支配する者と支配される者に分かれることなく政治的な自由を保障される体制、これをギリシア人はイソノミアという言葉で表現したのでした。このイソノミアは「民主政」、すなわち民衆（デーモス）の支配（クラティア）、多数の専横を意味する民主政とは対立する概念でした。もとより「自由」な体制としてのイソノミアは「平等」と対立するものではありません。

トクヴィルの洞察にしたがってわれわれがしばしば自由に対する脅威だと考えている平等は、もともと、自由とほとんど同じものなのであった。しかし、イソノミアの言葉が示唆している法の範囲内におけるこの平等は、政治的領域そのものが財産と奴隷をもつ者にだけ開かれていた古代世界においては、ある程度まであらゆる政治活動の条件ではあったが、本来、条件の平等を意味するものではなく、公民の一団を構成している人々の平等であった。イソノミアは平等（ἰσότης）を保障したが、それはすべての人が平等に生まれ平等に作られているからではなく、反対に、人は自然において平等（φύσει）ではなかったからである。そこで人為的な制度たる法律（νόμος）によって人々を平等にする都市共同体を必要としたのであった。（pp. 30-31／四〇―四一頁）

もともと自然において平等には創られてはいない人間たちが互いに平等な条件において政治的な自由を保障される体制、これがイソノミアなのでした。ここで論じられているイソノミアが、「マルクス草稿」でアレントが述べていた「共に生きる」という政治的経験、互いに異なる人々が対等な市民として相対し、自らを際立たせるという平等と卓越の経験に対応するものであることは明らかでしょう。アメリカ革命において、建国の指導者たちが経験し、また重視したものこそ、この政治的な「自由」の経験、公的な営みに参加するという経験なのでした。

代表なくして課税なしというアメリカ革命の最初の要求の価値がどうであろうと、もちろんそれは、それ自身の魅力に訴えることはできなかった。なるほどこの要求を論理的に推し進めれば、独立した政府と新しい政治体を創設せねばならないということになるが、この要求自体はこの論理的帰結を推し進めるのに必要な実際行動、すなわち、演説や決議、弁舌や業務などとはまったく異なるものだったからである。ジョン・アダムズの言葉にあるように、「予期せずに呼び出され、あらかじめその意向なく駆り出され」た人々が「われわれの楽しみをなすものは休息ではな

くて活動である」ことを発見したのは、このような経験を通してであった。(pp. 33-34／四五頁)

なるほど革命の起こった際の当初の要求は自分たちの支払った税負担への不満、負担に見合うだけの政治的発言権が自分たちに与えられていないという不満であったけれども、彼らが直面したのは、新しい政府を建設するという、予想も経験もしたことのない課題だったのでした。原註で示されているジョン・アダムズ(6)の『アメリカ合衆国の諸憲法の擁護』ではこう述べられています。

人民も、その代表者会議も、委員会も小委員会も、通常の技術や科学の光に照らす以外の方法で立法を重要とみることはなかった。予期せずに呼び出され、あらかじめその意向もまったくなしに駆り出されて、疑いなくそれはイングランドとアメリカにとって最良の時期にであったけれども、突然に将来の政府のための新たな法のシステムを設立する仕儀になり、彼らは賢明な建築家の方法を採用して、新たな宮殿を彼の主権者のために建設したのである(7)。

アメリカ革命の指導者たちは、いわば突然に新たな政府の建設という課題に駆り出されたのでした。彼らがそこで見いだしたのは、新しい政府の建設のために討論し、弁舌によって他の人々を説得し、決定を行うという政治的な経験でした。他の人々とともに公共的な場に活動することそのものが、一つの喜びであることを彼らは発見したのです。同じくジョン・アダムズはこう述べています。

人間の本質（human nature）が露わになる時には、つねにそれは争論を好み満足することがない。この満足することのない人間の気質（discontented humour）からほとんどすべての幸福は生まれてくる。われわれの喜びをなしているのは活動であり、休息ではない。われわれにできるのはこの性質に対して防御し備えることであって、これを根絶することはできないのである。(8)

人が他人との比較、他者に対する優越感やあるいは嫉妬に駆られて行う交流、ホッブズが空しい虚栄、人間の止みがたい情念であると見なし、それを受けてルソーが自然のままの人間本性を堕落させる「社交」として嫌悪した活動を、たしかにそれは際限ない争論と虚栄に堕する危険を伴ってはいるけれども、人間が人間である限り根絶することができない本性なのであり、そうであるがゆえにそこには――たとえ束の間のこの世のものであっても――喜びが伴っているのだとアダムズは考えたのでした。ここでは現世の人間とその活動を罪深いものとみるキリスト教や、それとはやや立場が違いますが文明社会の人間の交流を虚栄として拒絶するルソーのような見方とは明らかに価値評価が逆転している。それはむしろ古代ギリシアやローマの市民が都市共同体で享受していた「自由であることの経験」と同じものであったとアレントは言うのです。

ただし、古典古代ギリシア・ローマの政治的な「自由」が近代革命において再発見された、アメリカ革命とフランス革命に加わった人々は、ギリシア人が「イソノミア」、ローマ人が「リベルタス」という言葉で表現していた政治的な自由を改めて経験して、これを「自由」と名づけたということに話はとどまりません。前節で述べてきたように、そこには明らかな転換があります。古代の循環史観やキリスト教的な終末史観からは出てこない課題、まったく新しい政治体制を一から建設するという課題にアメリカ革命とフランス革命の指導者たちは直面したのでした。それは「新たなことを始める」という人間に固有の能力が全面的に試されるという、人類史上例のない経験でした。それまでに経験したことのない「自由」を獲得し、まったく新しい自由な体制を新たに建設するという二重の意味において、自分たちはまったく新しいことを経験している、これがアメリカ革命とフランス革命に加わった人々を捉えた「巨大なパトス」の根拠でした。

このような新しさのパトスが存在し、新しさが自由の観念と結びついている場合にのみ、革命について語ることができる。もちろんこのことは、革命とは成功した暴動以上のものを意味しており、あらゆるクーデタを革命と呼んだり、内乱のなかに革命を嗅ぎつけたりしてはならないということである。抑圧された人民はしばしば反乱に立ち上がったし、古代の多くの立法は、稀にしか起こらなかったにせよいつも怖れられていた奴隷の蜂起に対する保護手段でしかないと考えることもできる。〔…〕その統治形態の内部で権力が一人の人間から他の人間の手に、一つの集団から他の集団の手に移るクーデタや宮廷革命も同様によく知られていて、しばしば描かれているが、それほど怖れられては来なかった。というのも、それがもたらす変化は政府の分野に限定されており、人民全体に不穏な動きをほとんど与えないからである。

これらの現象はみな暴力をもって行われるという意味では革命と共通しているし、それらがしばしば革命と混同されるのもそのためである。しかし、革命という現象が変化ということだけでは説明できないのと同様に、暴力によっても説明することはできない。変化がある新しい始まりという意味で起こり、暴力がまったく異なった統治形態を打ち建て、新しい政治体を形成するために用いられて、抑圧からの解放が少なくとも自由の構成をめざしている場合にのみ、われわれ

は革命について語ることができるのである。(pp. 34-35/四六―四七頁)

(3) イタリア・ルネサンスとマキアヴェリ

それでは「革命」という言葉はいつごろから用いられるようになったのでしょうか。アレントはここでルネサンス期のイタリアについて検討しています。結論を先に言えば、ルネサンスの時期に「革命」という言葉は登場していませんでした。ルネサンスの政治理論を代表するマキアヴェリは『君主論』(一五三二年)や『ローマ史論』(一五三一年)などで、支配者の暴力的打倒や統治形態の転換について論じている——彼の『君主論』は政治変動の理論であると誤解されるくらいである——けれども、彼がそうした政治変動に関心を抱いたのは不変のもの、不動のもの、永遠なもの不朽のもののためでした。その意味においてマキアヴェリは「持続的で永遠不滅の政治体の創設の可能性を考えた最初の人間」であって、革命の歴史において彼は一人の先駆者にすぎない。なるほどマキアヴェリは純粋に世俗的な領域の勃興を最初に明確に描き出して、世俗的・政治的な領域をキリスト教の教義や一般的な倫理的規範から独立したものとして提示した。しかしながら彼が考えていた秩序の創設、当時の大国フランスやスペインを模範とする統一イタリアの樹立は、何らかの意味での革新としてではなく「復旧(rinovazione)」であったと言うのです(pp. 36-37/四八―五〇頁)。

マキアヴェリの議論は一八世紀の革命の指導者たちに継承されていくことになります。ロベスピエールをはじめとするマキアヴェリの後継者にとって、革命はまず「復古(restoration)」、「復旧(renovation)」として始まったのであり、「新しい始まり」のパトスが生まれたのはようやく出来事そのものが進行過程に入ってからなのでした。マキアヴェリは古代ローマの精神と制度を復活しようとする一八世紀の政治思想の先駆者ということになります。

もちろんマキアヴェリと近代革命の指導者たちの間には決定的な相違があります。一七世紀にはじまる近代科学の勃興以来、その時代精神はすでに古代のそれをはるかに凌駕していると革命の指導者たちは自負していた。その点でマキアヴェリ、メディチ家のフィレンツェ復帰により書記官の任を解かれて郊外の山荘に蟄居して、書斎でひとり古代の人々の書物と対話しつつ『君主論』や『ローマ史論』を執筆したというマキアヴェリと、後のマキアヴェリ賛美者たちとの間には大きな隔たりがあったとアレントは述べています。結局、マキアヴェリの生きたイタリア諸都市の闘争の時代は、カール大帝の時代のカロリング朝ルネサンス（八世紀―九世紀）にはじまる古代復興の頂点をなすものであり、その文化復興の政治的・社会的基盤をなしていた中世都市の終焉であったのでした（pp. 37-38／五一―五二頁）。

そうした観点からむしろ問題となるのは、マキアヴェリが政治の領域における暴力の役割を主張したことです。

〔マキアヴェリとフランス革命の指導者たちの〕両者のいずれにおいても、暴力を賞讃することとローマ的なものをすべて公然と賛美することとが奇妙な対立をなしている。奇妙だというのはそもそもローマ共和政では、市民の行為を支配したのは暴力ではなくて権威であったからである。（p. 37／五一頁）

マキアヴェリにおいては、自由な市民の共同体としてのローマ共和政に対する賛美と、[9] 政治におけるあからさまな暴力的手段の必要性の唱道とが併存していて、両者の間には齟齬がある。ただし、マキアヴェリがここで暴力の問題を提起したことは重要な意味をもっている、とアレントは続けて述べています。すなわち、マキアヴェリと後の革命家たちが直面していた問題とは、新たな政治体の創設にともなう難問、「新たな始まり」に必然的にともなうかに見える暴力の問題をどのように考えるのか、そして新たな法の制定の際にその究極の権威をどこに求めるのかという二つの難問でした。その意味においてマキアヴェリは都市共同体の闘争という同時代の経験をはるかに超えた問題と格闘していたのでした（pp. 38-39／五二―五三頁）。

アレントはこう述べています。マキアヴェリが古代ローマを参照しながら考えた問題に明確な解答を与えるためには、まったく新しい名称、新しい概念が必要であった。「明らかに、人々の間で生ずる新しい現象には新しい言葉が必要である」（p. 35／四八頁）。マキアヴェリが「国家（lo stato）」という言葉に新しい意味を込めて用いたのも、来るべき統一イタリアは古代の都市共同体や一四世紀までの都市共同体とは異なる政治体でなければならないと考えていたからなのだ、と（p. 39／五三―五四頁）。

すでに述べたように「革命」という言葉は近代以前には登場していません。古代や中世には反乱・謀反（rebellion）や反抗（revolt）は起きますが、革命は行われませんでした。古代においてもし革命のようなものが起きるとすれば、その担い手となるのはローマやアテナイの市民、ポプルスやデーモスではなく、奴隷と外国人居留民ということになりますが、こうした人々が権利の平等を要求して反乱を起こすことはありませんでした。古代世界には今日われわれが理解するような意味での平等、人間の生まれながらの平等という観念は存在していなかったのでした（p. 40／五四頁）。

中世に入ると主君に対する臣民の反抗、支配者に対する人民の抵抗が起こってきます。なるほどそれらは時には「正当な謀反」とされたり、既成の権威に対する「蜂起（rise）」や公然たる「反抗」や「不服従」として鎮圧されたりしましたが、権威や既成の秩序そのものに対する挑戦を意図するものではありませんでした。

> 人民は誰が自分達を支配してはならないかを決定する権利をもつことは認められていたが、誰が自分達を支配すべきかを決定するものとは認められていなかったし、まして自分達自身が支配者になるとか、自分達と同じ身分から統治の仕事に就く者を指名する権利などは知られていなかった。イタリア都市共同体の「傭兵隊長」のように人民に属する低い身分の者が輝かしい公的領域に登りつめるということが実際に起こった時、彼らに公的業務と権力が委ねられたのは人民と彼らを区別する特別の資質、つまりその能力（virtù（ヴィルトゥ））の故であったし、そうしたヴィルトゥは社会的な出自や生まれによるものでないだけになおさら賞讃されたのである。（p. 40／五五頁）

マキアヴェリが君主に必要なものとして「運」（フォルトゥナ）と「実力」（ヴィルトゥ）の二つを挙げていることはよく知られています。「フォルトゥナ（fortuna）」は運命の女神のこと。運命の女神は気まぐれで、摑まえようとするとするりと逃げてしまう。だから彼女には前髪しかないなどと言われます。そうした運命の女神をも屈服させるだけの圧倒的な実力を君主は備えていなければならない。

ここで実力や力量などと訳されている「ヴィルトゥ」は英語の“virtue”が示すようにもともとは「徳」を意味する言葉でした。政治的共同体を支える市民の徳性を重視するのはローマ以来の「共和主義」の特徴で、マキアヴェリがそうした「共和主義」の系譜に連なるといわれる所以ですが、彼の場合にはその「徳」に独特の――見方によっては本来の「徳性」からはかなりかけはなれた「力」や「勢い」といった――意味合いが込められることになります。マキアヴェリがルネサンスという新しい時代の開幕に臨んで、イタリアに秩序をもたらすべき君主に必要な資質として、そのようなもとの「徳性」からはみだす力の側面をこめた「ヴィルトゥ」を挙げた時に、彼はまさに既成の秩序そのものを転覆するような事態を予感していたとアレントは言うのです。古代ギリシアやローマにおいて支配者とは自由人たる市民であり、中世ヨーロッパ世界においては領主たる封建貴族であって、それ以外のものが支配の座につく、政治の担い手となるという事態はそもそも想定されていませんでした。生まれながらの被支配者たる民衆や人民が支配者に対してたんに反抗する、反乱を起こすだけでなく、彼ら自身が支配者になるというのはそれまでの政治の経験を超えたまったく新しい現象であったのでした。

(4)「革命」と「復古」

しかしながらその近代革命でも、その初発においては何か新たな事柄が意図的に追求されたわけではないし、そうした新たな事態に対応する観念などを求める熱望はありませんでした。革命の指導者たちにとって最大の課題は、達成されたものをいかに守って、安定を確保するのかという、むしろ革命とは正反対の「保守的」な性格のものでした（p. 41／五六―五七頁）。

そもそも「革命」という言葉自体が天文学上の用語で、コペルニクスのいう天体の回転運動を示す言葉として用いられていました。天体の回転運動のイメージを政治の領域に取り入れるのは近代が初めてのことではなく、ギリシアの歴史家ポリビュオスは共和政ローマの興隆からカルタゴとのポエニ戦争までを描いた『歴史』の中で、天体の周期的循環になぞらえるかたちで政治体制の循環を論じています。その循環のギリシア語“ἀνακύκλωσις”のラテン語訳“revolutio”が「革命（revolution）」の語源となります。つまり革命という語は、天空の永遠かつ不可抗的な循環運動の観念を、偶然に支配される人間の運命の領域に取り入れたものなのです。

一七世紀にこの「革命」という言葉が政治的用語として初めて用いられたのは、いわゆるピューリタン革命によってクロムウェルの独裁が成立した時ではなく、その後の一六六〇年に君主政が復活した時でした。つまり王政復古によって旧体制が再建された時点に、以前の体制へと回帰する運動の意味で用いられていたのです。この言葉はさらに一六八八年にスチュアート家が追放されて、王権がウィリアムとメアリに移ったいわゆる「名誉革命」の時にも用いられています。いいかえれば「名誉革命」は今日の意味でいうところの「革命」ではなく、かつての君主の権力と栄光が回復した「復古」として考えられていたのでした（pp. 42-43／五八―五九頁）。

当時の人々の間で「復古」という観念がいかに強かったかは、ピューリタン革命で国王を処刑して共和政となった際の国璽の裏側に「一六五一年。神の祝福によって復活された自由の第三年」という刻銘がなされていることにも示されています（p. 43／五九頁）。

アメリカ革命においても、革命の指導者たちはもともとは「復古」をめざしていました。「復古」

をはじめた人々が「革命」を達成し、昔の自由の獲得であると彼らが考えたものが「革命」へと転化したのでした。同様のことはフランス革命についてもあてはまります。そこでも当初はかつての制度の復活が意図されていました。それがもはや不可能であることが革命の担い手たちにとって明白となり、「革命」が新しい意味を獲得しはじめていた時点でなお、トマス・ペインはアメリカ革命とフランス革命を「反革命」の名で呼ぶことを提案しています。

これまでに世界に起こった革命は、人類の大部分の者の関心を惹くものを何一つ持たなかった。いずれも人物と政策を変えただけにおわり、原理の変革にまでは至らず、その場限りの平凡な取り引きのあいだで、あるいは起こり、あるいは消えていった。だから、今日わたしたちの見るものは「反革命」と呼んでも不当ではないであろう。

征服と圧制が、いつか遠い昔に人間からその権利を奪い上げたが、人間は今やその権利を取り返しはじめたのだ。すべて人生の出来事の潮には、互いに相反する方向に満ち干が見られるものだが、今のこの場合もその例に洩れない[10]。

興味深いのはペインのこの著作『人間の権利』(一七九一年)がバークの『フランス革命についての省察』(一七九〇年)に対する反論として出されているということです。すなわちフランス革命に対して名誉革命を擁護し、それがイギリス古来の法と自由を再興するものだとしたバークの立論に対して[11]、まさに同じ論理でフランス革命とその人権宣言を、以前に享受されていた権利と自由を回復するものだとペインは主張したのでした(pp. 44-45/六一―六二頁)。

アメリカ革命とフランス革命のいずれの場合においても、もともとの「革命」という言葉には今日のような意味合いは含まれていなかったし、革命を実際にはじめた人々もまた、それを「復古」として理解していたのでした。比較的古い用語であった「革命」に新しい意味が次第に付与されていくにはかなりの時間を要することになります。「近代に非常に特徴的な新しさに対する奇妙なパトスが、科学や哲学の思想の比較的限られた領域から政治の領域に達するのにほとんど二世紀を要した」。しかしながら、いったん政治の世界に登場すると、それは「政治的領域にのみ固有のリアリティ」を獲得することになったのでした（p. 46／六三―六四頁）。

(5) 革命と必然性

歴史の必然性の登場

もともと天体の回転運動を示していた“revolution”という言葉が、体制転換へと転用される際に、今ひとつの重要な意味がともなうことになったとアレントは述べています。すなわち、人間の織りなす政治の世界においても不可抗的な必然性が働いているという観念です。

「革命」がそうした新しい意味を獲得したのは、一七八九年七月一四日バスティーユ牢獄の陥落の報を受けた国王ルイ一六世の「これは反乱だ」に対してリアンクール公爵が述べた有名な答え「陛下、これは革命です」に始まると言われます。国王とリアンクールが当初見たものはパリの街頭に溢れ出してきた群衆でした。それまで光の当たらない闇の中で恥辱に身を沈めていた貧しい人々の群れが、公共の空間に登場する。日々の生活の必要から解放された者の活動の場であった公的領域が彼らとその生活の関心に占められることになったのでした（pp. 47-48／六五―六七頁）。「貧しい人々」の政治的世界への登場がもたらした意味については次章「社会問題」で論じられることになりますが、ともあれ、フランス革命が人々に与えたものは、自由を求めて行動していたはずの人々の背後に巨大な底流があって、それが彼らを翻弄しているという圧倒的な経験でした。

革命は人間が作りあげた作品などではなく不可抗的な過程であるとする様々の比喩、流れ、奔流、潮流などという比喩をつくり出したのは革命の登場人物たち自身であった。なるほど彼らは理屈の上では自由の美酒に酔っていたかも知れないが、自分たちが自由な行為者であるとはもはや信じてはいなかった。実際ちょっとでも冷静になって考えてみれば、自分たちがしでかしたことの作者だった、一度でもそうであったことがあるなどとどうして信ずることができるだろうか？（p. 49／六八―六九頁）

一七八九年に立ち上がった人々は当初は国王と君主政を支持していました。その彼らが一七九三年になって国王を処刑して君主政そのものを「永遠の犯罪」として断罪するようになる。もともとは私有財産の熱烈な擁護者であったはずの彼らが、一七九四年には教会や亡命者ばかりでなく「容疑者」の財産を没収して「不幸な人々」に引き渡すように要求する。急進的な地方分権に基づく憲法の制定に尽力していたはずの彼らが、「旧体制」の時代にも見られなかったような権力を中央に集中した革命政府を樹立する。当初は望んでもいなかったし、勝ち目があるとも思われない戦争に乗りだして、一時は勝利を収める。彼らはもはや自由な行為者ではなく、あたかも巨大な奔流に巻き込まれ、流れのままに踊らされて右往左往する操り人形のような存在に過ぎない。これはそれまで人々が見たことのない光景、わずか十数年前に大西洋をはさんで行われたアメリカ革命とは正反対の経験でした。

フランス革命のこうした経験は今日では自明のことに思われるかも知れないが、それが当時の人々に与えた衝撃の深さを理解するためには、「人間は自己の運命の主人公であるという感情が革命の主人公たちすべてに染みわたっていた」ことを想起する必要があるとアレントは注意を促しています。

　ヨーロッパの運命を決した一七八九年からブルボン王朝の復活にいたる出来事の中を生き抜いてきた一世代が受けた幻滅の衝撃はよく知られているが、それはほとんどすぐに歴史そのものの力に対する畏敬と驚嘆の感情に転化した。啓蒙の幸福な日々が続いていた昨日までは、行動の自由を人間に阻んでいるのは君主の専制権力だけであるように見えたが、今や突然にもっと強大な力が現れて、人々を意のままに動かすようになる。もはやそこから解放される術はないし、反抗することも逃れることもできない歴史の力、歴史の必然性が登場したのである。(p. 51 ／七一頁)

ヘーゲルの歴史哲学

フランス革命が人々に与えた衝撃を哲学的に表現したのがヘーゲルの歴史哲学でした。

　ヘーゲルの思想の真に革命的なところは、これまでの哲学者たちが説いてきた絶対者そのものが、まさに彼らが口をそろえて絶対的な基準の源泉や生誕地ではないとしてきた人間の経験の領域に現れると考えたところにあった。(pp. 51-52 ／七二頁)

フランス革命は「絶対者は歴史的過程を通じて現れる」という新しい啓示をヘーゲルにもたらしたのでした。これによって人間的事象、人々の間の行為や彼らが発する言葉、それらの絡み合いによって生ずる出来事、政治的なものの一切は歴史的になります。同時に哲学はそうした人間的事象を扱う歴史哲学に変化することになります。

この典型的に近代的な哲学の誤謬それ自体は比較的単純なものである。その要点は人間活動の領域全体をその行為者や作動主体（agent）の視点からではなく、この光景を見物している観客の立場から描き理解しているという点にある。ただしこの誤謬を見抜くことは、そこに含まれている真理のために比較的難しい。すなわちその真理とは、人々によって始められ演じられるあらゆる物語はその終わりにはじめて本当の意味が明らかになるのだから、行為と出来事のどのような連鎖であってもそこで実際に起こったことを理解できるのは行為主体ではなく観察者であるように思われるということである。（p. 52／七三頁）

行為の真の意味は、その経過が終わった時点でようやく明らかになる。それを十全なかたちで理解できるのは、行為している当人ではなく観客だけである。観察者の視点から歴史を観るという立場がアレント自身のそれと一致するかどうかについては検討の余地がありますが、そうした見方には一定の真理が含まれているとアレントは言うのです[12]。まさにそうであるがゆえに、フランス革命の後継者たちにとっては「自由」ではなく「必然性」が政治思想の主要な範疇になったのでした。

かくして絶対的な真理をもとめるべき哲学は、人間的な事象とその時間的な展開という相対的な領域にその真理を求めることになります。真理が問題とするのは市民ではない。市民の間には多数の「意見」しか存在しない。真理はすべての人間に妥当するものでなければならない。真理が開示されるべき歴史とは国民や民族の歴史ではなく世界史であり、啓示された真理は「世界精神」でなければならない。これもフランス革命の経験によってはじめて生まれた考えかたでした。もとよりそこで真理の対象となるべき人間、市民でも国民でも民族でもない人間そのものはこの世界、つまり感覚によって捉えられるリアリティとしては存在しないというのがアレントの考えなのですが（p. 53／七三―七四頁）。

ヘーゲルの教説のさらに重要な側面は、歴史の運動は弁証法的に、動と反動、革命と反革命の対抗を通じて貫徹する、そこには抵抗しがたい必然性があるという考え方です。自由と必然とは一致する、自由は必然の果実であるという逆説は、当時の政治的リアリティの影響のもとにあった人々に強く訴えることになったのでした。歴史は天体運動のような循環運動ではなく未来へと向かう直線運動であるというのは、理論的な思惟から生まれたものではなく、現実的な出来事の過程についての経験に基づいていたとアレントは言うのです（pp. 54-55／七五―七六頁）。

こうした経験をとおしてフランス革命は「革命」という言葉に決定的な意味内容を与えることになったのでした。アレントはこう述べています。フランス革命の影響を受けた人々、たとえばロシア革命のボリシェヴィキ指導者はフランス革命の人々を模倣したのではなく、出来事の過程そのものを模倣したのである。彼らがフランス革命から学んだのは――アメリカ革命の指導者たちが経験し、またおそらくはフランス革命の指導者たちも求めていたような――人間的な事象としての「活動」ではなく、それを貫く必然的な「歴史」とその法則性であった。彼らは歴史の舞台のなかで割り当てられた役割を演じようとしたのだ、と(pp. 55-58／七七―八一頁)。

第二章　フランス革命と「社会問題」：第二章「社会問題」

1　自由から必然性へ

「貧困」　生物学的必然性のリアリティ

前章で述べた「歴史的必然性」という観念には、フランス革命の光景そのものの与えた印象や、その経緯について事後的に行われる概念的な要約や思想的な回想などをはるかに超えた説得力があったとアレントは述べています。

現象の背後に一種のリアリティがあった。このリアリティは歴史的なものではなく、生物学的なものであった。そうしたリアリティが歴史の光を浴びてその完全な姿を現すようになったのはおそらくこれが初めてであるけれども。（p. 59／八九頁）

ここでアレントの言う「リアリティ」は複数の人間によって構成される現象世界の「リアリティ」とは異なっています。むしろそうした「現象」の背後にあって、人間の肉体の必然性・必要性に規定された感覚の「リアリティ」のことを意味しています。生物学的な存在に否応なく拘束されている人間の身体的な苦痛や快楽には、前者とは違った――むしろ相対立する――「リアリティ」があると言うのです。自然的な生命過程に拘束された人間活動の領域としての「労働」と、人間の複数性に基づく公的な「活動」との相違についてアレントが『人間の条件』で論じていることはすでによく知られています。ここでの論点はそうした区別とかかわっています。天体の回転のもつ循環的・法則的運動からそうした生物学的なリアリティに基づく必然性への転換をもたらしたものこそ、フランス革命における民衆、肉体的必要に駆られた貧民の登場でした。

貧困とは剝奪(depriviation)以上のものである。それはたえざる欠乏の状態であり、切実で悲惨な状態であり、それが恥ずべきものであるのは、まさに人間を人間ならざる存在に貶める強制力をもつがゆえにほかならない。貧困が卑しむべきものであるのは、それが人間を肉体の絶対的な命令のもとに置くからである。そうした必然性の絶対的な命令がどのようなものであるかは誰でもその経験から熟知しているので何か特別の思弁を必要としない。(p. 60/九〇―九一頁)

その意味においては、生物学的な生命過程の必然性もまた、ある種の現実ないし現象に対して人々が抱く一つのイメージである――「一種のリアリティ」とアレントが述べる所以です――。そこにある本当の「リアリティ」は貧困の存在であり、貧困をめぐる「社会問題」の登場こそが、そうした必然性に基づく生物学的過程のイメージを喚起したという関係になるでしょう。

かくして肉体的な必要性に支配された貧困な群衆がフランス革命の舞台に登場した時に、自由は必然性の前に屈服することになります。

ロベスピエールが「生命を維持するために必要なものはすべて公共の財産でなければならず、ただ剰余の部分のみが私的な財産として認められる」と宣言したとき、彼は前近代的な政治理論の想定、つまり市民がもっている時間と財産の剰余の部分こそが共通のものとして与えられ共有されねばならない、という想定を逆転させただけではなかった。彼は革命的な統治をついには、これまた彼自身の言葉で言えば「あらゆる法の中で最も神聖な法である人民の福祉、あらゆる権利の内で最も議論の余地なき権利である必然性」に従属させたのである。いいかえれば彼は自分自身の「自由のための専制」、つまり自由の創設のための独裁を「衣服、食料、自分達の再生産」という「サン・キュロットの諸権利」のために放棄したのである。（p. 60／九一頁）

「サン・キュロット」というのは当時の貴族の衣装であった短ズボン（キュロット）を着用しない職人、小商人などの下層市民のことです。資産をもたない彼らが求めていたのは衣服や食料など生活の保障であった(1)。後に述べるように、ロベスピエールの革命のイメージは古代ローマの共和政に多くを負っていて、彼自身が求めていたのは私的な自由（リバティ）よりも「公的な自由」（フリーダム）とそのための自由の創設であったにもかかわらず、貧困がもたらす社会問題、生命の要求する絶対的必然性の前に彼はそれを放棄してしまった、と言うのです。かくしてフランス革命とくにロベスピエールに指導されたジャコバン独裁は、古代以来の古典的な政治理論の前提、政治は生命維持や生活の必要とは関わらない自由な市民の営みでなければならないという前提を転倒させたのでした。

「社会」の勃興と「社会問題」の登場

生命の必然性・必要性に支配された「社会問題」の登場が古典的な政治理論を転倒するという論点については『人間の条件』で詳しく論じられていますので、ここで簡単に整理しておきましょう(2)。

古代ギリシアの都市共同体（ポリス）における市民とは、家共同体の長として奴隷や婦女子を支配する家父長的支配者でした。そこでは、生命維持・生活のための活動はもっぱら家共同体（オイコス）内部で営まれていました。今日、経済活動（エコノミー）といわれる活動、すなわち生活のための物資をつくり出し、それを消費する営みは、家共同体の管理運営の営みとしての家政学（オイコノミア）からきています。そうした生活の必要から解放された「自由」な市民がポリスという共同体を形成する。これが政治（ポリティックス）のもともとの意味だったのです。

市場経済の発達にともなって、家の内部で行われていた営みが、商品交換のネットワークを通じて拡大していくことになります。こうして自由な市民の活動の場であった「政治」と、主人と奴隷という支配関係が基本となる「家」の領域との間に、市場を通じて織りなされる「社会」という領域が登場する。この「社会」という領域も、これを対象とする学問が「政治経済学（political economy）」、つまり「政治」共同体をあたかも一個の「家共同体」のように管理運営しようとする学問であったことに端的に示されているように、基本的には生活の必要性に支配されている。しかも市場を通じて行われる生産と消費は自然法則的なメカニズムを通じて人間の行動を支配しているように見える。かくして近代における市場経済の発展は、生活のための必要性と必然性が支配する「社会」の勃興をもたらすことになる。その結果、生命維持のための活動、生産と消費の活動としての「労働」が他の人間活動に対して優位を占めることになるだろうとアレントは言うのです。

マルクス　必然性の革命

フランス革命における「貧しい者たち」と「社会問題」の登場は、そうした「社会」の要求が政治の公的舞台に公然と現れたという意味で歴史的事件でした。これによって革命はこれまでの古典的な政治の世界がよって立ってきた前提、政治的・公的な活動は必然性の支配から自由な市民の営みであるという前提をくつがえすことになります。自由から必然性へのこの転換を、フランス革命から半世紀後に理論にしたのがマルクスでした。正確に言えば、フランス革命の圧倒的影響を受けとめたヘーゲルの歴史哲学を継承して、革命の理論に仕上げたのがマルクスということになります。

ヘーゲルは人類の歴史を人間の「精神」の発展過程、すなわち人間の主体性の発現としての「自由」の歴史として描き出します。初発の命題の否定からさらに総合へ、「正・反・合」だとか「否定の否定」といわれる弁証法の論理で人類の歴史を壮大な進歩・発展の過程として描いたのが彼の歴史哲学でした(3)。マルクスはヘーゲルの歴史哲学の人間精神の主体性を「生産力」と読みかえることで、生産力の発展の果てに「自由」な社会としての「コミュニズム」を構想したのです。

そこにはヘーゲルの論理の継承とともにその「転倒」があります。先に述べたように、もともと古代世界では生命維持のための営みは奴隷の行うものとされていました。生命維持の「必要性」の拘束から「自由」な営みこそが、一人前の市民のなすべき営みである。古代ギリシアにおいて自由な市民の共同体たる「ポリス」と、必然性に縛られた生活のための営みを行う家共同体＝「オイコス」の領域との区別が依拠していた前提そのものをマルクスは転倒させたのでした(4)。

マルクスの理論が古代の奴隷制をモデルにしているとアレントが述べているのも、そうした文脈において理解することができます（pp. 62-63／九四―九六頁）。自由な市民の間の論争や競争ではなく、市民の共同体から排除された奴隷に対する支配者（市民）の暴力に基づく搾取こそが、その社会関係の総体を基礎づけているのであり、直接に生産に携わる被支配者、支配階級の暴力的な強制に基づく収奪・搾取によって貧困となっている人民大衆こそが革命の担い手であり原動力である[5]。こうしてマルクスはフランス革命によって登場した「貧民」とそれが提起する「社会問題」を、革命と歴史発展の原動力として位置づけたのでした。

しかしながらそこには「暴力」による強制と、生活あるいは生命の必然的な強制との混同があります。生命維持に根源をもつ必要性の強制的性格と、「暴力」を通じてなされる強制とは区別がなされなければならない。なるほど困窮が暴力をもたらすことはあるとしても、肉体的必要性と暴力とは同じものではない。われわれの肉体の存在とその必要からくる強制は、暴力に還元することはできないとアレントは言うのです。

彼〔マルクス〕は当初は、他の人々が人間の条件に固有の必然性であると考えていたものの内に人間が人間に対して人為的に行使する暴力や抑圧を見ていたのであるが、後になるとあらゆる暴力や犯罪や暴虐の背後には歴史的必然性の鉄の法則が潜んでいるのだと考えるようになった。それ以来、彼は先行する近代の理論家たちから離れてまさに古代の教師たちが考えたのと同様に、必然性を生命過程のもたらす強制的な衝動と等置して、ついには政治的には最も有害な近代の教義、すなわち、生命こそが最高の善であり、社会の生命過程こそまさしく人間の努力の中心なのだという教義に力を与えるのに他の誰にもまして寄与することになったのである。かくして革命の役割はもはや、自由の創設はもとより、人間を仲間の人間たちから解放することではなく、社会の生命過程を稀少性の足枷から解放して、有り余る豊かさの流れに向けて導くことであった。自由ではなくて豊穣さがいまや革命の目標となったのである。(pp. 63-64／九六―九七頁)

貧困こそが大衆を起ちあがらせる原動力である。その意味で貧困は一つの政治的な力となる。これが社会問題に着目した青年マルクスの当初の動機でした。しかしながら彼は次第に――ヘーゲルの論理に従って――歴史過程に内在する必然性こそが革命の究極的原動力である、生命過程そのもののもつ必然的性格こそその核心であると考えるようになった。それによってマルクスは、フランス革命においてロベスピエールが行った「自由」の放棄と必然性への屈服を理論的に再確認したのでした(pp. 64-65／九七―九八頁)。

もとより後期のマルクスにおいても、自由の実現は最終的な目標とされていました――その点でアレントの発言にはやや誇張があります。『資本論』第三巻でマルクスは必然性の充足の果てに真の自由の実現を展望しています。

自由の国は、実際、窮迫と外的合目的性とによって規定された労働がなくなるところで初めて始まる。したがって、それは、事柄の性質上、本来の物質的生産の領域の彼方にある。未開人が、彼の欲望を満たすために、彼の生活を維持しまた再生産するために、自然と闘わねばならないように、文明人もそうせねばならず、しかも、いかなる社会形態においても、可能ないかなる生産様式の下においても、そうせねばならない。文明人が発展すればするほど、この自然必然性の国は拡大される。諸欲望が拡大されるからである。しかし同時に、諸欲望を満たす生産諸力も拡大される。この領域における自由は、ただ次のことにのみ存しうる。すなわち、社会化された人間、結合された生産者が、この自然との彼らの物質代謝によって盲目的な力によるように支配されることをやめて、これを合理的に規制し、彼らの共同の統制の下に置くこと、これを、最小の力の支出をもって、また彼らの人間性に最も相応しく最も適当な諸条件の下に、行うこと、これである。しかし、これは依然としてなお必然性の国である。この国の彼方に、自己目的として行為しうる人間の力の発展が、真の自由の国が、といってもかの必然性の国をその基礎としてその上にのみ開花しうる自由の国が、始まる。労働日の短縮は根本条件である。(6)

しかしながら生産力の拡大による労働の労苦からの解放は決して必然性からの解放、自然的生命の物質代謝の循環からの解放をもたらしはしません。マルクスもここで認めていたように、人間が自然的な存在条件に拘束されている限り、生命維持のための労働、必要労働は決してゼロになることはない。だが人間とその労働が生産と消費の循環のうちに留まり続けるとするならば、そこで飛躍的に拡大した生産力は、それに応じた消費を要求するだろう。そこで勝利を収めることになるのは、真に自由な人間の活動、マルクスが夢想した自由で創造的な活動などではなく、ひたすらより多くのものを消費するために生産する「労働する動物」だろう。アレントが本書『革命について』の姉妹編ともいうべき書物『人間の条件』において問題にしたのは、近代社会がもたらす「社会」とそこでの必然性、必要性の圧倒的な優位の趨勢に対して、生命維持の活動としての「労働」とは異なる人間活動の領域である「仕事」および「活動」を明確に区別して、相互の関係を再構築することなのでした。

マルクスがその革命理論によって再確認した必然性への屈服は、ロシアにおける社会主義建設の課題を「電化・プラス・ソビエト」と定式化したレーニン[7]によって反復されることになります。そこでは自由のための新たな統治形態としてのソビエトとならんで、貧困の問題の技術的手段（電化）による解決が目指されていました。しかしながらロシアのような後進国の人民が、政治的自由を享受しながら貧困を克服することは不可能であるという理由からレーニンは自由のための制度を犠牲にして貧困からの解放をまず最初に取り組むべき課題としたのでした。かくしてロシア革命はフランス革命のそれと同じ経路を辿ることになった。その意味においてレーニンは「フランス革命の最後の相続人」であった、とアレントは述べています（pp. 65-66／九九―一〇〇頁）。

2　アメリカにおける貧困

「貧困」と「欠乏」

フランス革命以前には「社会問題」は知られていませんでした。貧困の問題こそが革命の根本的原因であり、困窮した人民、「鉄鎖のほかに失うものはない」プロレタリアートこそ解放の担い手だというような観念は一八世紀、フランス革命より前に起こったアメリカ革命の時点ではまだ存在していなかったのでした。それどころかすでに述べたように当時のアメリカ社会はヨーロッパの人々にとって相対的に平等で豊かな社会のモデルを示すものでありました。もとよりアメリカに貧困がまったくなかったわけではありません。アレントはこう述べています。

アメリカの舞台に見られなかったのは、貧困（poverty）というよりもむしろ悲惨（misery）と欠乏（want）であった。というのも「富者と貧民、勤勉な者と怠惰な者、知識のある者と無知な者との間の争い」はアメリカの舞台でも非常に多く見られ、建国者たちの関心を占めていたからである。彼らは自分たちの国が豊かであったにもかかわらず、このような差別は永遠のものだ――「天地創造以来古く、地球大に拡がっている」――と信じていた。しかしアメリカでは勤勉な者もまた貧しかったが、惨め（miserable）ではなかった。〔…〕彼らは欠乏によって突き動かされはしなかったし、それゆえに革命が彼らによって圧倒されることもなかった。彼らが提起したのは社会問題ではなく政治的問題であり、社会の秩序ではなく政府の形態をめぐる問題であった。問題は、住民の大多数の者は絶え間なく働いていて余暇もないのであるから、――もちろん代表を選んで自分の意見を代弁してもらうことはできるとしても――自ら積極的に政府に参加することからは自動的に排除されてしまうのではないか、ということにあった。（pp. 68-69／一〇三―一〇四頁）

アメリカにおいても貧困はあった。ただし勤勉に働く者たちは貧しかったが「惨め」ではなかったというのです。彼らは自らの境遇を「惨め」と感じ「欠乏」に突き動かされていなかったからこそ、革命の課題は社会問題、つまり貧困や悲惨の解決にではなく政治問題、人々がいかにして政府に参加するかに向けられていたのでした。

貧困と「無名の闇」

注意しなければならないのは、ここで問題とされているのは革命指導者たちからみた貧しい人々の状態だということです。アレントはジョン・アダムズの次のような言葉を引用しています。

「貧しい者の良心は曇りがないが、彼は辱めを受けている。……彼は自分が他人の視野の外に置かれて、まるで暗闇の中を手探りで歩いているように感じている。彼のことを気に留める人はいない。よろめき、さまよう彼に誰も気づかない。群衆の只中にいても、教会でも、市場でも……彼はまるで屋根裏部屋か地下室の暗闇の中にいるように無名のまま（obscurity）である。異議を唱えられることも、叱責されることも、非難されることもなく、ただ気づかれないのである。……完全に無視されて、しかも無視されていることが分かっているというのは耐えられないことだ。もしロビンソン・クルーソーが自分の島に〔世界中の万巻の書物を所蔵しているという〕アレクサンドリアの図書館を持っていたとしても、再び人間の顔を見ることができないと分かっていたなら、一冊の書物でも開いてみる気になっただろうか？」（p. 69／一〇四―一〇五頁）

人が耐えられないのは貧困そのものより他人からその存在を認知されないことだというアダムズの見方に貧民たち自身は同意しなかっただろう。アレントの見るところこれはやはり「特権的な知識」だったのでした。光の当たる公的な場で活動することに向けられたアダムズの関心はその後の革命の歴史に影響を与えるものではありませんでした。そうしたアダムズの見方にかなりの共感を寄せながら、アレントは述べています。「暗闇」に置かれるという貧しい人々の苦境（the political predicament of the poor）をアダムズが見出せたのは、貧しい者たちに「悲惨さ」が欠けていたからなのだが、その後アメリカで貧民たちが裕福になったとき、彼らは公共の場で自らを際立たせるような卓越への情熱に駆られることはなかった。彼らが選んだのは空虚な時間を持て余す退屈であり、周囲からの「敬意と祝福」を得ようとする時にもそれを「商品」として手軽に手に入れることで満足した。彼らは自分の家の贅沢な消費生活を公開して、富と、そして事柄の性質上公開すべきでないものを衆目に曝すことの方を望んだのだ、と（pp. 69-70／一〇五―一〇六頁）。

黒人奴隷の問題

もちろん、貧困と人を堕落させるような悲惨が現実にアメリカに存在しなかったわけではありません。一八世紀中期のアメリカ社会にはおよそ一八五万人の白人に対して約四〇万の黒人が存在していました。ジェファーソンをはじめとする一部の人々も黒人奴隷の問題は意識していました。アレントがここで念頭に置いているのは『ヴァージニア覚書』（一七八二年）の「質問一八」です。

主人と奴隷の交わりは、もっとも荒々しい感情を絶えずやりとりすることにつきる。すなわち主人の側にはもっとも苛酷な形の専制が、奴隷の側には屈辱的な服従があるだけなのである。われわれの子供たちはこれをみて、そのまねをすることを習い覚える。なぜならば、人間は模倣の動物だからだ。〔…〕このような環境の中でも自己の習慣や徳性を堕落させずにもちつづけられる人間がいたら、それはまさしく驚異的な存在といわねばなるまい。一体このように市民の半分が残りの半分の市民の権利を踏みつけるようなことを許容して、前者を専制君主に仕立てあげ、後者をその敵にまわすようにさせ、さらに前者の道徳を破壊し、後者の愛国心をも破壊してしまうようなことをする政治家には、いかなる呪いを負わせるべきであろうか。というのも、もし奴隷がこの世界に自分の国をもつことができるなら、生まれながらにして他人のために生き働かねばならないような国や、生まれながらの能力を閉じ込めてしまうか、人類の滅亡という方向にむかってそれぞれが相応の努力をするか、あるいは幾世代先にいたるまで自分自身の惨めな境遇を受けついでいかなければならないような国を選ぶことは決してないにちがいないからである。人々の道徳が破壊されるのにともない、その産業もまた破滅に導かれる。なぜなら、暑い気候の土地では、自分の代わりに他人を働かせることができる人は誰も自分自身が働こうとはしないからだ。これはまさにそのとおりで、現にここでは奴隷所有者たちのうち、自分でも働いている者はごく少数しか見られない。人民の心の中に、自由は神から授けられたものであり、それを侵害するものは必ず神の怒りを買うのだという確信があることは、一国民の自由にとって唯一の確固たる基盤だが、この基盤を取り除いてしまったとき、果たしてその自由は安全な状態にあるといえるだろうか。神は公明正大であること、神の正義は永遠に眠ってはいないこと、奴隷の数や問題の本質、自然の手段方法だけから考えても有為転変の革命、すなわち世の情況が入れかわるようなこともありうるのだということ、そしてその大変化は、超自然的な干渉によって可能となるかもしれないこと、などに思いを馳せるとき、まったく私はこの国のために戦慄を禁じえない。そうした争いが起こったときに、万能の神はわれわれの側に加担するような性格をもってはいないのである。(8)

他人を一方的に支配する専制のもとで人間は堕落せざるをえないし、そこに「自由」は存在しえない。「奴隷の存在は自由の創設とは合致しない」とジェファーソンは考えていたのでした。もとよりアメリカにおいて黒人奴隷の問題が冷静な議論によって解決できるような性質のものではないことをジェファーソンは認めています。完全な奴隷解放が神の御意志に基づくものだとしながらも、それは「奴隷所有者たちを根絶するというような方法によるのではなく、むしろ彼らの同意を得てなされること」を希望していたのでした。(9)

しかしながら、「革命」がもたらした状況の変化にともなって奴隷解放も進展していくだろうというジェファーソンの希望的観測は実現しません。一八一八年にミズーリが州への昇格を要求した時に、奴隷を禁止する自由州と禁止条項を持たない奴隷州との対立が起こります。ミズーリを奴隷州として認める一方で、あわせてメイン州を自由州として昇格させる「ミズーリ妥協」によって問題はいったん収束しますが、これがアメリカの今後にとって重大な問題であることをジェファーソンは予感していました。(10)一九二一年一月二二日のアダムズ宛の手紙で彼はこう書いています。

本当の問題は、この不幸な住民たちによって悩まされた州に見られるように、われわれの奴隷たちに自由と短剣が与えられるべきかということです。というのももし連邦議会が州の内部における住民の状態を規制する権力をもつとするならば、その権力のさらなる行使は、すべてのものが自由だと宣告することになるからです。そうなればふたたびアテナイ連合とスパルタ連合の対立を見ることになるのでしょうか？　いまいちどペロポネソス戦争を行って決着を付けることになるのでしょうか？　それともこれはたんに奴隷戦争が起きるという警告なのでしょうか？　それはまだ分かりません。だがあなたや私の生きている間にそのようなことが起きないことを期待するばかりです。(11)

ジェファーソンが予感していたように、黒人奴隷をめぐる問題は、アメリカ革命によって創設されたはずの「自由な共和国」の根幹を揺るがす問題となります。そうした事情をアレントは後に『共和国の危機』で論ずることになります。

ジェファーソンをはじめとするアメリカ革命の指導者たちが、黒人の問題をどこまで本気で考えていたのかについては議論のあるところです――ジェファーソン自身がヴァージニアに大農園を所有し、多数の黒人奴隷を抱えていたことはよく知られています。ジェファーソンの真意が何処にあったのかはともあれ、黒人の悲惨な状態を憐れんだり共感をもって対することはありませんでした。かりにもし彼らが黒人の悲惨さについて真剣に考えていたとするならば、それは奴隷という制度が人間の自由を奪い堕落させる「専制」に属するものであって、自由な共和国にそぐわないものだと考えたからだとアレントは述べています（p. 71／一〇八頁）。その意味において、アメリカ革命の指導者たちは、黒人の問題に対しては概して冷淡、無関心であったのでした。

もとより奴隷問題に対して消極的ないし無関心だったのはアメリカだけではありません。アレントは続けてこう述べています。自分の社会の貧困に同情するヨーロッパ人がアメリカで黒人奴隷の悲惨な状態を目撃しても、それに心を動かされることはなかった。アメリカでもヨーロッパでも奴隷に対する無関心は同じであって、奴隷の存在はいかなる意味においても問題にはならなかった。違っていたのは、アメリカではそもそも「社会問題」というものが、白人市民の相対的に豊かな社会においては現実に存在していなかったのか、黒人奴隷と同様に隠蔽され意識の外に置かれていたのかは別にして、実際的な問題としては存在していなかったし、社会問題と貧しき人々に対する同情が存在しなかったことにある、と[12]（pp. 71-72／一〇八―一〇九頁）。

社会的上昇と機会均等

なおアレントはこの節の末尾で、ここでいう「社会問題」は今日しばしば問題にされる機会均等や社会的上昇の可能性とは別だということを強調しています。一八世紀や一九世紀の社会にはそうした関心はほとんどなかった。革命の指導者たち、共和国の建設者たちが教育を問題にするのは、すべての人間に社会的な階梯の上昇の機会を与えるためではなく、国の福祉と政治制度の機能が市民の態度にかかっていたからであった。各人の才能を開花させるというような関心は彼らには欠如していた。個人の能力を全面的に発展させることが社会にとって重要であり、そうした可能性を保障することが必要であるというのは――ここでは名前を挙げていませんが――J・S・ミルのような一九世紀の自由主義者の立場でしたが、これは優れた才能に対する抑圧にとりわけ敏感な彼らの特徴であって、優れた個人、天才的な才能に対する彼らの敬意と密接に結びついていた[13]。一八世紀の革命指導者たちにはそうした一九世紀の自由主義者たちの関心もなかった以上、一般にその構成員の能力の開発に社会は責任を負い、教育の権利、社会的向上の権利が保障されねばならないという観念ほど遠いものはなかったと言うのです（pp. 71-72／一〇九―一一〇頁）。

およそ人間の本性が欠陥をもっているというアメリカ建国の父祖たちの現実主義的な見方は評判が悪いけれども、その彼らでさえ、社会の下層階級に属する人々には怨恨（ルサンチマン）を爆発させたり貪欲や妬みを振りまいてしかるべき権利があると社会科学者たちが主張するのを聞いたなら驚いたことだろう。というのも妬みや貪欲さはどんな場合であっても悪徳だというだけでなく、彼らの現実主義的な見方からすればそうした悪徳が頻出するのは社会の下層よりは上層の方だということとなるだろうからである。（p. 73／一一〇頁）

地位の向上をめぐる競争をめぐって不満や怨恨を懐くのは実際には上層階級の方だという突き放した指摘を見れば、機会均等や社会的上昇の可能性の権利を主張するのは二〇世紀の社会科学者たちの――これまた「特権的な知識」を持つ者たちの――観点であるとアレントは見ているように思えます。問題はいずれにせよ社会の指導的な立場にたつ人々が、いわゆる下層階級、あるいは貧しき者たちに対してどのような視線を投げかけるのか、彼らの何を、どのようなかたちで「問題」として汲み上げるのかによって結果が分かれてくる。その意味において、困窮に対する同情の欠如、貧しき者たちに対する関心の欠如はアメリカ革命の指導者たちに特徴的な態度だったのでした。

3　ルソーと「同情」

「人民」の発見

しばしば誤解されているのですが――またそうした誤解に基づいて批判されているのですが――、フランス革命の急展開を推進したのは「貧民」であったとか、革命の原動力が「貧困」であったとアレントは一言も述べていません。フランス革命において「貧しい人々」が注目され、彼らの経済要求にどう応えるのかという「社会問題」が浮上してきたというのは、あくまでも革命の指導者たちの観点においてです。

人民（le peuple）という言葉はおよそフランス革命を理解するための鍵となる言葉である。その意味内容を決定したのは人民の苦悩（suffering）を目の当たりにした人々であって、彼ら自身は人民の苦悩を共に蒙っていたわけではない。この時はじめて人民という言葉は、統治に参加しない人々ということに止まらず、市民ではない下層の民衆を意味するようになった。まさにこうした言葉の定義そのものが同情から生まれ、不運や不幸の同義語となったのである。――ロベスピエールはしばしば「人民、私を声援してくれる不幸な人々」と述べていたし、革命指導者の中で最も感傷的ではないシェイエスのような冷静な人物でさえ「つねに不幸な人民」と彼らを呼んだのであった。（p. 75／一一三頁）

貧困の問題を発見したのは、みずからその苦悩を経験し、みずからの境遇を惨めと感じ、欠乏に突き動かされる民衆自身ではありませんでした。民衆の悲惨と不幸に直面した革命指導者たちの「同情」によって「人民」、不幸な人々としての「人民」という言葉はつくり出されたというのです。以下、本章の終わりまでは、論点があちこち飛んで話の筋道が分かりにくいところがありますが、「不幸な民衆」の登場がフランス革命にいかなる結果をもたらしたのかについての説明になります。

フランス革命における決定的な転機はジロンド派による共和国樹立の失敗であったとアレントは見ています。革命当初、憲法制定国民議会で主導権を握ったミラボー、ラファイエットなどによって立憲君主政の一七九一年憲法が定められますが、これに飽き足らないジロンド派は財産資格に基づく立法議会を廃止、男子普通選挙で選ばれた国民公会は九二年九月に共和政を宣言して、九三年一月には国王を処刑します。しかしながら国王処刑に反発するヨーロッパ諸国が反革命干渉戦争に乗りだし、国内でも農民の蜂起に端を発するヴァンデの反乱によって混乱が続くにつれて、下層民衆の支持を受けたジャコバン派が優勢となり、ジロンド派は国民公会より追放されます。ロベスピエールらジャコバン派はもはや憲法制定や統治形態の問題には拘泥することなく、「自由のための統治」としての共和政の確立よりも人民に依拠することの方を重視することになったのでした。ロベスピエールはこう宣言します。「新しい憲法のもとでは、法はフランス共和国ではなく人民の名において公布されなければならない」と（p. 75／一一三―一一四頁）。

「自由の創設」としての憲法制定については後の第四章と第五章でアメリカにそくして論じられることになりますが、フランスにおいては本当の意味での「自由の創設」、すなわち人民が相互に結合してあらたな政府とその「権力」を形成して、政治的な意味の「自由（freedom）」を保障するような公共空間を形成することができなかった。革命によって王権は転覆されたが、革命政府は王権の簒奪者にとどまった。そうであるからこそ革命政権は自らの統治を仮構の「人民の意志」に求めねばならなかったのでした。ルソーの「一般意志」の理論が彼らに影響を与えたと言われる所以《ゆえん》はここにあります。ルソーの理論についてアレントは次のように述べています。

最も重要な点は、慎重な選択や意見に対する配慮に重点を置く「同意(consent)」という言葉自体が、意見交換のあらゆる過程と最終的な意見の一致を本質的に排除する「意志(will)」という言葉に置き換えられたことである。意志は、もしそれがともかく機能するとすれば、たしかに単一かつ不可分でなければならない。(p. 76/一一四―一一五頁)

ジャコバン派の指導者たちにとって必要であったのは多様な「意見」の表出と討論を踏まえて形成される「同意」ではなく、自らがそれを代表すべき単一の人民の「意志」でした。「人民の意志」というからには、それは一つでなければならない。「単一不可分」の共和国をささえる「単一不可分」の意志、ルソーの「一般意志」の理論はその構成の仕方を教えるものなのでした。ルソーは『社会契約論』第二編第三章「一般意志は誤ることができるか」でこう述べています。

全体意志と一般意志の間には、時にはかなり相違があるものである。後者は共通の利益だけをこころがける。前者は私の利益をこころがける。それは特殊意志の総和にほかならない。しかし、これらの特殊意志から相殺し合う過不足を除くと、相違の総和として、一般意志が残ることになる。[14]

ルソーの「一般意志」がここで述べられている文言そのままに、個別意志の相違をそぎ落とした後に残る最大公約数のようなものであるのかどうかは議論の余地があります。ルソーにとって、すでに文明社会の中に生きている人間は、その自然の本性（nature）を見失って堕落してしまった存在ですから、そうした利己的個人の意志をどんなに合わせてもほんとうの共同性には到達できないはずだからです。したがってルソーの「一般意志」についてはさまざまな解釈がなされているのですが、アレントの着眼するところはそうした議論とは少しばかり違っています。

後に第六章で紹介するように、アレントは「意見」と「利益」を区別していて、「利益」は一定の集団内で一致しうるが、複数者の間で表明される「意見」は決して一つになることはありえないと述べています。そうしたアレントの立場から見れば、過不足を相殺して残った「共通の利益」としての「一般意志」というのは、複数の人間によって構成される公共空間においては決してありえない存在だということになります。だからルソーが「一般意志」の実体として想定するのは、諸個人の「意見」の一致ではなくて、「利益」の一致のことである――奇妙なことにルソーにおいては「意志」と「利害」が同一視されているとアレントが述べているのはこのことを指しています。その「意志」の一致を「利益」の一致に還元する際のルソーの方法の特徴を示すものとしてアレントが注目するのは、右の文章にルソーが付けた註記です（p. 78／一一七頁）。ここでルソーはダルジャンソンの『フランスの統治についての考察（*Considérations sur le gouvernement ancien et présent de la France*）』（一七六四年）の言葉を引いて次のように述べています。

「ダルジャンソン侯は述べている。「人の利害は、それぞれ相異なる原理をもつ。二つの個別利害は、第三者の利害との対立によってはじめて合致する」と。彼は全利害の一致は、各人の利益と対立しあうことによって形成されると付け加えることもできたであろう。もし異なった利害がないとしたら、共通の利害は何の障害にもぶつからないのだから、ほとんど感じられないだろう。そして、すべての利害はひとりでに進み、政治は技術たることをやめるであろう」と。(15)

対立する利害を一致させるための手段は、国民内部に「共通の敵」を設定することである。そしてその「共通の敵」とは、各人の抱く個別の意志と利害に他ならないというのです。ルソーの一般意志の背景にある経験が、対外関係などで日常的に見られる敵対と同盟の経験であるというアレントの指摘は興味深いところがあります。右に引用したルソーの指摘が『社会契約論』の本文ではなく脚註で述べられているという事実は、「ルソーがその理論を引き出してきた具体的な経験が彼にとってあまりに当然のことだったので、わざわざ言及する価値があるとは思われなかった」ことを示しているとアレントは註で述べています（p. 291／一一七頁、一七二頁、原註（24））。一般意志の理論であれなんであれ、およそ政治思想における理論や概念の背景には、必ず――論じている当人には単純で自明と思われる――政治的な経験があるというのがアレントの見方でした。

ルソーの理論の根底にあるのが「共通の敵」の設定による「共同意志」の形成――カール・シュミットが言うような「友と敵」の区別――であるとすれば、アレントが依拠する政治の営みの根底は、それとは違ったところに求められなければならないということになるでしょう。

ルソーが「一般意志」の形成のために必要な「共通の敵」を人々の内部に求めたとすれば、その「内部の敵」は、共同体の内部にいる任意の誰かに限りません。敵は内部にいるというルソーの議論をつきつめれば、構成員一人一人の「内部」にも敵は「利己心」というかたちで存在することになります。自分自身の内部にある利己心こそ、真の共同性から人々を引き離す敵、本当に戦わなければならない「内なる敵」である。ルソーのいわゆる「引き裂かれた魂（âme déchirée）」は、そうした自己の内部における分裂状態を表すものでした。

アレントはこう述べています。われわれは一八世紀を理性と啓蒙の時代、一九世紀初頭にはその理性に反抗するロマン主義が起こるというかたちでやや図式的に理解することに慣れているので、一八世紀においても感情や心のもつ力がどんなに情熱的に擁護されたかを過小評価している。理性に反抗するルソーは引き裂かれた「二つの魂」の状態に置かれることになる。これは自分の内部にもう一人の自分がいるという意味ではある種の「一者のなかの二者」の経験ではあるけれども、ソクラテスの場合のように本当の思考を生みだす対話ではなく、互いに相容れない二者の間の分裂と葛藤であった。そしてこの葛藤の中から激しい苦悩（suffering）と激情（passionateness）という二重の意味における「情熱（passion）」がもたらされる。この「苦悩する能力（capacity for suffering）」、つまり他者の「苦悩」に共感する「同情（compassion）」こそ、理性的で利己的な社会を否定して、他方では精神の孤独をも拒否することによって、本当の意味で人々を結びつける絆となることができるとルソーは考えたのである、と（pp. 80-81／一二〇頁、vgl. S. 102）。アレントがここでその一部を引用している『人間不平等起源論』でルソーはこう述べています。

自尊心を生むものは理性であり、それを強めるものは反省である。人間に自分を振り返らせ、また、人間を邪魔し悩ますすべてのものから人間を引き離すものは、反省である。人間を孤立させるものは哲学である。人が悩んでいる者を見て、「お前は亡びたければ亡んでしまえ、私は安全だ」と秘かに言うのは、哲学のおかげなのだ。哲学者の安らかな眠りをかき乱し、彼を寝床から引っぱり出すものは、もはや社会全体にかかわる危険の外にはない。人は哲学者の窓の下でその同胞を殺したって哲学者にとやかくいわれることもない。哲学者が、自分と殺される者とを同等に見ようとして心の中で反抗する自然を押しとどめるには、耳に手を当てて少々理屈をこねさえすればよい。未開人はそんな結構な才能を持ち合わせない。そして、知恵と理性がないため、彼はいつも深く考えもしないで人類の最初の感情に身を委ねる。一揆や街の喧嘩に集まるものは下層民であって、用心深い人はそっと敬遠する。喧嘩を分けて、紳士諸君が殺し合いをしないようにしてやるのは、下等な人種であり、市場の女房どもである(16)。

ルソーによれば、人間が自然のままにもっている本能的な自己保存の原理としての「自己愛（amour de soi）」や、「同胞が滅び、または苦しむのを見ることに、自然な嫌悪」を感ずる「憐れみ（pitié）」とは異なり、「自尊心（amour propre）」とは、他人との比較によってはじめて生ずる感情です(17)。人と比べて自分はどうだとか、自分はあの人より優れているなどと虚しく競い合うのは人間がいまある「社会」の中でその自然の本性を忘れてしまったからだとルソーはいうのです。ウィットとエスプリに富んだ会話で自分を際立たせ、出世や名声をもとめて他人を押しのけるべく競い合うという「社交界（society）」はその最たるものでした。人間を賢くさせることによって、堕落させるものこそ「理性」であり、その一番の担い手が哲学者である。理性は人々が本性のままにもっているはずの「自然の声」――哲学者の心の中にも反抗する「自然の声」がある――を押し殺すものである。理性をそなえた人々、上層階級の賢い紳士淑女よりは、未開人や下層の民衆、男性よりは女性の方がより自然のままの感情、他人に対する「同情」をもっていることになります。

この他者の苦悩に対する「同情」の情熱こそ、「貧しい人々」に遭遇したフランス革命の指導者たちに影響を与えたのだとアレントは言うのです。もとよりルソーや革命の指導者たちが本当に下層の民衆、貧しい人々の生活を実際に経験したり、あるいは民衆の目線からものを考えていたというわけではありません。彼らのいう貧しい民衆も結局のところは上層の者、理性をそなえた賢い人々からみた「人民」の像であって、だからこそ上層階級から下層階級に対する「同情」こそが問題とされる。自然のままの善き性質をそなえた自然人からなる「自然状態」という理論は、彼らの経験に根ざしたものではない。彼らはいまある社会の不正と腐敗、とりわけ富める者たちの堕落、利己主義に対する痛烈な批判から、堕落する以前の人間の本質は善であるはずだという仮説を打ち建てたのであり、その背後にあった彼らの内的経験こそ、理性と情熱との間で引き裂かれるという内部分裂の経験だったとアレントは言うのです。

そうした彼らの内的経験は、自分の魂が二つに引き裂かれるという苦痛と激情をともなうものであるからこそ、彼らを内側からつきうごかす力となったのでした。他者の苦悩、とりわけ貧しい者たちの不幸に対する「同情」が、ロベスピエールをはじめとする革命の指導者たちに大きな影響を与えた理由はまさにここにあります。

やがてフランス革命を遂行することになる人たち、貧民の圧倒的な苦悩に直面し、彼らに歴史上はじめて公的領域への戸口を開いて光を与えた人々――このような人々の心にルソーが巨大な支配的影響力を与えることができたのは、彼の教義のいかなる部分にもまして、この苦悩の強調のおかげであった。一般的な人間的連帯化というこの大きな努力の中で重要なものは、積極的な善よりも、むしろ無私、すなわち他人の苦悩の中に自分自身を無にする能力であった。そして、最も忌むべきものであり、最も危険であるとさえ思われたものは、邪悪さよりもむしろ利己主義であった。(pp. 80-81／一二〇―一二一頁)

ナザレのイエス　絶対的な善をめぐる問題

しかしながら利己主義に徹底して反対する無私の「同情」は、その結果として「徳のテロル」を生み出すことになります。そうした事情をアレントは、フランス革命の衝撃を受けて人間の善と悪の問題に取り組んだメルヴィルの『ビリー・バッド』とドストエフスキーの「大審問官」を手懸かりに考察しています。

ルソーもロベスピエールも、自分たちの教えと行為が次の世代の課題に持ち込んだ問題の深さを推し測ることはできなかったけれども、もし彼らがいなかったら、そしてフランス革命がなかったならば、メルヴィルもドストエフスキーも、後光のさすキリストに変形されてしまったナザレのイエスを人間の世界に戻してやり――メルヴィルは『ビリー・バッド』で、ドストエフスキーは「大審問官」で――、公然とかつ具体的に、もちろん詩的、比喩的にではあるけれども、フランス革命の人々が自分自身ではほとんどそうとは知らずにどんなに自己破滅的な企てに乗りだそうとしていたかを示すことはなかったことも確かである。（p. 82／一二二頁）

彼らが取り組み、そしてルソーやロベスピエールには到底測り知ることのできなかった問題とは、ナザレのイエスの問題でした。すでに「マルクス草稿」のところで紹介したように、アレントはソクラテス裁判とならぶ人類史上の転換点としてイエスの裁判を挙げています。ソクラテスが人間にとって「真」とは何かという問題に取り組んだとすれば、ナザレのイエスこそ「善」とは何かという問題に取り組んだ人物だったのでした。キリスト教によって救世主＝キリストとして偶像化され神話化される以前のナザレのイエス本人のありようを小説というかたちで描き出そうとしたのが、ドストエフスキーでした。ドストエフスキーは小説『カラマーゾフの兄弟』（一八八〇年）の中の挿話「大審問官」でイエス・キリストと異端審問官との「対話」を描き、またイエスをモデルにしたと言われる善良な人物を主人公とする『白痴』（一八六九年）を書いています。それではアレントにとってナザレのイエスの問題とはどのようなものであったのか、『人間の条件』には次のように書かれています。

イエスが言葉と行為で教えた唯一の活動力は、善の活動力（activity）であり、この善は明らかに、見られ聞かれることから隠れようとする傾向を秘めている。キリスト教は、公的領域に敵意をもっており、少なくとも、初期のキリスト教はできる限り公的領域から離れた生活を送ろうとする傾向をもっている。これは、ある種の〔例えば終末論的な〕信仰や期待とは一切関係がなく、ただ善行に献身しようとすれば当然現れる結果にすぎないと考えられる。なぜなら、善行は、それが知られ、公になったとたんに、ただ善のためにのみなされるという善の特殊な性格を失うからである。善が公に現れるとき、なるほど、それは、組織された同胞愛あるいは連帯の一活動としてやはり有益ではあろう。しかし、それはもはや善ではない。したがって「自分の義を見られるために人の前で行わないように、注意しなさい」ということになる。善が存在しうるのは、ただ、その行為者でさえそれに気づかないときだけである。自分が善行をしていると気づいている人は、もはや善人ではなく、せいぜい有益な社会人か、義務に忠実な教会の一員にすぎない。したがって「右手のしていることを左手に知らせてはならない」ということになる。(*HC*, p. 74／一〇五頁)

本当に善い行いは、他人の眼を避けて――いや自分の眼さえ避けて――なされなければならない。他人の眼を意識してなされる行為はもはや「善」ではありえない。その意味において真の「善」は、他人との関わりでなされるにもかかわらず、他者の眼とそれが形成する公共的な空間とは対立する、それを避ける傾向がある。ナザレのイエスこそ、そうした「善行」のパラドックスをつきつめて考え、いや身をもって示した人物であったとアレントは言うのです。イエスの教えを教義とするキリスト教が、後にローマ・カトリック教会のように公的な形成体、中世世界では一つの政治体としての性格を帯びるにもかかわらず、少なくともその初発においては世俗的・公的世界を拒否する傾向をもっているのも――善なるものを真摯に実行しようとする限りにおいてそうした傾向は底流としてキリスト教に伏在していますーーここに源がありました。

メルヴィル『ビリー・バッド』善なる人の破滅

しかしながら、善行がその本質において他者の眼を避ける、公的な場に現れるのを拒否する性質をもっているということは、善行は公的世界にとって危険な存在であるということでもあります。そうした絶対的な善というものの危険性を正面から問題にしたのが『白鯨』（一八五一年）などで知られる作家ハーマン・メルヴィルの『ビリー・バッド』なのでした。

この小説の意図をアレントはメルヴィルになり代わって、こう説明しています。かりに自然状態における人間は善であると想定してみよう。社会の外に生まれた自然人、「野蛮人」のように純粋無垢で善良な人間がこの地上に再び現れたとすれば、いったい何が起こるだろうか。実はすでにわれわれはキリスト教文明の出発点となった伝説、つまりナザレのイエスの物語をつうじてそのことを知っていたはずである。それをいま一度、物語ることにしよう、と（p. 83／一二四頁）。

この小説で描かれているのは「徳を超えた善」と「悪徳を超えた悪」との対決です。ほとんど自然児といってもいい善人ビリー・バッドに対して、彼を陥れる悪人クラッガートも「自然による堕落」、「さもしい欲望や肉欲などとは関わりをもたない堕落」を代表する人物として設定されています。その意味するところをメルヴィル自身はこう述べています。

プラトンの権威ある翻訳集についている語彙表というのがある。プラトンが自分で作った定義集だといわれているが、その中にこう書かれている。——「自然による堕落。自然の性《さが》に合致した堕落をいう」。

この定義には、どこかカルヴァンの教条の臭いがするけれども、決してカルヴァンの説く全人類原罪説を意味しているのではない。明らかに、適用の範囲を個人に限定する意図だ。死刑囚や獄囚を探してみても、このような堕落の実例はそうザラにはいない。いずれにせよ、めぼしい事例を挙げるのならどこか別のところを探さなければならない。なぜならば、この種の堕落は獣性といわれるような卑俗な成分はいささかも持たず、常に知性によって支配されているものだからだ。文明が、それが禁欲的な文明であればあるほど、そうした堕落には好都合なのである。〔…〕それは金銭欲や強欲では決してない。要するに、この堕落はさもしい欲望や肉欲などとは関わりを持たないのだ。それは真剣だが辛辣なところは少しもない。人類に対して媚びはしないけれどもその悪口を言うことはない。

だがこの例外的な性質が顕著に表れるのはこういう場合である。すなわちそのような人間の均整のとれた気質や分別のいきとどいた態度はいかにも理性の法則に従った精神を備えているように見えるけれども、その理性は非合理なものを達成するという下心をもってしか用いられることはないのだ。言いかえれば、あまりの残酷さゆえに狂気のように見える目的の達成のために、賢明かつ健全な判断力を冷静に働かせるのである。このような人間は狂人である、しかも最も危険な、というのもその狂気は継続的なものではなく、偶発的に、特定の対象によって引き起こされるからである(18)。

クラッガートの堕落はたんなる情欲や強欲に由来するものではありません。そうした欲望に理性が屈服した結果として彼の堕落はあるのではなく、むしろ知性によって徹頭徹尾支配されているところにその特徴がある。一見すると理性的で分別あるように見える人間が、狂気の如く見える残酷な目的にその理性を働かせる。メルヴィル描くところのクラッガートの「悪」とは、そうした種類の「悪」なのでした。それゆえその悪意は特定の対象、自然人の如く純粋無垢に見える「善人」ビリーに向けられることになります。

これに対して、クラッガートから反乱を準備しているといういわれなき非難を受けたビリー・バッドは身の潔白を証明するために言葉で反論することができません。ヴィア艦長の前でクラッガートとビリーが対決する場面はこう描かれています。

> 若い水夫に近寄って、なだめるように肩に手をやって艦長は言った。「急ぐことはない、坊や。落ち着いて考えなさい、落ち着いて」。だがその意図とは裏腹に、この言葉は慈父のように響いて、ビリーの心の琴線に触れたのは間違いないが、それはかえって無理やり言葉にしようと衝迫することになってしまった。その努力はさしあたり痙攣をますます強めることにしかならず、その顔には十字架につけられた人と同じ表情が現れた。と次の瞬間、闇夜に放たれた砲火のような素早さで、ビリーの右腕が閃いたかと見れば、クラッガートの身体が床に倒れていた。[19]（傍点は引用者）

ビリー・バッドは自分に不利な証言を述べたクラッガートを打ち殺します。自然のままの善人であるビリーはその身の潔白を言葉で証明することができません。彼ができたのはあたかも十字架上のキリストのように苦悶に顔を歪めて、暴力によってクラッガートを打ち殺すことでした。メルヴィルがイエスをモデルとして想定してビリーを描いていることはこの引用にも示されています。

クラッガートとビリー・バッドの対決、いわば普通の人間の間尺を超えたこの絶対的な悪と絶対的な善の対決の間に入ってくるのがヴィア艦長の「徳」です。彼は、自然のままの善人ビリーを、善人であるにもかかわらず――あるいはそうであるがゆえに――クラッガートを殺さねばならなかったビリーを裁きます。そしてついにビリーの処刑の時がやって来ます。

ビリーは船尾の方に向かって立った。そしてこの最後の瞬間の直前、彼の言葉、何の妨げもなく口から発せられたただ一つの言葉はこうだ。「神よ、ヴィア艦長に祝福を」。[20]

本質において善なる人間であったビリーが、まるでナザレのイエスのような善なる人間が、自らを裁いて死刑の判決を下したヴィア船長に対してただ一つ発することができた明瞭な言葉は、ヴィア艦長に対する「同情」の表現だったのでした（p. 85／一二六頁）。

問題は「同情」というものが絶対的な善のもつ特質だということです。情熱すなわち"passion"はもともと何かを被ることを意味し――激情とは自ら制御できない何かに捉えられることだというのでしょう――、キリストの受難劇の意味もあることは御存じの方も多いと思います。同情（compassion）とは、他者の苦悩に心打たれ、その苦悩を共にすることなのでした。本性的な善の担い手ビリーの同情は他人の苦悩、秩序のために善なる人間を死に追いやらねばならないヴィア船長の苦悩に向けられている。これに対して、生来の悪人、堕落した自然そのものを代表するクラッガートが善人ビリーに対して感ずるのは「妬み」でしかありません（p. 85／一二六頁）。アレントはこう述べています。悪は善より弱い。「なぜなら、悪は自然の堕落であり、「自然的」自然は、堕落し歪められた自然より強いからである」。だからこそ悪人クラッガートの奸計ではなく善人ビリーの暴力がクラッガートを滅ぼしたのだ、と（p. 83／一二四頁）。

ドストエフスキー「大審問官」「同情」と「憐れみ」の対決

本来的な善性の人物が備えているそうした「同情」の特質はドストエフスキーの「大審問官」でも描かれています。「大審問官」の挿話の舞台は一六世紀スペインのセヴィリヤ、異端審問の嵐が吹き荒れている時代に突然イエスが現れます。老審問官はイエスを捕らえてこう語りかけます。

かつてお前が荒野で悪魔に誘惑された時のことを思い起こしてみよ。悪魔は三つの問いを投げかけてお前を誘惑した。[21]第一は、いま眼の前にあるこの石をパンに変えてみよという問いであった。お前は「人はパンのみにて生きるにあらず」とこれを退けた。第二は、高いところから飛び降りて見せよ、つまり今ここで奇蹟を示してみよという問いであった。お前は、奇蹟を求めて主なる神を試すようなことをしてはならないとこれを退けた。そこで悪魔は第三に、もし自分（悪魔）に従うならばこの地上の王国すべてはお前のものになるであろうと誘惑した。われらが仕えるのは天なる神のみである、とお前は答えてこれも退けた。それはお前が人間から「自由」を奪うことを望まなかったからだ。だが本当は悪魔の方が正しかったのではないか。現実の人間は自由の重荷にはとうてい耐えられない。自ら決断してその責任を担うようなことはごく少数の者にしかできることではない。だからわれわれ、その少数の者が彼らを自由の重圧から解放してやることにする。彼らにパンを与え、奇蹟と神秘と権威の所在を示すことによって誰に服従すればよいかを教えてやる。そうすれば彼らは喜んで自由を放棄して、われわれのもとに付き従うことになるだろう、と。

能弁にイエスの失敗を語る大審問官に対して、イエスは黙ったまま彼の唇に接吻します。大審問官に接吻したのは、まさにイエスが大審問官の置かれた立場——衆生の罪、あるいは自由の重荷を肩代わりしてやることの苦悩——に「同情」したからだとアレントは言うのです。

無言の人イエスの接吻が示しているように、「同情」は言葉ではなく具体的な行為において示されるところに特質があります。言葉にならないということは、普遍的に適用可能な概念や基準によっては律することができないということです。「同情」は具体的な状況における個別具体的な相手に対して、具体的な行為によってしか示すことができません。イエスが神の子であるとされる所以は、万人に対する同情を、彼らを「苦悩する人類」というようなある実体に総括するのではなく、まさに一人一人の特殊性において示すことができたことにあるとアレントは見ています。

これに対して「大審問官」の「憐れみ（pity）」は不特定多数のもの、奇蹟と救済を求めて自らの庇護のもとに集まる衆生に対して向けられている。ここでイエスの「同情」に対する「大審問官」の立場をアレントが「憐れみ」と呼んだのは、明らかにルソーの自然人がもつ特性としての「憐れみ（pitié）」が念頭におかれています。相手が誰であれ他者が苦しんでいるのを忍びなく思うという「憐れみ」の感情は、人間が自然のままに備えている本性のはずだというルソーの議論に対して、そうした「憐れみ」のもたらす帰結は何かをドストエフスキーの「大審問官」は示している。多数の者たちによせる大審問官の「憐れみ」は純粋無垢な自然なままの感情の発露などではなく、その背後には権力への渇望が潜んでいるとアレントは述べています。[22]

大審問官の罪は、彼がロベスピエールと同じく「弱い人々に引き寄せられた」という点にある。

なぜそれが罪かと言えば、このように弱い人々に引き寄せられたことは、権力への渇望と区別することができないからである。のみならず彼は受難者たちを非人格化し、彼らを一つの集合体──いつも不幸な人々、苦悩する大衆等──にまとめあげたからである。(p. 85／一二七頁)

大審問官の「憐れみ」はそれがどんなに雄弁であったとしても、いや雄弁であればあるほど、言葉によって大多数の不幸な者、貧しき者、苦悩する者たちを捉えようとするがゆえに、彼ら弱者を強者として掌握したいという欲求の裏返しの表現に過ぎないと言うのです。もとよりドストエフスキー描くところの無言のイエスの「同情」は、言葉にならないという意味において、相対的に多数の者を包括しうるような制度とは無縁ですし、規則やルールによって捉えようとするや否や消滅してしまいます。

同情は距離を、すなわち政治的問題や人間事象の全領域が占めている人間と人間の間の世界的空間を取り除いてしまうので、政治の観点からいえば、同情は無意味であり何の重要性もない。メルヴィルの言葉によれば、同情は「永続的な制度」を確立することはできない。(p. 86／一二九頁)

具体的な人に対して身振りでしか示すことのできない「同情」は、人間と人間との間を隔てていた一切の垣根を取り払ってしまうことになる。したがってそれは人間と人間との間に形成される関係、公的な空間とそれが依拠しうるような継続的な制度を創り出すことができないばかりか、──十字架上のイエスのごとき表情のビリーが思わず行使した暴力が示しているように——既存の制度に対して破壊的な作用を及ぼしかねない、そうした危険を内に秘めている。メルヴィルが「徳の人」ヴィア艦長を持ち出したのはまさにこの点にかかっています。

徳は、たぶん善より劣っているにせよ、それでも独自に「永続的な制度を具現する」ことができるのであり、善の人の犠牲においても勝ち抜かねばならない。(p. 84／一二五頁)

たしかにビリーの自然のままの「善」と比べれば、ヴィア艦長の「徳」はその本質において劣っているかも知れないが、それは人と人との間に「永続的な制度」を打ち建てることができる。そうした制度を、場合によっては「善」なる人ビリーを犠牲にしても擁護しなければならない、これが「徳」の役割だと言うのです。メルヴィルが取り組んだのは、ビリーのような自然的な善そのものがもたらす危険、これを徳によっていかに回避するかという問題だったのでした。

メルヴィルは、われわれの政治思想の伝統の中で非常に大きな役割を果たしている伝説的な原罪——カインはアベルを殺した——を明確に転倒させた。この転倒は恣意的なものではない。もとはと言えばそれはフランス革命の人々が原罪の命題を転倒したこと、彼等が原罪の命題を原善の命題に置き換えたことから来ているのである。メルヴィルは自分の物語の基本的問題をその序言の中でこう語っている。「旧世界に遺伝的であった不正を正したのちに、……すぐさま革命自体が加害者となり、国王よりもさらに抑圧的になった」のはなぜか？　彼はその解答を、善は強く、おそらく悪よりも強いという点に求め、しかも、善は「根源悪」と同じく、あらゆる強さに固有の根源的暴力、そしてあらゆる政治組織の形態に有害な根源的暴力をもっているという点に求めたのである。（p. 87／一三〇頁）

メルヴィルがこのような問題設定を正面から提示できた背景には、アメリカ革命から引き継がれた政治的経験があるとアレントは見ています。[23] そのアメリカ革命の政治的経験の特質については後に述べることになります。

4　「憐れみ」とテロル

フランス革命の原動力となったルソーとロベスピエールの「同情」の問題性もここから理解することができます。議論の要点は、先に挙げた「同情」と「憐れみ」の区別――ドストエフスキー描くところのイエスと大審問官の対立――です。

アレントはこう述べています。ルソーの「同情」が本当に他人の苦悩に対する関心から発しているのかどうかは大いに疑わしい。彼はたんに「他人の苦悩に無関心な」上流社会――『人間不平等起源論』で述べていたように、理性と反省の高みから他人の不幸を見下ろして、「お前は亡びたければ亡んでしまえ、私は安全だ」とうそぶく哲学者たち――に対する反抗に突き動かされていたにすぎない。[24] ルソーの本当の関心は自分自身の内面における感傷（sentiment）であって、そのような「憐れみ」は他者との「連帯」を決して生み出さない、と。

憐れみが同情の逸脱形だとしても、それに取って代わるのは連帯（solidality）である。人々が「弱い人々（les hommes faibles）に引き寄せられる」のは憐れみからだが、彼らが抑圧され搾取された者たちと利害関心を共にする共同体を慎重に、いわば情熱なしに（dispassionately）作りあげるのは連帯からである。そしてその場合の共通の利害関心とは「人間の偉大さ」や「人類の名誉」、あるいは人間の尊厳であろう。というのも連帯には理性、つまり一般性が関与しているので、多数の人々を概念的に理解することができるからである。しかもその多数者とは階級や国民、人民はもとより、最終的には全人類をも包括する。だが、連帯を引き起こすのは苦悩であるかもしれないが、連帯を導くのは苦悩ではない。それは弱者や貧者と同じく強者や富者をも包括する。憐れみの感傷に比べると、それは冷たく抽象的に見える。人々の「愛」よりもむしろ「観念」――偉大さ、名誉、尊厳――に関わっているからである。憐れみは、肉体的に打ちのめされることなく、その感情的距離を保っているので、同情がいつでも失敗するところで成功を収めることができる。しかし憐れみは、連帯とは対照的に、幸運な者も不運な者も、強きも弱きも等しい眼差しで見ることができない。不幸がなければ憐れみは存在しえない。だからこそ憐れみは弱者の存在にとりわけ利害関心をもつ、権力を渇望する者が弱者に利害関心を特に払うようにである。しかもその上、憐れみは感傷の一つであるから、人は憐れみを感じること自体を喜びとするようになる。そしてこれはほとんど自動的に憐れみの原因である他人の苦悩の栄光化へと行き着くことになる。語義的に言えば、同情は情熱の一つであり、憐れみは感傷の一つである。（pp. 88-89

／一三二—一三三頁）

「同情」と「憐れみ」とは異なるが、それらはいずれも人々の間の「連帯」を生みださないというのがここでのアレントの主張の要点です。ナザレのイエスが体現したような本当の「同情」は、個別具体的な人に向けられているがゆえに多数の人々を結びつける絆にはならない。人々を「連帯」させるのは「同情」のもつ「情熱」でもなく「憐れみ」の「感傷」でもなく、「偉大さ」や「名誉」、「尊厳」をめぐる共通の「利害関心」によってであり、そこには言葉による一般化が——いかにルソーが冷たい「理性」を嫌おうとも——関与している。なるほどこの点で大審問官が衆生に示したような「憐れみ」は、本当の「同情」とは違って対象と距離をおいているから、多数の者を取り込むことができるかも知れない。だがすでに述べたように「憐れみ」の背後には弱者への利害関心、弱き者に対する権力への関心が潜んでいる。しかも他者に対して「憐れみ」を感ずることそれ自体が、強者としての自己の存在確認の喜びを伴っている。だからこそ、人は「憐れみ」の「感傷」にたやすく引き寄せられるのだとアレントはいうのです。

「同情」の実体としての「憐れみ」の背後に潜む権力欲に対する洞察はニーチェのそれに通ずるところがあります。アレントはニーチェから多くの論点を継承して自分のものとしているのですが、この点についてはまた別のかたちで論ずることにしたいと思います。(25) そうした権力欲を背後に忍ばせた「同情」は政治の世界になにをもたらすのか、アレントはこう述べています。

かりにもしロベスピエールを突き動かしていたものが同情の情熱であったとしても、彼がその同情を、具体的な人々の特定の苦悩に向けられない公の場に持ち込んだときには、憐れみになっていたことだろう。おそらくは真正なものであった情熱は、圧倒的多数の群衆の無際限の苦悩に対応するような情緒（emotion）へと転化する。同様にして彼は、かけがえのない個別具体的な人々と関係を結び、彼らとしっかり繋がる能力を喪失してしまった。人々とその特殊性において繋がり、その関係をしっかりと保持する能力を失った。彼を取り巻く苦悩の大洋と、そうした苦悩を受け入れ応えようとして彼の内部で荒れ狂う情緒の海は、政治的手腕や原理原則に対する考慮のみならず友情への配慮をも含めた、ありとあらゆる特殊なものへの考慮を呑み込んでしまう。ロベスピエールの驚くべき不誠実、後に革命的伝統の中で奇怪な役割を果たすことになる大いなる背信の前兆となったそれの原因も、彼の性格の特定の欠陥にではなく、ここに求められねばならない。フランス革命以来、革命家たちがリアリティ一般とそして具体的な人々のリアリティに対して、奇妙なほどに無感覚になったのは、彼らの感傷の無際限さに原因がある。革命家たちはそうした人々を、自分たちの「原理」や歴史の進路や革命それ自体の大義のために犠牲にするのに何の良心の呵責も感じなかった。情緒で一杯でリアリティに無感覚だというのは、すでにルソーその人の行動、その現実離れした無責任と信頼性の欠如に顕著に示されているが、ロベスピエールがそれを革命の分派闘争の中に持ち込んだ時に、重要な政治的原因となったのである。（pp. 89-90／一三三―一三四頁）

ロベスピエールが「同情」を多数の人間によって形成される公的世界に持ち込んだ時には、それは「同情」から「憐れみ」へと変質してしまっていた。なぜならビリー・バッドや「大審問官」で描かれたイエスの例が示しているように、「同情」は不特定多数の人々に通じるような「言葉」をもたず、ただ個別具体的な人間に対する振る舞いでしか示すことができないからです。不特定多数の人々に対して示される「同情」、その実体としての「憐れみ」は、それが感動的な言葉で語られれば語られるほど、特定の人間――あなたの目の前にいて他の誰とも取り替えのきかないひと――とのつながりからは疎遠になる。そうした個別具体的なひととのつながりを欠いてしまえば、後に残るのは「同情」への情熱でしかない。その情熱がどんなに純粋なものであったとしても、他者との関係、世界のリアリティから切り離されて肥大化した自我の内部にしか対象をもちません。「不幸な人民」に対する「同情」を情熱を込めて高唱する革命家が、眼の前にいる人々の現実に無関心であるばかりか、彼らを革命のために犠牲にすることに寸分の良心の呵責も感じないという逆説がここに成立します。かくして「同情」の実体としての「憐れみ」の感情が政治の世界で権力を握り、利己主義と偽善に対する闘いを開始するとき、それは革命指導部を含めた「自己粛清」をともなうテロルへといきつくことになる。おそらくはロシア革命以降の全体主義的テロルにまで連なる左翼のテロルの源泉はルソーの「同情」から発しているというのです。

ルソーの親密圏

なお、ルソーの発見した内面的な感情の領域としての――いわゆる親密圏――についてアレントは『人間の条件』でこう述べています。

われわれが私的なものや親密さの中で経験したことを語る時、われわれはそれらをある種のリアリティの領域に持ちこむことになる。それなくしてこれらの経験は、それがどんなに強烈なものであっても、リアリティをもたないのである。われわれが見たことを見、聞いたことを聞いてくれる他者の存在がわれわれに世界とわれわれ自身のリアリティを保証してくれるのである。完全に発達した私生活における親密さというものは、近代の勃興と連動して公的領域が衰退するまでは知られていなかった。それはつねに主観的な情動（emotion）と私的な感情（feelings）を著しく強めて、その尺度全体を豊富化することになるのだが、そうした強化はつねに世界と人間のリアリティの保証を犠牲にして行われるのである。（*HC*, p. 50／七五―七六頁）

ルソーがその最初の発見者であり探求者であった私的で親密な空間は、近代における「公的なもの」の衰退の結果として勃興してきたのでした。そうした私的な交流空間は個人の内面世界の経験にある種のリアリティを与えるし、感情や情動を強め豊かにするけれども、公的な現象世界のリアリティとは対立する、というのがアレントの基本的な理解でした。

感情的な内面世界に属するはずの「同情」が、具体的な人間の特定の苦悩に対する同情やその苦悩に対する理解と共感ではなく、不特定多数の人民の苦悩に対する「憐れみ」となるとき、感傷の無際限性、無対象性ゆえに、現実の人間のリアリティへの無関心から、ついには現実そのものに対する残酷なテロルへと行き着くことになるとアレントは言うのです。

転換点としての対外的危機

アレントは、ロベスピエールらジャコバン派による独裁とテロルに行き着いた決定的な転換、「共和国」から「人民」への転換が国際関係をめぐる危機を契機として進行したことに着目しています。ルイ一六世の処刑が「暴君」に対する反乱というよりは、むしろ革命フランスを包囲する諸国に内通する「裏切り者」に対する処刑として行われたように、対立の争点は君主政と共和政という対抗から外国の侵略からフランス国民を擁護するという問題に転換する。これはフランス革命の過程における決定的な転換点であったとアレントは述べています（p. 91／一三六頁）。すべての人民を共通の意志のもとに結束させるルソーの「一般意志」が、もともとは対外的な対立と同盟の事例からヒントを得ていたように、対外的な危機はフランスを結束させ、そこに一致団結する「人民」が現れたのでした。そしてルソーの「一般意志」の思考のあとをたどるかのように、外部の敵に対する結束の論理は、内部の敵に対する熾烈なテロルに導くことになったと言うのです。

フランス革命というと、絶対王制に対する民衆の反乱を契機とする体制の転換というかたちで語られることが常ですが、同時に革命戦争からナポレオン戦争というかたちでヨーロッパ全体を巻き込んだ戦争の過程であったことに注意する必要があります。一七九二年四月の対オーストリア宣戦布告から一八一五年六月にナポレオンがワーテルローの戦いで最終的に敗北するまでのおよそ二三年もの長期にわたって戦争状態が続き、フランスにおいてはテロルと戦争による犠牲者の数は第一次世界大戦のそれを上回るといわれています。(26) フランス革命はアレントのいう「戦争と革命の時代」の一九世紀の——さらにそれを上回る規模で地球大に拡大する二〇世紀の——幕開けだったのでした。

アメリカとフランス　「人民」の観念の相違

アメリカ革命は、共和国の建設から際限ない暴力とテロルへいきつくという経路をたどりませんでした。もちろんアメリカ革命の担い手たちが、暴力の使用や市民社会の法の意図的な侵犯がどんなに大きな力を発揮するか知らなかったわけではありません。フランスが革命の過程で行使したテロルに対する恐怖や嫌悪は、ヨーロッパよりも合衆国の方が大きかったが、そのことはアメリカ大陸の植民地の人々の方がむしろ暴力や無法を身近に経験していて、それらが何をもたらすのかについて熟知していたからだ、とアレントは述べています（p. 92／一三七頁）。

アメリカの人々がそうした暴力と無法の誘惑を免れることができた一つの要因は、「人民」という観念の理解にあるとアレントは見ています。アメリカの植民地の人々も新しい政治体を構成する「人民」として考えていたが、その場合の「人民（people）」という言葉は「多数性（manyness）」を意味していた。一人一人が様々に異なる人々が多数集まって一つの集合体（multitude）をなす。これが政治的構成体を形成する「人民」の意味だったのです。そこでは多数の異なる意見や利害の存在は当然の前提であって、万人の潜在的な意見の一致を代表するものとしての「世論」に反対することは、アメリカ革命の指導者たちの共通した見解でした（p. 93／一三八頁）。彼らにとっての「人民」、多様な意見と利害をその内に包括した「多数者（multitude）」についての考え方をよく示すものとしてアレントはジェームズ・マディソンの『ザ・フェデラリスト』第一〇篇を註で挙げています。そこでマディソンはこう述べていました。

およそ人間の理性が誤りうるものであり、人間がその理性を自由に行使しうるものである限り、相異なった意見が生ずるのは当然であろう。人間の理性とその自愛心との間につながりがある限り、その意見と感情とは互いに影響し合うであろう。意見には感情がつきまといやすいからである。人間の才能が多種多様なものであるところに財産権の根源もあるのだが、それと同様、人間の才能が多様であることにこそまた人間の利害関係が同一たりえない基本的な原因がある。そしてこうした人間の多様な才能のどれをも等しく保護する結果、その程度と種類とを異にするさまざまの財産の所有がただちに生ずる。これらの事情が個々の財産所有者の感情や見解に影響を及ぼし、その結果として社会はさまざまの利益群と党派とに分裂せしめられることになるのである。[27]

人間の理性に限界があり、また人間の能力が多様であることから、多種多様な意見や利害の対立は不可避的に生まれてくる。意見や利害の対立にもとづく派閥や党派の存在は人間の本性に根ざしているのであり、その原因を根絶することはできない。意見や利害の対立、そして派閥や党派の存在を前提として構成された人民あるいは公衆を構想するという点において、マディソンをはじめとするアメリカ革命の指導者たちは、後に述べるように他の側面では古典古代からの共和政の伝統を継承しているにもかかわらず、この点では伝統から大きく逸脱していたし、その点をマディソンは自覚していたとアレントは言うのです（pp. 93-94／一三九頁）。彼らにおける共和国の建設が「意見と利害の多様性」を前提にして、それを巧みに組み込む形で構想されていたことについては後に第六章で紹介することになります。

心の闇と偽善

このように、多様な人々の集合体としての「人民」についての観念、そこに存在する多種多様な意見と利害についての経験、あるいはそこから引き出された人間の本性についての洞察のおかげで、アメリカ建国の指導者たちは、「同情」のもたらす危険から免れていたのでした。

周囲に情熱をかき立てるような苦悩もなく、圧倒的な困窮に迫られて必然性に身を任せる誘惑もなく、憐れみによって理性の道から迷い出ることもなかったので、アメリカ革命の人々は徹頭徹尾、独立宣言から憲法の制定にいたるまで活動の人であり続けた。彼らの健全な現実主義は同情の試練にさらされることもなかったし、キリスト教では本質からして罪深く堕落しているとされた人間が、それでもなお天使であることが明らかにされるというような馬鹿げた希望によって彼らの常識が揺るがされることもなかった。(p. 95/一四一頁)

もとよりこのことは、アメリカ革命の指導者たちの欠点でもあるとアレントは続けて述べています。

同情というその最も高貴なかたちの情熱に誘惑されることもなかったので、彼らは情熱というものを安易に欲望と考えて、情熱という言葉のもともとの意味であった παθεῖν、苦悩しそして耐えることを取り除いてしまった。〔苦悩し耐えるという〕この経験がなかったために、彼らの理論には、なるほど健全であるとしても、ある種の軽薄さがある。このことはもちろん彼らの理論の持続性を危うくするものである。なぜなら、人間性の観点からいえば、人間が持続性と連続性をつくりだすことができるのはまさに忍耐によるからだ。(p. 95/一四一頁)

それにもかかわらず彼らの思想が健全であったということは、情熱や情念のような人間の心の中の問題に立ち入らずに済んだということでもあります。そもそも情念であれ思考であれ、人間精神の内部の問題は、その特性上からして「暗闇」を必要とし、公衆の眼から保護されなければなりません。心の奥底の暗闇は、当の本人自身からも隠されているからです。

われわれが神以外はだれも人間の心の裸の姿を見ることはできないし、おそらく見ることに耐え切れないだろうという時、この「だれも」の中には自分自身も含まれているのである。それは、明白なリアリティに対するわれわれの感覚が他人の存在にあまりにも深く結びついているために、自分自身だけが知っていて他人が知らないものに決して確信をもつことができないというただそれだけの理由による。(p. 96／一四三頁)

自分自身も測り知ることのできない心の奥底の問題、ルソーが問題にした魂の葛藤は——それが当人にとっていかに内面の真実であると感じられたとしても——魂の外の世界、人間的な事象の世界にもちだすことはできません。ロベスピエールはこの魂の葛藤を政治の世界、公衆の眼に絶えず曝される公共的な空間に持ち込もうとしたのでした。

なるほど、あらゆる行為は目的と原理をもっているのと同じく動機(motives)をもっている。しかし行為そのものは、その目的を主張し、その原理を明らかにするけれども、行動主体の奥深い動機を明らかにはしない。彼の動機は暗闇のままであり、輝きがなく、他人の眼から隠されているだけでなく、ほとんどの場合、彼自身から、彼の自己点検からも隠されている。したがって、動機の探求、つまり各人はその奥深い動機を公に示さなければならないという要求は、実際には不可能なことを要求しているのだから、すべての活動者は偽善者に変わる。動機の開示がはじまる瞬間に、偽善がすべての人間関係に毒を注ぎはじめるのだ。しかもそのうえ、暗いもの、隠れたものを日の光の中に引きずり出そうとする試みは、まさにその性質からして暗闇による保護を必要とするような行為を公然と露出する結果になるだけである。善を公の場に提示しようとするあらゆる試みが政治的舞台での罪と犯罪の表出に終わるのは、残念ながら事柄の本質に由来する。他のいかなる領域にもまして政治においては、存在と現象とを区別することはできない。事実、人間的な事象の領域においては、存在と現象は一にして同一のものなのだ。(p. 98／一四五―一四六頁)

行動の目的やそれが基づく原理は行動そのもののうちに自ずと現れるけれども、行動にいたった動機はその当人にも測り知ることはできない。それを公の世界にもちだそうとすることは、そもそも不可能なことである以上、偽善とならざるをえない。そこで自分の動機の純粋さ、誠実さを示すためには——自分自身の心の奥底などだれにも分かりはしない以上——他人の動機の不純、その不誠実さを告発することが一番てっとり早い方法になります。誰も自分の動機の純粋性など証明できるものはいないのですから——公的世界で活動する人間はそうした観点からすればすべて偽善者になります——、偽善の告発は容易です。ロベスピエールの革命的独裁におけるテロルは、まさにそうした偽善に対する闘いだったのでした。

5 偽善に対する闘争

アレントは、フランス革命最盛期のロベスピエールらのジャコバン独裁において行使された「テロル」と、バスチーユ監獄の陥落にはじまる民衆蜂起の暴力とを区別しています。フランス革命における「テロル」とは、民衆の反乱や暴動、それにともなう混乱の際に様々の形でいわば不可避的に発生する暴力行為やその犠牲のことではなく、革命の指導者たちが――被支配者たる民衆や、旧体制の構成員に対してではなく――その指導層の内部で互いに行使する暴力や強制のことを指しています。フランス革命からはじまる近代革命にともなう「テロル」は、もちろん後のスターリン体制下のソビエト・ロシアにおけるそれのように、革命指導部や官僚・軍などの支配機構の構成員にとどまらず、広範な民衆を巻き込んでいくけれども、まずは指導部の内部における闘争の過程で発生してくる、ここにその特徴がありました。そうした意味での「テロル」の原動力となったものこそ、偽善に対する闘争だったとアレントは言うのです（p. 99／一四七―一四八頁）。

フランス革命からロシア革命へ

ロシア革命のボリシェヴィキ党のテロルと粛清はこのフランス革命の指導部が行った自己粛清をモデルにしています。革命に反対する反動勢力にではなく、まさに自分たち自身の内部に敵に内通する裏切り者を見出そうとして、お互いに相手を革命の敵、反動への加担者として告発し、拷問によって自白を引き出す。そして罪を告白して「革命万歳」と叫ぶ被告を射殺するそのやり方の裏には、被疑者の心の内に隠された革命への裏切りや敵との密通は白日の下にさらされなければならないという発想があります。ロシア革命は革命支配層内部での自己粛清という点でフランス革命のそれを模倣・継承しながら、これをさらに革命促進のためのテロルというかたちで意識的に制度化していったのでした[28]。

ただし、ロシア革命におけるテロルはもはや粛清対象の主観的な意図、犯罪や反革命の意識があったかどうかに関わりなく、一定のカテゴリーに当てはまるものはすべて「客観的な敵」としてその対象となるところに特徴があります。『全体主義の起源』で論じられていたように[29]、スターリンの支配の下で絶頂を極める全体主義的なテロルは「歴史的必然」というイデオロギーの論理に基づいて進行していきます。そうしたイデオロギーに基づくテロルの手法はロシア革命初期のレーニンの時期においてすでに用いられていました。レーニン指導下のボリシェヴィキにおいては主にイデオロギー上の敵対者、支配官僚内部の権力濫用や無能に対して向けられていたテロルが、後にスターリンが権力を掌握する段階になると、もはや具体的な敵対者に限定されることなく不特定多数あるいは任意の人間集団に対して際限なく行使されるようになったのでした（pp. 99-100／一四八―一四九頁）。

フランス革命の場合には、そのような「客観的な敵」を摘発するという発想はまったくなかったし、「歴史的必然」というような観念もまだ生まれていませんでした。歴史の進行を一つの法則的な必然性に基づくものとして考えるという観念は、フランス革命の経過を人々が事後的に、あるいは事態の外側から観察することによって生まれてくる。そうした観念はフランス革命の当事者たちの経験や思想に発するものではないけれども、その後の革命の担い手たちの行動に大きな影響を与えることになったのでした。人民の反乱や蜂起にともなって生ずる混乱や破壊とは異なる「テロル」、革命指導層をも巻き込んで進行する自己破壊的なテロルという点ではフランス革命のそれとロシア革命のそれとは共通点をもち、そこには継承関係があるとしながらも、両者の間には明確な相違、テロルの行使の態様における質的な転換があるとアレントは見ています。

アレントは述べています。フランス革命における「偽善」に対する追求は、少なくとも主観においては誠実に、相手の隠された虚偽を大真面目に告発するというかたちで行われていた。もちろんそうであるがゆえに際限のないものになる可能性をもっている。ロベスピエールらの「徳のテロル」の恐るべきところはまさにここにあるのだが、彼らから見て明らかに罪なき者に対してテロルが向けられることはなかった。彼らのテロルと粛清は、隠された虚偽の仮面を暴くためのものであって、誰であれ任意の者を選んで裏切り者の仮面を着せるというようなことはしなかった、と（p. 100／一四九頁）。

現象と存在　ソクラテスとマキアヴェリ

それではフランス革命の指導者たちが「偽善」の追求にそれほどこだわったのはなぜなのでしょうか。なぜ彼らにとって偽善が悪徳の中の悪徳になったのでしょうか。アレントはその手がかりを「存在」と「現象」という形而上学的問題の領域に求めて、ソクラテスとマキアヴェリを対比させながら次のように論じています。

古代ギリシアのソクラテスにとって「現象」（現れ）は真実そのものを意味していました。他人の眼に映っている自分以外の自分、自分の本質がどこかに隠れて存在するわけではない。古代ギリシア思想において現象は存在そのものであったのでした。したがってソクラテスの教えは「他人の眼に現れたいと思うように存在しなさい」ということであり、これはつまりは「他人の眼に現れたいと思うように自分自身の眼に現れよ」ということになる。これに対してマキアヴェリはキリスト教の伝統の上に立って考えています。マキアヴェリの場合には現象の世界の背後に超越的な存在、つまりは神の存在を自明の前提とした上で「汝が存在したいと思うように現れよ」と説いたのでした（p. 101／一五〇頁）。

古代復興のマキアヴェリがなおキリスト教の前提に依拠しているという指摘はアレントのマキアヴェリ理解の特徴の一端を示していて興味深いのですが、ともあれ一見すると対照的な立場をとるソクラテスとマキアヴェリの両者において、存在と現象の間の乖離の問題、あるいは現象・仮象の背後に存在をおし隠そうとする嘘は問題になりません。

ソクラテスにとって問題はむしろ「隠れた罪」、つまり他人に見られず密かに行われる――したがってその本人しか知らない――行為の問題でした。「マルクス草稿」のところで述べたように、人間は自分の内部にいま一人の目撃者をもっているのであって、いやしくも人間が思考する能力をもっているならば、どこへ行こうと自分の内の目撃者によって裁かれることになります。行為の上でどんなに罪を犯しても、外面的な行為の上でどんなに堕落していようとも、自己の内部にいる目撃者は、自らの行為の観察者として誤りをおかすことはありえない。だからこそ、殺人を犯した者は自らの心の内に殺人者を抱えて生きていかなければならないと言うのです。(30) ソクラテスにあっては、自分の内なる観察者としての良心が虚偽の証言者となるということは想定されていません。「偽善」者というのはそうした虚偽の証言を自分自身に対してなす者なのでした。人はどんなに堕落していようとも、その核心のところでは自らの行為を正確に観察することができる。人間には良心がある、どのような悪徳にまみれた人間にも高潔さというものがあるというのも、ここに根拠があります。これに対して偽善は、自己の内なる観察者それ自身を偽ることによって人間の核心を腐らせることになる。近代革命において問題とされたのはまさにそうした意味での偽善でした（pp. 102-103／一五二―一五四頁）。

他方でマキアヴェリにおいては、絶対的な目撃者としての神の存在が想定されている以上、虚偽も偽善も問題にはなりません。もちろん彼は当時の教会の腐敗を知っていましたが、それは世俗の世界で教会が果たしている役割の問題、つまり現象の世界の問題であって存在の問題とは別の問題になります。そもそも存在者が真実の姿を現すのは神の前のみであって、現象世界、世俗の世界における規則はキリスト教の教義とは両立しない。したがってマキアヴェリにとって、現象世界としての公的な場で人が「徳」を装うことは、なんら偽善を意味するものではありません。「徳」は公的世界に現れてはじめて意味をもつものであり、それはこの世界を善きものにする。公的な世界における彼の「現象」がどうあろうともその真の姿、彼の高潔さは神の前でのみ明らかになり、神の目の前で護られている。彼が悪徳を隠すとすれば、それは徳を装うからではなく、悪徳は見られるのにふさわしくないからに過ぎません（p. 104／一五四―一五五頁）。

偽善の問題を存在と現象という形而上学の問題にまでさかのぼって論ずるというのは大げさに思われるかも知れませんが、「マルクス草稿」で古代ギリシアの政治的経験からの断絶をもたらしたのがプラトンであったとアレントが述べていたことを想起すれば、ここでソクラテスが例に挙げられている理由は理解できると思います。政治から訣別したプラトンの哲学こそ、存在と現象を区別して、現象の背後に真の存在を求める形而上学の出発点でした。ソクラテスはそうした西洋政治哲学の伝統に対して、ギリシアの政治的経験と知恵の継承者として位置づけられていたのでした。マキアヴェリがキリスト教的な前提の上に立ちながらも、現象世界のありかたをどこか真の実在の地点から「悪徳」

として非難していないのも、ルネッサンスの思想家としてのマキアヴェリがローマの政治的経験を継承し再興しようとしていたからだということになるでしょう。

現象と存在の乖離を問題としないソクラテスやマキアヴェリのこうした立場に対して、フランス革命の指導者たちにとって偽善はまさに現象の背後の人間存在の腐敗を意味していました。フランス革命における恐怖政治は、国王ルイ一六世の策動と陰謀に対する反動として生じます。陰謀渦巻く宮廷はまさに人間そのものを腐らせる腐敗の温床であるのに対して、下層の貧しい民衆こそが本性からして善なる存在である。かくして「社会」の顔から偽善の仮面をはぎ取って、人民の誠実な素顔を明らかにすること、これが革命の課題になったのです(pp. 105-106/一五六―一五七頁)。

フランス革命と法的人格の剝奪

アレントはここで、偽善の「仮面」をはぎ取るという、演劇に由来する言葉を用いていることについて、いささか回りくどい説明をしています。

回りくどいと言ったのは、フランス革命の指導者たちが好んで用いたのが演劇の比喩であった――彼ら自身、自分が革命の舞台演壇上の役者であることを意識していた――けれども、問題の焦点となる「仮面」という言葉をロベスピエールたちは用いていたわけではないし、その本来の意味するところを理解していなかったというのがアレントの論点だからです。

古代ギリシアやローマにおける演劇は「プロソポン(πρόσωπον)」や「ペルソナ(persona)」といわれる仮面をつけて演じられていました。ラテン語で仮面を意味する「ペルソナ」が演劇から法律用語に移される。すなわち、古代ローマにおいて市民と私人の違いは、市民が「法的人格」をもつことにありました。舞台の上の役者がその「仮面」を通じて自らの声を響かせるように、市民は公的な舞台においてはその「人格」を通じて発言しなければならない。市民が法の前に現れるのは「法的人格」としてであり、そうした「人格」を取り払ってしまえば、そこに残るのは権利義務をもたない自然人である。政治的共同体と法の外に置かれたそうした自然のままの人間は、たとえば奴隷のように政治的には無意味な存在となる。古代において「仮面」は同時に市民としての権利を保障する「法的人格」をも意味していました（pp. 106-107／一五八―一五九頁）。

他方で「偽善（hypocrisy）」という言葉もまた演劇の用語ですが、こちらは役者そのものを意味するギリシア語のヒポクリテス（ὑποκριτής）から来ています。役者はその人物になりきらなければならないと言われるように、役者は少なくとも演じているその時には自分自身がその人物であると信じている。革命の指導者たちにとって問題だったのはまさにそこでした。

> 偽善者がそれほど憎むべきものなのは、自分が誠実であると主張するだけでなく、自然のままにそう振る舞っているのだと主張するからである。社会の腐敗を彼は代表し、いわばそれを自ら演じている。それが社会の領域の外でも危険なのは、彼が政治の舞台でどんな「仮面」でも本能的につけることができて、劇中の登場人物（*dramatis personae*）のどんな役回りでも演じることができるが、彼がこの仮面を付けるのは、政治というゲームの規則の要求にしたがって真理の共鳴板としてではなく、人を欺くからくりとして用いるからである。（pp. 107-108／一六〇頁）

偽善者の存在が危険なのは、いわば舞台俳優のようにその都度その都度どんな役でも演じることができ、人と自分を騙しているにもかかわらず、そこで演じている善良な役割がほんとうの自分の姿だと主張している点にある。革命の指導者たちはそうした意味での「偽善者」の「仮面」をはいで、腐敗した本当の姿を暴露しようとしたのでした。

しかしながら先に述べたように、彼らが告発した偽善者の「仮面」には、市民の権利を保障する「法的人格」という側面がありました。フランス革命の指導者たちには、そうした法的人格の観念は無縁で、彼らは法的人格によって保証される権利の保護や、法的人格を通じて与えられる活動の条件の平等に何の関心も示さなかったのでした。

いいかえれば、彼らは、偽善者に対する際限のない追及と社会の仮面をはぎ取る情熱によって、意識はしていなかったが、ペルソナ（persona）の仮面をも引き裂いていたのである。こうして恐怖政治は、結局、真実の解放と真実の平等にまさしく対立するものとなった。もっとも、それがすべての住民から法的人格の保護マスクを平等に取り去ったという意味では、恐怖政治は平等化を達成したといえるだろうが。（p. 108／一六二頁）

フランス革命の指導者たちは「偽善」を攻撃して、偽善者からその「仮面」をはぎ取ることに熱中するあまりに、法的な権利を保障する法的人格としての「ペルソナ」をも剝奪してしまった。かくしてロベスピエールらによる恐怖政治は、すべての市民から法的な権利をひとしなみに剝奪するという意味において、文字通りの平等化、法的な権利の保護から解放された自然のままの人間の状態に人々を貶めるという意味での平等化・平準化を実現したのでした。

フランス革命における人権は、人間の政治的地位ではなく、人間の自然に固有の基本的・実体的権利を明らかにすることを目的としていた。そのようなものとして、この人権は実際、政治を自然に還元しようとしたのである。これに対して〔アメリカ諸州ならびに合衆国憲法における〕権利章典は、あらゆる政治権力に対する永久的で抑制的な統制を設定することを目的にしており、したがって、政治体の存在と政治権力の機能を前提としていた。フランスの人権宣言は、革命の中で理解されるようになったとおり、あらゆる政治権力の源泉を構成すること、政治体の統制ではなく、政治体の礎石を確立することを目的とした。新しい政治体は、人間の自然的権利に、そして人間が自然的存在以上のものでないという意味での人間の権利に、さらに「食べ、着、種を再生産する」人間の権利、つまり、生存のための必要に対する人間の権利に依存するものと考えられていた。そして、これらの権利は、政治権力がそれに触れたり侵害する権利をもたぬ政治以前の権利としては理解されず、これらは政府や権力の最終目的であると同時にその内容そのものであると考えられたのである。アンシャン・レジームが告発されたのは、自由の権利と参政権を奪ったためというよりは、このような生存と自然の権利を被支配者が剥奪されたためであった。
(pp. 108-109／一六一―一六二頁)

既存の政治体を根底から解体して「人権」、自然権というような抽象的な論理に基づいて新たな政治体を設立することはいかなる権利も保証するものではない。その意味において、フランス革命とその「人権」の理念に対するバークの批判はいまなお有効性をもっているとアレントは言うのです[31]。法的な権利の保護のための「人格」を剝ぎ取られた後に残されたものは、まさに自然的存在としての人間でした。フランス革命における「人権宣言」は、生命の維持と種の再生産のための必要という「政治以前」の要求――法や政治によって保障されるべき「権利」のカテゴリーに収まらない「必然性」という意味における要求――を、政府設立の根本目的としたのでした。

6 社会問題と革命

怒りと暴力

かくして旧体制の偽善の仮面が暴かれたときに、そこに現れたのは、善良な人間の本性ではなく、「怒り」でした。

〔根源的な必要性という〕この力が解き放たれて、すべての人がむき出しの欲求と利害だけが偽善のないものであると確信したとき、不幸な人々(malheureux)は怒れる人々(enragés)に変わった。というのも怒りだけが、不幸〔な者たち〕が行動する唯一の形態だからである。かくして偽善の仮面が剝ぎ取られて、苦悩が白日の下にさらされた後に、現れたのは徳ではなくて怒りであった。すなわち一方では腐敗を暴き出されたものたちの怒りであり、他方では不幸なものたちの怒りであった。(p. 110/一六三頁)

そうした「怒り」を惹起する決定的な転換点となったのは、すでに指摘していたように対外的な戦争という契機でした。革命フランスを包囲しようとするヨーロッパ諸国の君主たちの同盟をつくり出したのは、国民を裏切り外国の反動勢力に援助を求めるルイ一六世の陰謀である。こうして国内では王室の陰謀に対する怒りが人々を突き動かし、他方では革命に対する恐怖と怒りがフランスに対する戦いに各国を駆り立てる。革命戦争にともなうテロルと暴力の進行は、恐怖と怒りに駆り立てられて、公然と復讐をその旗幟《きし》に掲げる人々を全面に押し出すことになったのでした。革命によって偽善の仮面を剝ぎ取られた人々の声と、街頭の激怒した大衆の声、そこに響き渡る恐怖と怒りと復讐の念を聴くならば、ルソーの言う自然的人間の善性など信じられなくなるだろう、とアレントは述べています(pp. 110-111／一六三―一六四頁)。

もとより偽善に対する戦いの中で解き放たれた二つの怒り、腐敗を暴露された高貴な身分の者たちの怒りと、不幸な民衆の怒りの間の戦いで、勝利を収めることになったのは後者でした。英語版では対比の意味が少しばかりわかりにくい所があるので、ドイツ語版の該当箇所を訳すとこうなります。

フランスを荒廃させるこの戦いでより強力だったのは彼ら〔民衆〕のほうだったが、それは彼らの怒りの力が苦悩という本当の源泉から生まれたものだったからである。苦悩のもつ力と徳は耐え忍ぶというところにあるのだが、人がそれにもはや耐え忍ぶことができなくなるとき、苦悩は怒りに転化する。なるほど怒りは実際に行為して何かを達成することはできないしその力もない。だがそこには真正の苦悩のもつ力が内在しており、その破壊力は自分の企てが挫折した者が抱くたんなるルサンチマンと比べれば強力であり持続的である。(p. 111, vgl. S. 141／一六四―一六

五頁）

革命の指導者たち、とりわけロベスピエールの「同情の熱意」が人民大衆の苦悩と悲惨を賞讃し、それを「徳」の唯一の保障であるとしたときに、彼らは自覚しないままに、人民を市民としてではなく「不幸な人々」として解放したのでした。「苦悩」がもともと有していたはずの「徳」、貧しくはあってもそれらを耐え忍ぶという歯止めは取り外されて、「錯乱した怒り（delirious rage）」に駆られた群衆の「暴力」に革命を委ねることになる。ドイツ語版ではこう述ています。

だが人民を〔将来の市民であり国の主人として〕解放する（emanzipieren）するのではなく、苦悩する大衆を〔不幸から〕解き放とう（befreien）とするやいなや、人はすでに革命を権力、すなわち活動を源泉とする権力にではなく、苦悩を源泉とする暴力に委ねてしまったのである。（S. 142, cf. pp. 111-112／一六五頁）

貧困と革命

すでにこれまでの議論で示唆してきたように、近代革命の根本的な原動力が大衆的貧困であるという議論に対してアレントは否定的です。この章の最後でアレントはこの問題にたちもどってこう述べています。太古の昔から人類は貧困のもとで苦しんできたし、今なお西半球以外の人々の多くはその強制の下にある。だが、これまでに起こった革命で「社会問題」を解決し、欠乏の苦境から人々を解放した革命は一つもなかった。一九五六年のハンガリー革命を除いて、どの革命もフランス革命の先例にならい、暴政と抑圧に対する闘争のなかで悲惨と極貧の強大な力を利用しようとしてきた。そうしたこれまでの革命の経験が示していることは、「社会問題」を政治的な手段で解決しようとする試みはいずれもテロルへと導いて、テロルをともなう恐怖政治は革命をついには破滅に追いやることになるだろうという明白な事実である、と。

その意味において革命を失敗させた決定的な転機は「社会問題」の登場そのものではなく、「社会問題」というかたちで大衆の貧困を争点に仕立て上げ、その口実の下に他党派ばかりか当の大衆自身も抑圧する革命指導者たちのテロルなのですが、他方では、革命が「大衆的貧困」や「社会問題」という争点設定のもとで行われるときには、そのような失敗を回避することはほとんど不可能であるとアレントは見ています。貧しき者の反乱は、抑圧された者の起こす反乱とは異なり、はるかに強力な力の惰性をもっている。それはいわば「生物学的な必然性」から逃れようとする反抗であり、生物学的存在としての人間に内属する反抗だからである。その意味において、自然的必然性の拘束に根拠をもつ「社会問題」のもたらす巨大な力とその意味を正確に見据えなければならないとアレントは言うのです。

あらゆる支配の根源的でもっとも正統的な源泉は、自分自身を生命の必然性から解放したいという人間の欲求にある。そして人間はこのような解放を暴力によって、すなわち自分のために他人に生命の重荷を背負わせることによって成し遂げた。これが奴隷制の核心であった。そして、他人に対する支配と暴力だけが一定の人々を自由にすることができるという古くからある恐るべき真実が覆されたのは、近代的な政治思想が勃興したためではなく、ただ技術革新が起こってから後のことである。今日、政治的手段によって人類を貧困から解放しようとすること以上に時代遅れなことはないし、それ以上に無益で危険なことはないといえよう。というのも、必然性から解放されている人々の間で起こる暴力は、人間が必然性と対決する時に用いる根源的暴力、すなわち、歴史的に記録された政治的事件として近代になってはじめてくっきりと姿を現した根源的暴力にくらべると、しばしば同じように残酷ではあるが、それよりは恐ろしくなく、それとは異なったものなのである。(p. 114／一六九頁)

自己とその種族の生命の維持と再生産、これは人間が生物学的存在である以上逃れることのできない根源的な束縛であり、だからこそそうした拘束からの解放要求は人間をつきうごかす根源的な要求となってきた。近代以前においてはそうした要求はむしろ暴力と支配によって、生活と生命維持のための必要労働を他人に転嫁することで実現されてきた。したがって生命維持の必要性からの解放は多数の人間の労働と困窮の上に立った一部の支配層、少数者のものにとどまります。その貧しい多数者たる人民が貧困と必然性からの解放という根源的な要求を掲げて登場したのがフランス革命でした。彼らは暴力によって政治的な支配を覆すことで貧困から解放される、必要性および必要性の支配から自由になることができる。マルクスはこれを理論的に定式化したのでした。

しかしながらそこには二つの点で決定的な間違いがありました。まず第一に、そうした生命の根源的な必要に根拠をもつ必然性からの解放は政治的な支配からの解放と同一ではないということです。近代に入って必然性からの解放をもたらしたのは政治的な支配からの解放ではなく技術革新でした。それによって生まれた富が幅広い人々に行き渡ることになった結果として――もちろんこれは富の分配は必ずしも完全に平等ではないし、生命維持の必要性そのものから人間が解放されることはないという二重の意味で相対的なものですが――人類は必然性の制約から解放されることになる。その意味において政治体制の転覆と抑圧的な支配からの解放は貧困からの解放、必然性からの解放を決してもたらすものではないと言うのです。

第二に、自然的肉体的な意味での必然性、それがもたらす拘束や強制は、「暴力」と同一ではありません。この両者を混同したところにフランス革命とそしてマルクスの根本的な誤りがありました。貧困からの解放を求める人民の要求、必要性からの解放の要求は、政治的な支配層に対する反乱とそこで行使される暴力を正当化する根拠にはならない。必要性や必然性と暴力の同一視は、人間の肉体的な必要性、いわば自然法則的な必然性を根拠として行使される暴力というかたちで、恐るべきテロルに道を開いたのでした――先の引用末尾の近代に登場した「根源的暴力」というのはそうした暴力のことを指しています。

かくして「貧困な大衆」が「怒れる人々」としてフランス革命の舞台に登場したとき、必然性と暴力という――本来は異なるべき――二つのものが、革命の推進力として受け容れられることになったのでした。その結果どうなったか、アレントは次章の冒頭でこう述べています。

> そしてまた悲しいことにわれわれは知っている。たとえ時の権力者の行いがどんなに常軌を逸したものであったとしても、革命がこれまで起きたことのない国のほうが自由がよく保持されていること、そして、革命が勝利を収めた国よりも、革命が敗北した国のほうにより多くの市民的自由が存在していることを。(p. 115／一七七頁)

アメリカは革命以前から相対的に平等な社会の実現が進行していた点で、革命の課題は貧困と必然性からの解放とは別なところにあること、自由の実現としての革命は暴力の行使とは無縁であることを示していたのでした。(32) それではアメリカとフランスの革命の行く末を分けたものは何であったのか、これが次章の問題になります。

第三章　公的自由と市民的自由：第三章「幸福の追求」

フランス革命における「社会問題」と「貧しい民衆」の発見が決定的な転換点であったとしても、その貧民大衆が自ら革命を始めることはありません。どんなに現体制に対する不満が広まっていたとしても、革命は暴動の結果として起こるわけではない。革命が起こるには、すでに政治体の権威そのものが揺らぎ始めていることが必要です。

一般的にいえば、政治体の権威が本当に無疵のままであるところ、近代的な条件では、文民政府の権威のもとに軍隊の服従が確保できているところでは、いかなる革命も起こることはないということができる。革命はその最初の段階では驚くほど簡単に成功するように見えるものだが、その理由は、革命を遂行する人々は、すでに崩壊していることが明白な旧体制の権力を拾い上げれば良いだけだからである。革命は政治的権威の崩壊の結果であって、崩壊をもたらした原因ではない。（pp. 115-116／一七八頁）

ただし、政治体制とその権威が失墜しているところではどこでも革命が起こるわけではありません。軍隊や警察の強制力による秩序の維持が困難になり、反乱や民衆の暴動が起こったとしても、それはただちに革命へと向かうわけではない。体制崩壊によって生じた権力の空白を埋めるべく準備している者たちがそこにはなければならない。共通の目的のために自らを組織して活動し、権力を握る用意のある人々の存在が必要である。「幸福の追求」と題された比較的短い第三章では、その革命の指導者たちに焦点があてられています。

「革命の人々」と「職業革命家」

アレントはフランス革命とアメリカ革命の担い手となった人々のことを、後の「職業革命家」と区別して「革命の人々（the men of revolutions）」と呼んでいます。同じ革命の指導者層といっても、アメリカ革命やフランス革命の指導者たちは、後のロシア革命で権力を握ったレーニンのボリシェヴィキ党に代表されるような「職業革命家」とは異なっている。フランス革命以降、革命のための宣伝・煽動や体制の転覆を意図して自らを組織する職業的な革命家集団がさまざまなかたちで生まれてきます。彼らは民衆の自然発生的な蜂起やそれにともなって生まれてくる公的空間――「コミューン」や「評議会」――を自らの権力掌握のために利用しようとする。こうしてフランス革命以来、民衆の自発的組織としての「評議会」と職業革命家の「政党」の対抗がかたちをかえて繰り返されるとアレントは見ているのですが、この点は最後の章で扱われることになります。

「公的自由」と「公的幸福」

そのアメリカとフランスにおける「革命の人々」が、革命が勃発するに先だって共通して抱いていたのは「公的自由に対する情熱的な関心」でした。モンテスキューやバークにおいても共通して語られていた「公的自由」が、古代ローマの共和政的な伝統に発するものであること、そして彼らがフランスとアメリカにおいて、それぞれのかたちでそうした伝統を意識的に継承しようとしていたことについては、フランスの人々については主に本章で、アメリカ革命の指導者たちについては第四章、第五章で詳しく論じられることになるのですが、そうした共通の関心にもかかわらず、両者のたどることになる道を分けたのはなんであったのか、これが問題です。

ヨーロッパ人とアメリカ人がほとんど同じ伝統によって育てられ影響されていたこの時点で、すでに顕著な相違を見せていたことは重要である。フランスにおいて明らかに情熱や「趣味」であったものは、アメリカでは経験であった。とくに一八世紀において、フランス人なら「公的自由」というところを、アメリカでは「公的幸福」という言葉が用いられたことは両者の相違をまったく適切に表現している。重要なのは、公的な自由は公的業務（public business）に参加することの内にあるのであって、公的業務と結びつく活動は重荷になるどころか、それを公に果たす人に他のどこでも味わうことのできない幸福を与えることをアメリカ人が知っていたということである。彼らは人々が町の集会に出かけて行くのは、彼らの代表たちが後に有名な代表会議に出かけていくことになるのと同様に、もっぱら義務のゆえにではなく、ましてや自分自身の利益に適うからでもなく、何よりも討論を楽しみ、熟議をして決定することを楽しむためであったということを非常によく知っていたし、ジョン・アダムズはこのことを繰り返し大胆な形で定式化して示したのである。（p. 119／一八二―一八三頁）

大西洋をはさんで、同じような伝統の影響を受けていたはずの人々が、「革命」にあたって異なる対応をとるようになる、その相違が「公的自由」と「公的幸福」という二つの言葉の内に現されているというのです。第三章の表題「幸福の追求」が示すように、二つの革命の指導者の間の「自由」と「幸福」という目標の違い、アメリカ革命の指導者たちが自分たちの目ざすものを「幸福」と表現したのはなぜか、彼らはそれで何を実現しようとしたのでしょうか。

「文人」と「知識人」

フランスにおいて革命指導者になっていく人々のことをアレントは「文人（hommes de lettres）」と特徴づけています。

> 彼らには依拠すべき何の経験もなく、彼らに示唆を与えて導いてくれる理想や原理はまだ現実によって試されていなかった。それらの理想や原理原則はすべて革命の以前に考えられ、定式化され、議論されていたものだった。それだけに彼らはますます古代の記憶に頼り、古代ローマの言葉を経験や具体的な観察からというよりは言葉や文献から引きだしてきた暗示で補ったのである。（p. 120／一八四頁）

フランス革命の指導者たちは基本的に「書斎の人」、書斎に籠もって書物の研究と思索に耽った人々であり、それが現実の経験に依拠してものを考え、「活動」に喜びを見出したアメリカ革命の指導者たちとの違いである。たしかに彼らがたどった経緯を振り返ってみれば、そのように整理するのは大局的には間違いとはいえませんし、政治的な経験と理論の関係にアレントの関心があるのも確かなことなのですが、まずは両者の共通点をしっかり見定めておくことが必要です。アレントはこう述べています。

それでもなお、本当のことを言えば、アメリカ建国の父たちの政治理論に対する博識ぶりは熱狂的で、いささか滑稽に思えるほどなのだが――ジョン・アダムズの著作の多くの頁は古代や近代の著作家からそのまま写してきた抜粋で一杯だし、まるで他の人が切手を蒐集するように色々な国の憲法を集めているかのように見える――、そうした博識がなかったなら、革命が成就することはなかっただろう。(p. 121／一八六頁)

アメリカ革命の指導者たちも、「公的自由」への関心に導かれて古代や近代の文献を探索した「書斎の人」だったのでした。これに続く段落は、基本的にはフランスの「文人」について述べたものですが、おおむねアメリカ革命の指導者たちにも当てはまる特徴であると考えていいでしょう。

一八世紀に権力に向かって準備し、研究と思索によって学んだものをことのほか熱心の適用しようとしていた人々は文人(hommes de lettres)と呼ばれていた。これは今日でいう「知識人(intellectuals)」よりもさらにいっそう適切な名称である。われわれが習慣的に知識人に含めているのは職業的な事務官僚と著述家からなる一階級であるが、彼らの労働は、拡大し続けている近代政府とビジネス経営の官僚制によって、そしてまた、ほとんど同じ速さで増大している大衆社会の娯楽のニーズによって必要とされている。近代におけるこの階級の成長は不可避的であり、自動的であった。それはいかなる環境のもとでも生じただろうし、知識人の発展にこの上なく有利な条件が東洋の専制政治において存在していたことを考慮に入れるならば、自由な国の立憲的統治よりも専制や絶対主義の支配の下の方が知識人の発展のチャンスにめぐまれているとさえいえるだろう。文人と知識人の違いは、決してその質の明白な相違にあるのではない。われわれの議論の文脈で最も重要なことは、一八世紀以来、この二つの集団が社会に対して根本的に異なる態度を示してきたことである。社会というのは、一方では公的ないし政治的な領域と他方では私的な領域という古くからの純粋な二つの領域の間に、近代になってから入り込んできた奇妙でいささか混合的な領域だが、知識人は常にこの社会の枢要部分であり、集団としてのその存在と重要な立場は社会のおかげでさえある。一八世紀ヨーロッパにおける革命前のすべての政府は「あらゆる面で増大しつつある政府活動に不可欠な専門的な知識と手続きの体系、すなわち統治活動の秘伝的性格を強調する方法を形成する」ために知識人を利用した。これに対して、文人の方は、何よりも公的問題のそうした秘匿に憤激した。彼らは此の種の統治業務にたずさわることを拒否して、社会から、つまり最初は宮廷社会と廷臣としての生活から、ついでサロンの社交から身を引くことによって文人としての生活をはじめたのである。(pp. 121-122／一八六―一八七頁)

ここでアレントは「文人」と「知識人」とを区別しています。近代になって古典的な「政治」の領域と「家」の領域の間に「社会」という第三の領域が勃興してくる。「知識人」はこの「社会」の発展とともに登場してくる人間集団です。もともとは家共同体の内部の私的な営みであった経済活動、生活と生命維持のための営みが市場を通じて拡大していったのが「社会」ですから、必要性と必然性が支配する「社会」のさまざまな領域の管理運営のための知識や技術の担い手ということになります。したがってそれは古典的な「政治」、「公共の場」における言論や活動とは基本的に性格を異にする。いやむしろ——モンテスキューが見ぬいていたように——本来の「政治」の必須の要件である「公的なもの」が抑圧され窒息してしまった「専制」支配、たとえば絶対王制のもとでの統治においてこそ「知識人」はよき奉仕者としての役割を果たすことができる。だが本来、「公的なもの」とは当該構成員のすべてに対して等しく開かれたものではなかったか——ドイツ語の表記（Öffentlichkeit）が端的に示しているように、「公共性」は「公開性」を意味しています——。絶対王制とそれと結託する「社会」——王侯貴族や権力に追従する成り上がり者たちの「社交界」——に背を向けて本来の「政治」と「公的なもの」を求めた一群の人々が「文人」なのでした。

「文人」たちの関心が「公的なもの」という一点において共通していたことの意味について、アレントはさらにこう述べています。一八世紀に「公的領域」を示す「公的なもの（res publica, la chose publique）」がラテン語からの翻訳であったことに如実に示されているように、彼ら「文人」たちは古代でもとりわけローマの伝統に連なるものであった。たとえば古代ギリシアに始まる哲学においては、生活のための必要性からはもとより、政治からの自由、公務から解放された「余暇（σχολή）」こそ、真理の探究のための哲学のような、より高級な活動のための条件だと見なされていたのに対して、彼ら「文人」たちにとって閑暇はローマ人のいう「無為（otium）」であった。それは強いられた不活動状態であり、彼らにとって本来なすべきものは公的な場における活動であった。「文人」たちの出自や身分・階層はさまざまであっても、彼らは「貧しき人々」のような貧困と必然ゆえの強制からは解放されていたが、絶対王制とその「社会」が提供する地位や職務に――たとえそれがどんなに輝かしいものであったとしても――満足せず、閑暇を重荷と感じていた理由はここにあった、と（p. 123／一八八―一八九頁）。

したがって「文人」たちにとって閑暇を利用して行われる書斎での研究は――彼らが学ぼうとした古代ギリシアの哲学者たちのように――永遠の真理や不滅の美を求めてではなく、古代ギリシアやローマの著作に含まれている政治制度について学ぶためだったのでした。したがって一八世紀のフランスの文人たちを、「啓蒙の哲学者」と呼ぶのは正確ではないとアレントは述べています。たとえ彼ら自身が「哲学者」としての資格を要求したとしても、彼らの本領はそこにはない。哲学史における彼らの重要性はそれほどではないし、政治思想における貢献も一七世紀から一八世紀初期の偉大な先達に比ぶべくもない。しかしながら、フランス革命の経緯に即してみれば、それまで哲学者が議論してきた自由意志、「選択の自由（liberun arbitriun）」とは異なる公的領域においてはじめて存在する「公的自由」を提示したという点で、彼らの果たした役割は決定的に重要であったのでした（pp. 123-124／一八九―一九〇頁）。

政治的な意味における自由を古典古代とくにローマの経験から学ぼうとしたという点では――次章以下で具体的に明らかにしていきますが――アメリカ革命の指導者たちも同様でした。そのアメリカの人々をフランスの「文人」たちから分けたものこそ、先に述べた「公的幸福」の観念でした。活動の経験がもたらす歓びのために公的な舞台に飛び込んでいく、健全な常識と現実主義に基づくそうした特徴は、フランス革命の指導者とは対照的な性格をアメリカ革命の指導者たちに与えることになったのです。彼らにとって活動のもたらす幸福感、「公的な幸福」は同時にまた「卓越」の幸福でもありました。

彼らを一致団結させたものは「自由の世界と自由の公的利益」（ハリントン）であり、彼らを動かしていたのは「卓越への情熱」であった。ジョン・アダムズはこの「卓越への情熱」を他のいかなる人間的能力にもまして「本質的で注目すべき」ものだとしてこう述べている。「どこであろうとそこに男たち、女たち、子供たちがいるならば、老若、貧富、身分の高低、利口か馬鹿か、学識の有無を問わずすべての個人は、周囲の人間や自分の知人たちに彼がしていることを見て、聞き、話し、賛同し、敬意を払って欲しいという欲望に突き動かされているのが分かる」。この情熱のもたらす徳をアダムズは「張り合い（emulation）」、「他人より優れたものになりたいという欲望」と呼び、それが「卓越の手段として権力を求める」がゆえに生ずる悪徳を「野心（ambition）」と呼んだのだが、実際、心理学的にいえば、これらは政治的人間の主要な徳と悪徳である。というのも、専制的人間に特徴的なように、卓越への情熱と関わりなしに権力そのものを渇望し意欲することは、もはや政治に特有の悪徳ではなく、むしろあらゆる政治生活を、その徳に劣らず悪徳をも破壊するものだからである。専制君主がすべての人間の仲間関係から超然としていることに歓びを感ずるのは、まさに彼が他人より優れた者になりたいという欲望をもっておらず、あらゆる卓越への情熱を欠いているからにほかならない。それとは反対に、他人よりも優れた者になりたいと思うからこそ、人はこの世界を愛し、仲間と付き合い、公務に駆り立てられるのである。（pp. 119-120／一八三―一八四頁）

「公的な幸福」のこうした性質を、とりわけ明確に認識していたのはジョン・アダムズだとアレントは見ているのですが、アダムズをはじめとするアメリカ革命の指導者たちにとって、人々を政治活動に駆り立てるのはなによりも「卓越への情熱」であったのでした。人より抜きんでた者になりたい、人から注目されたいという卓越化あるいは差別化への欲望は、権力をともなう公的な世界で発揮させる場合には、一歩間違えばそれは公的な「悪徳」となりうることをもちろん彼らは承知していました――そうした悪徳のゆえにルソーはもっぱら他者との差別化を求める「自尊心（amour propre）」とそれに基づく「社交」を退けて、自己保存の本能にしたがった「自己愛（amour de soi）」と「憐れみ」の感情こそが本当の人間関係の基礎となるべきだとしたのです――。そうした「悪徳」はおよそ政治活動そのものに必然的に伴うものであり、活動のもたらす歓びとそれをつうじて実現される諸個人の能力や「徳」と表裏一体をなすものであることを彼らは理解していました。「卓越」を求める「野心」はまさに競い合うべき他者とこの世界を必要とする。その点においてそこから生ずる「悪徳」は、ひたすら権力それ自体を追求してついには政治的な世界そのものを破壊してしまう専制的支配者のもたらす悪とはやはり異なっている。ここには「マルクス草稿」で示されていた公的領域での活動の二つの基本的要素、平等への愛と卓越への情熱、古代ギリシア人が発見し、そして後にモンテスキューが再発見した政治的経験の特徴がそのまま示されています。アメリカ建国の指導者たちはそうした意味での古典的な政治的経験を再発見したのでした。

「独立宣言」における「幸福の追求」

古典的な政治理論が前提としていた公的な活動への参加が、彼らにとって自明な目標であったことは独立宣言においても示されています。

我らは以下の真理を自明なものと見なす、すなわち、すべての人間は平等に創られ、その創造主によって、生存、自由および幸福追求を含む一定の譲り渡すことのできない権利を与えられている。

独立宣言の草稿を起草したといわれるトマス・ジェファーソンは、不可譲の権利としての「生命、自由、財産」というそれまでの定式から「財産」をはずして「幸福」という言葉を入れたのでした。ここでいう「幸福」への権利が公的な活動への参加の「公的幸福」であることは、ジェファーソン自身が別の文書、一七七四年ヴァージニア代表会議の報告で、「公的幸福」の語を用いていることからしても明らかだとアレントは述べています。彼らにとって追求されるべき「幸福」とは、「公的領域」に自ら加わること、政府とその権力に積極的に関与し、そこで実際に活動するという「公的幸福」であって、場合によっては君主の専制的な支配のもとでも、その庇護下で保障されるかもしれない私的な生活の安寧や利益の追求という「私的幸福」ではなかったのでした（pp. 126-127／一九四―一九五頁）。

しかしながら、「独立宣言」の文言が「公的幸福」ではなく「幸福」であったこと、ここにアメリカ革命が「公的自由」のための政治体の創設に成功しながら、そうした活動を推進する精神の持続に成功しなかった原因があるとアレントは見ます。この問題をアメリカにおいて意識していたのがジェファーソンでした。彼はみずから起草した「独立宣言」が「公的幸福」ではなく「幸福」の権利宣言にとどまったこと、それがもたらした——あるいはそれが予示していた——公的幸福から私的な幸福への退行の結果を正面から見据えていたのでした。この点は第六章で論じられることになります。

ジェファーソンと「公的幸福」の観念

「公的なもの」への参加という「公的幸福」と私的な幸福との区別は——ジョン・アダムズを例外として——十分に意識されてはいませんでした。統治についての当時の常識的理解からすれば、幸福は公的領域にではなく、統治者が行う善政、「良き統治」によってもたらされる。いいかえれば「良き統治」は社会の幸福を促進する手段であって、統治に携わること、公的領域に参加することそれ自体はむしろ厭わしい重荷である。ジェファーソン自身も幸福は公的な領域にではなく「私の家族の懐と愛の中に、隣人たちや書物との交流の中に、農場やその他の私事に健全に携わることの中に」あると述べています（pp. 128-129／一九六頁）。

しかしながら、公的な義務の煩わしさから解放された家族とその周囲のささやかであるが穏やかで満ち足りた生活こそが幸福であるという、この種の指摘はアメリカ建国の父たちの著作にしばしば見られるけれども、それは彼らの本当の経験を示すものではないとアレントは主張します。義務としての公務は重荷であるという観念は一九世紀というよりもプラトン、アリストテレスの生きていた紀元前四、五世紀における経験だったのであり、彼らにとってそのような観念は無縁のものであった、と。アレントはここでジェファーソンが一八一四年七月五日にジョン・アダムズに宛てた手紙を引き合いに出しています。アレントの意図を明確にするためにも本文を引用しておきましょう。

長い間留守していましたが今戻ったところです。五週間ほど別の家に居りました。そこでの余暇はここにいる時以上に読書にあてられて、プラトンの国家（republic）を本腰を入れて楽しく読みました。とはいえそれを楽しみ（amusement）と呼ぶのは間違いで、いまだかつて経験したことのない難行苦行でした。これまでにもプラトンの別の著作を手に取ってみたことはありますが、その対話を最後まで読み通す忍耐はありませんでした。思いつきや幼稚な考え、そして理解不能な言葉の中をさまよい歩きながら、私はときおり書物を脇に置いて、どうして世界はこんな無意味なもの（nonsense）にかくも長い間名声を与えていたのか、としばしば自問したものです。どうしてキリスト教世界といわれるものがそんなことをしたのか、これは歴史の不思議の一つです。どうしてローマの良識がそんなことをできたのか、とりわけキケロがそのような讃美をプラトンに捧げることができたのでしょうか？　キケロはデモステネスのような込み入った論理を用いることはありませんでしたが、能力と学識にすぐれ、勤勉で、この世界の仕事に熟達していて、正直でした。彼は文体（style）の追従者ではありませんし、これについては第一級の使い手でした。近代人にとっては、私の思うに、問題となるのは流儀（fashion）や権威です。教育は主として職業柄プラトンの評判と夢想に関心をもつ人々の手にあります。彼らは学校でその風格を決めて、後年になってから彼らの仲間内の意見を修正する機会をもつものはほとんどいません。けれども流儀や権威を離れて、プラトンを理性のテストにかければ、かれの詭弁（sophism）、無益な議論（futilities）と理解不能さを除けば何が残るでしょうか？　本当の話、彼は純粋なソフィストの類いの一人で、彼の仲間たちから忘れられずに済んだのは、第一には彼の格調の高い（elegant）言葉づかいよるものですが、主に自分の思いつきを人工的なキリスト教に体現したことによるのです。彼の「曖昧模糊とした思考（foggy mind）」は、靄の中に見た対象について、その類似性を際限なく算え挙げるばかりで、その形も寸法もいっこうに定義できないのです(1)。

ここでジェファーソンは、プラトンの対話篇を詭弁の極みと酷評しています。プラトンの空疎な理論がかくも長い間讃美されてきたのは、キリスト教がプラトンのイデア論に示される神秘主義を利用してきたからだというのです。

他方ここでは、古代ローマの「良識」が高く評価されています。先の引用の後にはこう述べています。「プラトンの共和主義がプラトン的キリスト教ほどには好意を持たれなかったことはわれわれにとって幸福なことでした」。ところが現実世界の経験に根ざしたそのような良識と学識の代表者であるはずのキケロでさえもが、プラトンを讃美している。今日なお学問や教育の世界ではプラトンとその詭弁さながらの文章が模範として崇められている、と。

プラトン哲学の「格調高さ」に対して、キケロの弁論に代表されるローマの良識は一段低く見られるという、キケロ自身もそれに手を貸した風潮に対するジェファーソンの嘆きは、ほぼそのままアレントの嘆きでもあります――ギリシアの「余暇」とローマの「無為」の相違についてのさきの指摘を思い起こして下さい――。もちろんアレントはギリシア哲学の意義をきちんと評価していますし、プラトンに対するジェファーソンの酷評をそのまま受け容れているわけではありませんが、古代ローマとそこでの共和政の経験が、ジェファーソンやアダムズらアメリカ革命の指導者たちによっていまいちど現実の政治的な経験の地平で再生されていたにもかかわらず、それを十分な形で表現する理論をもたなかったこと。そこに彼らの問題はあるし、アメリカ革命が残した課題はある、とアレントは考えたのでした（p. 129／一九七頁）。

創設行為の表現としての「独立宣言」

ただしアレントによれば、そうした彼らの経験、革命を遂行した行為と思想が表明されている数少ない事例の一つが「独立宣言」でした。先に引用した前文に続いて、イギリス国王がアメリカ植民地に対して行ってきた統治の罪状を一つ一つ列記した上で「独立宣言」はこう述べています。

　このように専制君主（Tyrant）の定義となりうるあらゆる行動によって特徴づけられる資質をもった君主は、自由な人民の統治者たるに不適当である。

これは君主政（monarchy）に対する原理的な否定という意味において、まったく新しいものであったとアレントは言うのです。

フランス革命以降の世界では、革命によって絶対王制が打倒されて共和政が樹立される、すなわち君主政と共和政とは別のものだというのが当然のことと受けとめられていますが、そうした通念が成立するのはアメリカ革命による共和政体の建設とそしてフランス革命における王党派と共和派との深刻な対立――フランスにおいてこの対立は一世紀近くの間続きます――の後のことです。そうした事情と、政治的な概念用語の意味の変遷がからんで、ここでの議論は分かりにくくなっています。

ここで「専制君主」と訳されている“Tyrant”は、古代ギリシアの「僭主（tyrannis）」から来ています。もともと僭主というのは、権利や資格なくして王権を簒奪する支配者のことで、これが正義や法を無視して、暴力によって統治する国王の支配を指すようになります。すでにアリストテレスが「僭主制」を王制の堕落形態としていました。ルソーは王権の簒奪者を「僭主」、主権の簒奪者を「専制君主」とすべきだと述べています（『社会契約論』第一〇章[2]）。すでにはじめの方で紹介したモンテスキューの政治体制の三類型「王制」、「共和政」、「専制」の「専制」は“despotisme”にあたります。モンテスキューにとっては法に基づく統治としての「王制」と「共和政」に対して、「専制」はそれとはまったく異質な原理に基づく支配だったのでした。

したがって、ルソーのように国王の統治が法の支配から逸脱することを「暴君（tyrant）」あるいは「専制君主（despot）」と呼ぶというかたちで「僭主制」の意味が次第に拡大されていくとしても、それは本来の「君主政」とは異なるものであるというのが共通する理解でした。言いかえれば、一人の君主の統治する国に対しても、法と正義に基づく統治が行われていれば「共和国」の名に値するというかたちで「共和政」の用語そのものが広い意味で用いられていたのでした。アレントは『革命について』のドイツ語版で「「共和政」という言葉は、それ以前には法治国家的君主政に対してもそうした呼称を要求することができた（カントはなおそうした意味で用いていて、共和政的統治形態と専制的（tyrannische）統治形態だけを区別している）」と指摘しています（S. 167）。古代ローマの共和政の経験に基づいていた理論を、ヨーロッパの君主政体に適用するところからでてくる用語の揺れということもできますが、革命はいまやそうした用法を一掃してしまいます。「共和政」に属さない体制はすべて「専制」であるとする理解が全面に出てくることになったのでした。

もとより「共和政」と「専制」の対置が語られるようになった背景には、君主政とは明確に異なる政治体制が近代世界においてはじめて現実に姿を現したという事情があります。アメリカ革命の指導者たちの間でも「共和政」という選択はまだ必ずしも自明のことではなかった。どこかの国の君主と契約を交わす可能性もまだ考慮されていたという意味のことをアレントは註の中で述べています（p. 297, note 26／一九七頁、二二七頁、原註（26））。ドイツやその他の王室や貴族の家系から君主を迎え入れるというのは一九世紀の東南ヨーロッパや南米などの新国家建設の際にもしばしば行われています。新大陸アメリカで近代になってはじめて君主ではなく人民とその代表によって統治される「共和国」が出現する。その事実と経験こそが「共和政」という言葉に新たな意味と重みを与えることになったのでした。

そのような意味において「独立宣言」は、新たな「共和国」の建設宣言でした。宣言の末段はこう結ばれています。

ゆえにわれわれアメリカ連合諸邦（the united States of America）の代表は、大陸会議に参集し、われわれの意図が公正であることを世界の最高の審判者に対して訴え、これらの植民地の善良なる人民の名とその権威において、以下のことを厳粛に公表し宣言する。すなわち、これらの連合した植民地は自由な独立した国家であり、そうあるべき当然の権利を有する。これらの植民地は英国王に対するあらゆる忠誠の義務から完全に解放され、これらの植民地と英国との政治的な関係はすべて解消され、また解消されるべきである。そして自由で独立した国家として、戦争を始め、講和を締結し、同盟を結び、通商を確立し、その他独立国家が当然の権利として実施できるすべての行為を実施する完全な権限を有する。われわれは、この宣言を支持するために、神の摂理による保護を強く信じ、われわれの生命、財産および神聖な名誉をかけて相互に誓う。

ここには「共和政」という言葉は用いられてはいないけれども、「共和国」設立の過程そのものが表現されている。植民地の人々の代表が参集して、イギリス国王の統治から独立した自由な国家を建設することを世界に向けて宣言する。その宣言を護ることを、神の摂理による加護を願いながら臣民が国王に対してなす忠誠の宣言ではなく、互いの「生命、財産と名誉」を賭けて誓い合う。そこには何か独創的な原理が示されているわけではない。「独立宣言」の意義と偉大さはそこにはない。むしろ植民地の人々が自ら公的な活動に積極的に参加し、一つの政治体を打ち建てるという「活動」が表現されていることにこそ「独立宣言」の意義があるとアレントは言うのです（p. 130／一九八―一九九頁）。

古典的な政治の観念の再興

これに関連してアレントは、「独立宣言」のような歴史的な重要性をもつものではないが、アメリカ革命の指導者たちの思想をよく示すものとして、晩年のジェファーソンがジョン・アダムズに宛てた一八二三年四月一一日付の手紙を紹介しています。

> 私は決してカルヴァンとともに彼の神に呼びかけはしません。彼は実際には無神論者でしたが、私は決してそうはなれない。むしろ彼の宗教は悪霊崇拝というべきでしょう。偽りの神を崇拝した者があったとすれば、彼こそその人でした。彼が五カ条の原則で説いている存在は、貴方と私が認め崇拝する神、創造主にして慈悲深いこの世界の統治者ではありません。むしろ悪意に満ち

た悪霊（damon）です。カルヴァンのように神に残酷な特性を帰して冒瀆するくらいなら、何の神も信じないほうがまだ恕《ゆる》すことができる。事実あらゆるキリスト教の宗派は、啓示なくしては神の存在は完全には証明できないとどの教義でも説いていますが、それが無神論への大きな手がかりを与えているのです。[3]

ここで「カルヴァンの五カ条」と言われているのは、一六一八年のドルトレヒト会議で定められた信仰基準で(1)人間は全面的に堕落しており、自らの意志で神に向き合うことはできない（全面的堕落：Total depravity）。(2)神は特定の人間を無条件に救いに選んでいる（無条件的選び：Unconditional election）。(3)キリストによる贖罪は選ばれた者だけに限定されている（限定的贖罪：Limited atonement）。(4)救いに選ばれたものはこれを拒否できない（不可抗的恩恵：Irresistible grace）。(5)神は選ばれた者の信仰を最後まで護られる（聖徒の堅忍：Perseverance of the saints）という、厳格な予定の教説のことです。神は一方的に特定の人間を救いに、その他の人間を滅びに定めたという教説には、信徒の側の意志や努力の入る余地は残されていない。そのような神は自分やアダムズの信ずる神ではないとジェファーソンは言うのです。ジェファーソンのキリスト教信仰の問題については後に触れることになりますが、アメリカ革命の指導者たちの信仰はそのような厳格なピューリタニズムとは無縁だったのでした。ジェファーソンはこの手紙を次のように結んでいます。

カルヴァンの **mon dieu! jusqu'à quand!**〔詩篇一三　主よ、いつまでですか。いつまで私を忘れておられるのか。いつまで、御顔を私から隠しておられるのか〕についての貴方の質問についてはもうこれくらいにしましょう。これがイエスの神、そしてわれわれの神に向けられるときには、私は心から貴方にしたがい、主の時を待ちます、不承不承にではなく心から喜んで。そこでわれわれが再び再会せんことを、議会で、われわれは古代の同僚たちとともに再会して、「よくやった、わが忠実なる僕よ」と認証の印を授かることを。(4)

アレントが引用しているのは最後の文章です。ジェファーソンはいささか冗談めかして書いているけれども、ここには彼らが考える「幸福」がいかなるものであったかがよく示されている。キリスト教徒がこの世の生命を終えた後に、主の再臨と復活の後に与えられるという永遠の生命について彼が語っているのは実のところ、地上の世界における活動にともなう「拍手喝采」や「歓呼の示威」の投影であった。そこで与えられる「認証の印」は、現世での行いに対して与えられるありきたりの報酬などではなく、むしろジェファーソンが別のところで述べている「世界の敬意」だった。彼にとっては、議会において論じ合い、法をつくり、事務を処理し、説得し説得されるという活動は来るべき永遠の至福の先取りであった。いやむしろ、この世界におけるそうした活動の方が真の幸福にふさわしいというのが彼らの本音ではなかったか、とアレントは言うのです(p. 131／二〇〇頁)。

ジェファーソンの手紙が示しているこうした観念は、たとえば中世スコラ哲学の代表トマス・アクィナスとはまったく違っているとアレントは強調しています。トマスにとって至福とはまさに「神のヴィジョン」――ただひとり神に向き合うことの至福――であり、そこでは友人は必要とされません。ジェファーソンがここで述べていることはむしろ『ソクラテスの弁明』の中で、自分が死んだらオルフェウス、ムサイオス、ヘシオドス、ホメロスなどと一緒に親しく交わり問答することができる――

だから自分にとって死はいささかも恐ろしくはない――とソクラテスが述べているところに通ずるものがある。ジェファーソンをはじめとするアメリカ建国の父たちの理想とするところは、キリスト教世界の人間のめざすべき究極の幸福というよりは、古典古代の人々の理想であったというのです(pp. 131-132／二〇〇―二〇一頁)。

ここでアレントがプラトンではなくソクラテスの死後の理想をジェファーソンのそれと類比していることにも注意しておくべきでしょう。先の手紙が示すように、プラトンと自分の理想が似ているなどといわれたらジェファーソンはおそらく怒りだすでしょうから。その点でプラトンのイデア論はトマスのいう至福に近いところがあります。『ソクラテスの弁明』はプラトンの著作であるけれども、そこでソクラテスが語っている死後の理想から窺うことのできる死生観は、プラトン以前のギリシアの古典的なそれを示している――プラトンの政治哲学はすでにそこから逸脱し始めている――とアレントはおそらく考えています。ちなみに第六章でアレントはキケロの次のような発言を引いてます。

> 政治体はそれが永遠であるように構成されなければならない以上、死は、コミュニティにとって（その罪に対する）罰である。そしてその同じ死が、個人においては罰を破棄してくれるように思われるのである。(p. 230／三七二頁)

キケロのような古代人にとって、死すべき人間が形成する政治体こそが永続すべきであるのに対して、キリスト教はこれを逆転させて人間の方が永遠の生命をもち、死すべき運命にある世界の中を移動するとしたのでした。ジェファーソンらアメリカ革命の指導者たちは、古代ローマの政治的経験から学ぶことを通じて、キリスト教による人間の生命と世界との関係をいまいちど転倒させたということになるでしょう。

市民的自由と公的自由

フランス革命の指導者ロベスピエールもアメリカ革命の人々と同様に政治的な意味における「自由」の実現を目指していました。問題は、それにもかかわらずフランス革命が「公的自由」を実現させることに失敗したのはなぜか、ということです。

「公的自由」と「公的幸福」という言葉に表現されているように、フランス革命とアメリカ革命のそれぞれの指導者たちの間には微妙な相違があるとはいえ、両者の目的としたところはおおむね一致していました。

> 革命に先立って、大西洋の両側の文人たちが、「統治の目的は何か」という古い問題に解答を与えようとして彼等がとった観点は、市民的自由（civil liberties）と公的自由（public freedom）、あるいは人民の福祉と公的幸福という観点であった。（p. 133／二〇二頁）

「公的な自由」とともに「市民的な自由」を——アメリカ革命の場合には「公的な幸福」とともに「人民の福祉」を——というかたちで彼らは市民の幸福追求の自由（リバティ）と、それとは区別される公的な生活への参加の自由（フリーダム）と、この二つの目標を合わせて追求しようとしていたのでした。この二つの目標の相違、私的な利益追求と「公的な自由」あるいは「公的幸福」との間の齟齬の可能性は、これら二つの自由をともに抑圧する暴政との対抗が問題となっている間は明確に意識されることはありませんでした。しかしながら革命の進行の中でこの二つの原則の対立にはじめて光が当てられます。そしてこの両者の関係をどのように解決するのかという点で、二つの革命は分かれてくることになります。

アメリカ革命の場合、新政府は、その「公的幸福」のために固有の領域を構成すべきか、それとも政府はただ市民が私的幸福を旧制度よりもっと効果的に追求するのに役立ち、それを保障するために作られるべきものであるかという問題だった。フランス革命の場合には、革命政府の目的は、市民的自由と権利を保障する代わりに公的自由の支配に終わりをもたらす「立憲政府」の樹立に席を譲るのか、それとも「公的自由」のために革命を永久に宣言すべきなのかという問題であった。（p. 133／二〇三頁）

「公的自由」と「市民的自由」との間をどうとらえるのかという点において、二つの革命には微妙だが重要な相違がありました。フランス革命の場合には「公的自由」の維持と「市民的自由」の保護のいずれを目的とするのかという二者択一のかたちで問題が問われ、ロベスピエールは「公的自由」を選択します。革命は彼らに「公的な幸福」を多少とも経験する機会を与えたのでした。「市民的自由」のための立憲政府の確立は「公的自由」の終焉をもたらすのではないかと恐れたがゆえにこそロベスピエールは革命の永続化を望んだ。まさに「公的な自由」を実現しようとした結果、フランスでは「市民的な自由」の大幅な縮小がもたらされることになったとアレントは言うのです。

アメリカ革命の指導者たちにおいては問題はそのような二者択一のかたちでは捉えられていませんでした。「公的自由」と「市民的自由」は齟齬するものとは考えられていなかったし、その限りにおいて「市民的自由」と「私的な幸福」の追求は前提とされていた。その結果、アメリカの場合には革命が市民的権利を著しく縮小させるようなことは起きなかった。アメリカ革命が次章以下で述べることになる「自由の創設」の課題を達成することができた理由をアレントはここに求めています。

しかしながら、これはいいかえればアメリカにおいては両者の原理的な関係が曖昧なままであったということでもあります。アレントは続けて述べています。そのアメリカにおいても二つの原則の関係は、「公的自由」から「市民的自由」へと、つまり「公的幸福」から「私的幸福」へと重点は次第に移行していくことになった。もしロベスピエールがアメリカ革命のその後を観察できたならば、革命の終結は公的自由の終わりをもたらすという彼の信念を強めることになっただろう、と（pp. 134-135／二〇五頁）。

アメリカにおいても市民的自由と公的な自由との葛藤は革命の当初から存在していました。アレントはクレヴクールの『アメリカ農夫からの手紙』を引き合いに出しています[5]。クレヴクールはフランス北部ノルマンディの小貴族の家に生まれ、一七五五年に新大陸のカナダに移住、植民地でフランス軍に従軍しますが追放され、六五年フランス国籍を捨ててニューヨーク植民地で市民権を獲得、そこで有力者の娘と結婚、一二〇エーカーの土地を購入して生活をはじめます。しかしながら独立戦争は平穏な農場主としての生活を打ち壊します。英国政府支持派と独立支持派との板挟みになった彼は一七七九年妻と子供二人を置いて長男とともにヨーロッパに渡ろうとしますが、英国王派に植民地側のスパイと疑われ逮捕されます。その後イギリスに渡った彼は、一七八二年にロンドンで『アメリカ農夫からの手紙』を出版します。そこではアメリカ農夫としての生活や自然環境がつぶさに描かれていて、とりわけアメリカ社会とそこで形成されるアメリカ人の特質について論じた第三書簡「アメリカ人は何者か」は有名ですが、アレントが念頭に置いているのは最後に置かれた第一二書簡「辺境開拓者の悲哀」です。それまでの叙述とは一転して、戦争と革命に平穏な生活を脅かされたアメリカ農夫の惨状を彼はこう訴えています。

私たちは犂《すき》に殺される蟻のようなものですが、蟻が死滅したからといって、将来の収穫が損なわれるものでもありません。ですから自己保存、つまり自然の法則が最良の行動規範のように思われます。無益な抵抗、役に立たない努力をしたとて、なんの足しになりましょうか。安全な場所にいる冷静な人たち、遠方の傍観者たちなら、私のことを恩知らずと誹謗するかもしれず、ソロンやモンテスキューの根本思想を引き合いに出してくるかもしれません。私のことを、故意に罪を犯した者とみなすかもしれません。もっとも不名誉な名前で私を呼ぶかもしれません。個人的には危険のないところにいるそういう人のゆったりとした想像力は、感情のかすかなざわめきにも邪魔されることはないのですから、このような大問題についても気の向くままに述べ立てて、この広い地域に分散した戦場を、攻撃と守備を共有した状況を示すものだくらいに考えることでしょう。そういう人には問題が抽象化されているのです。介在するものが目立つのです。遠くからの展望と多様な意見とが、感情に害《そこな》われることがないために、そういう人の心に一種類の考えしか示してくれないのです。そういう人は、こちらでは一方の側のはなはだしい罪悪を主張し、あちらでは別の側の正当を公言します。けれども、そういう人をここへ連れてきて一カ月でも私たちと暮らさせてみたらどうでしょう。絶え間なく続く避け難い労役、恐怖、不安をすべて経験させてみたらどうでしょう。私たちといっしょに手に銃を構え、激情の鑿《のみ》に想像力をえぐられながら、長い不寝夜の見張り番をさせてみてはどうでしょう。そういう人の奥さんと子供たちを、もっとも恐ろしい死の危険にさらしてみてはどうでしょう。そういう人の財産の有無が、一人の敵兵の息で吹き消されてしまう一かけらの火花に左右されるとしたらどうでしょう。私たちといっしょに畑に出て、かさこそと鳴る葉ずれの音の一つ一つに震えおののかせてみたらどうでしょう。彼のもっとも哀切な情熱の宿る心臓（ハート）を、近しい友人たちの心痛な最期の報せで烈しく掻きむしってやったらどうでしょう。このような荒廃の進み具合いを地図の上で示してやったらどうでしょう。彼の不安な想像力に、これまで大勢の人たちが死んでいったように、今度こそは自分が死ぬ番になるかもしれない夜、恐ろしい夜を、予感させてやったらどうでしょう。そうしておいて、市民である前に人間でありたいと思わないものかどうか、彼の政治前提が崩れないでいられるかどうか、ご覧下さい(6)！

ここには文明社会の偽善を告発したルソーの思想が響いています。ただしクレヴクールにとっての自然人は、父として家長として、一家の安全と農地の経営に意を注ぐ開拓民でした。そうした普通の農夫の立場からみれば、革命の指導者たちが始めた本国イギリスに対する戦争は迷惑以外の何ものでもありません。戦争であれ革命であれ、それは結局一握りのもののために行われる。実際にその手足となって戦い、被害を被るのはわれわれ民衆だが、そうした犠牲は革命あるいは独立といった大義の前にはいささかも顧慮されることはない。安全地帯にいて大所高所から観察する者からみれば、そうした不平不満をもらす者は忘恩の徒ということになるかもしれない。だがわれわれ開拓民には守るべき家と生活がある。革命と独立の大義から戦争を起こした指導者たちはそうしたアメリカの民衆の利益を犠牲にしたのである――その彼らとて、自分の土地にもどってみれば犠牲者の立場になるのだが――このようにクレヴクールは主張したのです。そこにはアメリカ的な農夫の私的利益、公的な活動への義務を厭わしいものとして忌避しようとする反政治的欲望と、イギリス本国からの独立と共和国建設の大義に熱中する「革命の人々」の「公的幸福」との対立がありました。

そうした意味において、民衆の私的な生活への利害関心と革命指導者の「公的な関心」の間の緊張と対立は、大西洋をはさんで進行した二つの革命に共通していたのでした。アメリカ革命とフランス革命のいずれにおいても、それを推進した「革命の人々」の関心は「公的な関心」のほうにありました。彼らは、私的な利益や生活を犠牲にして大義に殉ずるというような「自己犠牲的な理想主義」からではなく、公的な事業に参加することがもたらす喜び、公的な場において互いに競い合うこと、そしてそうした活動が公衆に注視されることがもたらす喜びのゆえに、公的な活動にその身を投じていったのだとアレントは言うのです（pp. 135-136／二〇六―二〇七頁）。

かくして、アメリカにおいても存在していた私的利害と「公的関心」の葛藤は、フランス革命の指導者たちが直面した問題を突きつけていくことになります。ただし、そこには大きな違いがありました。

アメリカは貧困に圧倒されていなかったから、共和政の創設者たちを妨害したのは必然性〔貧窮〕ではなく、むしろ「突然の富を求めようとする破壊的情熱」であった。アメリカの場合、ペンドルトン判事の言葉によればいつも「政治的、道徳的義務の感情をすべてうちけしてしまう」傾向のあるこの特殊な幸福の追求を、一時、少なくとも土台を倒して新しい建物をたてるくらいの期間は押し止めておくことができた――ただしそこに住むべき人々の精神を変革するほど長くは続かなかったけれども。その結果、ヨーロッパでの発展とは異なり、公的幸福と政治的自由という革命的観念はアメリカの舞台から完全に消えることはなかった。それは共和政の政治体の構造そのものの枢要部分となったのである。この構造が富と消費を夢中で追い求めるような社会の道化芝居に堪えられるだけの堅固な基盤をもっているのか、それともヨーロッパの社会が悲惨さと不幸の圧力に屈したように、富の圧力に屈服してしまうのかは、未来だけが知っている。(pp. 137-138/二〇九頁)

すでに述べたようにアメリカでは革命による自由の創設に先行して貧困からの解放が進行していたとアレントは見ています。したがって、アメリカにおいては「社会問題」は貧しい民衆にパンをという直接的な要求のかたちではなく、より多くの富、より豊かで満ち足りた生活をという願望として表れてくることになります。とりわけ一九世紀後期から二〇世紀初期にヨーロッパから渡ってくる大量の移民は、アメリカ建国当初の理想を揺るがすことになります。

問題は、貧困を絶滅するための闘いが、ヨーロッパからのうちつづく大量移民の影響でますます貧民自身の勢力下に入ることになり、したがって、自由の創設を鼓舞していた原理とは異なる、貧困から生まれた理想の指導の下に委ねられるようになったという点にあった。(pp. 138-139/二

一〇頁）

アメリカ革命の指導者たちにとって「自由」はもちろん貧困な生活のもとでは実現しえないものであったけれども、同時にまたそれは「贅沢」とも両立しないものと考えられていました。ジェファーソンをはじめとする建国の父たちが堅持しようとしたのは質素と「生活態度の素朴さ（simplicity of manners）」でした。しかしながらヨーロッパから流入する貧しい移民たちにとって、アメリカは――政治的な意味における――「自由」の地というよりは、富と繁栄に満ちた「約束の地」でした。移民たちにとっての「アメリカの夢」はアメリカ革命が追求した「自由の創設」でも、フランス革命の「人権」でもなく、より以上の富、より豊かな生活だったのです。

貧しい人々の隠れた願望は、「各人は必要に応じて」ではなく「各人はその欲望に応じて」受け取ることである。必要が満たされた人々にのみ自由は到来するというのも真実なら、自分の欲望に専心している人々に自由はやってこない、というのもまた真実なのである。（p. 139／二一一頁）

マルクスは有名な『ゴータ綱領批判』（一八七五年）の中で、革命直後の古い社会の遺制を残している共産主義の低い段階では人々は自分の労働量に等しいだけの消費手段を受けとるにとどまるけれども、生産力が高度に発展した段階では「各人は能力に応じて働き、必要に応じて受け取る」ようになるだろうと述べていました。(7) アレントのここでの発言は明らかにマルクスの定式に対する批判が意図されています。どんなに生産力が発展して豊かになったとしても、人々はいまより以上の豊かな生活を追い求め続けるだろう。近代のテクノロジーがもたらしたアメリカ社会の富と繁栄は、アメリカ建国の父たちの意図をはるかに超えて、人々の欲望を解放するようになった。それはアメリカ革命が打ち建てた自由の領域を掘り崩しつつある。近代のもたらすこうした問題に取り組んだのが、「マルクス草稿」から生まれたもう一つの作品である『人間の条件』になります。

フランス革命以来の「貧困からの解放」という理念にアメリカ社会も直面している。貧しい人々の夢の実現、より多くの富を求める欲望の解放に向かって邁進するのか、それとも公的幸福、政治的自由を支える精神を再生させるのか、アメリカは大きな岐路に立たされているとアレントは考えたのでした。この章の末尾はこう結ばれています。いずれ私的な幸福が市民の公的関心を凌駕するようになるだろうというクレヴクールの予想は正しかった。家族の幸福を求める「普通の人々（common man）」の名において、ジョン・アダムズの言うような「公的な徳」などはたんなる虚栄にすぎないとして、彼らが享受している「自由」を獲得してくれた革命の指導者たちが「貴族」として非難されるようになる。革命の担い手としての「市民」から一九世紀の「社会」の私的個人への転化は、フランス革命の「公民（citoyen）」と「ブルジョワジー」との対比でしばしば語られるが、いまや人々は公的政治的な領域から、個人の内面へと撤退しているように見える。だが、人間の自由の砦とされるこの領域において、公的な関心をもつ「市民」を追い出して自由を確保したはずの人々は、いまや「社会」そのものからの脅威——J・S・ミルが強調する個性に対する多数者の専制——の危険に直面している。一九世紀のリベラリズムのこうした構図は二〇世紀の今日をも規定しているのである、と（p. 140／二一二—二一三頁）。[8]

第四章　革命の課題としての憲法 ：第四章「創設(1)」

1　「自由の創設」としての憲法

「解放」と「自由」

このようにフランス革命の指導者もアメリカ革命の指導者も、ともに「公的なもの」への関心から——フランスの場合には「公的な自由」の実現のために、またアメリカの場合にはすでに経験していた「公的幸福」のために——活動していたのでした。そしてそのことが、もともとは「復古」、すなわちかつて臣民が獲得していた権利と自由を回復するためにはじまった運動を「革命」という、それまでになかった現象へと導いていったのです（p. 141／一二二頁）。それにもかかわらず、アメリカ革命とフランス革命の二つの革命のもたらした結果が異なるものになった理由はどこにあったのでしょうか。アレントはこう述べています。

近代的条件のもとでは、創設の行為は憲法作成と同じことである。そして独立宣言がアメリカ各州の憲法起草の先例となって以来——それは連邦憲法、合衆国の創設を準備し、それをもって終わった一過程であった——憲法制定会議の招集はまったく適切にも革命の品質証明となっている。このアメリカの先例が大いに力となって、憲法が起草され国王の権力がそれを正式に認めるまでは解散しないと第三身分が誓った有名な球技場での誓いが行われたということは当然考えられることである。しかし、もう一つやはり革命の品質証明として残っているのは、フランスにおける最初の憲法を待ち受けていた悲劇的な運命である。すなわちフランス最初の憲法は、国王の受諾はもとより、国民に委託されて承認されることもなかった。もっとも、国民議会の審議に集まって怒号や声援を送った聴衆たちが人民の憲法制定権力、あるいは憲法承認権力の妥当な表現であったというのであれば別であるが。いずれにせよ一七九一年の憲法は人民よりは学者や専門家に興味のある一片の紙にとどまったのである。その権威は、それが実施される以前にもう崩壊していた。その後次から次へと目まぐるしく新しい憲法がつくられた結果、二〇世紀に入ってからも憲法の雪崩が続き、ついに憲法の概念そのものが見る影もなく分解した。自ら恒常的な団体であると主張していたフランス国民議会の代表たちは、人民を背後にして決議をし、審議をすることもなく、人民の憲法制定権力から自ら遊離し、創設者あるいは建国の父となることはなかったのである。(p. 125／一九二頁)

両者の決定的な相違は「自由の創設(foundation of freedom)」としての「憲法」の制定に成功したか否かにありました。すでに述べたように、アレントにとって「自由(freedom)」は、たんなる圧政からの解放(liberation)ではありません。解放を求めて反乱を起こし、かりにそれが旧来の政治体制を崩壊させることができたとしても、「自由」を保障するような新たな体制を打ち建てることができなければ、いずれ反乱は鎮圧されて多かれ少なかれ抑圧的な体制が再建される。事実、多くの革命においては解放がもたらす騒乱が結果的には革命の敗北をもたらしてきたのでした。「新たに獲得された自由の構成（constitution）にまでいたらないような反乱や解放ほど無益なものはない」（p. 142／二二四頁）。アメリカ革命においては本国からの独立のための解放戦争と新たな国の建設――独立宣言に続く一三州の憲法制定――が切れ目のない連続的な過程として遂行されたのでした。フランス革命においてロベスピエールが共和政の樹立を目指した際にも、おそらくアメリカ革命のそうした経緯が影響を与えているとアレントは見ています。

アメリカ革命の特質についての無理解あるいは誤解の原因の一つは、この「自由」と「解放」との混同にあります。政治の公的舞台で起こった出来事の経緯を物語ろうとする歴史家は、革命の劇的な局面、旧体制の軛《くびき》からの「解放」に着目するために、往々にして建設の側面が見過ごされる(1)。いやむしろ多くの挫折した革命の経緯から新たな体制とその憲法の作成の本質を、本来の革命の発展を阻止する反動として捉える傾向がある。そうした見方からすれば、合衆国憲法は反革命のもたらした結果であると理解されることになります（p. 142／二二三―二二四頁）。

立憲制と「市民的自由」

しかしながら、「自由」と「解放」を区別して、アメリカ革命を旧体制たるイギリス本国の圧制からの「解放」という観点から解釈するという誘惑に打ち克ったとしても、ここにはさらにもう一つの難問があるとアレントは指摘しています。すなわち、アメリカ革命の成果として成立した憲法――州憲法ならびに合衆国憲法――に定められているのは、憲法によって保障されるべき「市民的自由

(liberties)」であって、人民の新たな革命的権力の形成そのものについての規定ではなかったという事情です。アメリカ革命においても憲法それ自体は、政府の権力を制限して、政府の圧制から「市民的な自由」の保護を課題とするものと観念されていたのでした。

問題は、統治権力の制限による「市民的自由」の保護という「立憲制」の観念が、近代革命とは無関係の由来をもっているところにあります。西洋における立憲的統治は「制限君主政」、法によって君主の権力行使を制約する試みから生まれてきました。その起源をマグナ・カルタのような古い時代にまでに求めるか、近代的な中央政府の成立とその抑制が問題になる段階からに限定するのか議論はありますが、いずれにせよそこで問題とされていたのは「公的自由（freedom）」ではなく「市民的自由（liberties）」でした。法の支配の下での制限君主政あるいは立憲君主政と、そこから逸脱した「暴政」（僭主制：tyranny）とが区別される。独立宣言においても、本国政府の「暴政」からの解放と「市民的自由」が謳われているように、アメリカ革命も当初は「古来からの」自由の回復をもたらすべきものと考えられていたのでした（pp. 142-144／二二四―二二五頁）。

憲法とその課題が「自由（freedom）」の構成ではなく、「市民的自由（liberties）」の保護とされていたこと、これがフランス革命とそれ以後、一九世紀から二〇世紀にかけての体制転換をともなう一連の政治的激動における最大の難点だったとアレントは見ています。「憲法」がもっぱら権力を制限するものであると理解されたために、既存の体制を打破する革命勢力は「自由（freedom）」の構成を達成することなく革命の永続化を目指すか――ロシアや中国の革命におけるように、そこでは革命政権の無制約の権力行使が常態化することになります――、あるいは革命が敗北した後に権力を掌握した――多かれ少なかれ旧支配層からなる――政権が革命を阻止するために憲法を制定することになるという悪循環が生まれてきたのでした。そこには「憲法」の概念についての混乱があると言うのです（p. 144／二二五―二二六頁）。

「憲法」とは何か

憲法を指す英語の〝constitution〟には「構成する」という意味が含まれているように、自らの権力を構成すること、設立すること、これがアレントにとって憲法の本義でした。アメリカ革命においてもフランス革命においてもそうした「憲法」の本義にしたがって憲法制定のための人民の代表会議を設立しています。「憲法は政府の行為ではなく、人民の行為である」というトマス・ペインの発言(2)を引きながらアレントはこう述べています。

したがってアメリカでもフランスでも、憲法起草をその唯一の仕事とする憲法制定会議や、そのための特別の会議を招集することが必要だったのであり、そしてまた、草案を人民のところへ持ち帰って、タウン・ホールの集会で連合規約の条項を一つ一つ討議に付すこと、そして後には〔合衆国〕憲法の条項を州議会で検討させることが必要だったのである。その理由は、権力が適切かつ十分に制限された州政府を設立するには一三の植民地の地方議会では信頼するに足らなかったからではまったくなく、憲法制定会議の人々（the constituents）にとって「人民が政府に憲法を授けるのであって、その逆ではない」ということが行動原則となっていたからである。（p. 145／二二七―二二八頁）

フランスでは第三身分の代表で構成された「国民議会」が一七八九年七月九日に「憲法制定国民議会（Assemblée nationale constituante, Assemblée constituante）」と改称して、憲法の制定の準備に入っています。アメリカでも、独立宣言採択後に一三州の同盟を形成する「連合規約」が一七七七年に採択されますが、その際にはタウン・ホールでの討議にかけられ、さらに連合規約を改定して合衆国憲法を制定する段階においても、一七八七年五月二五日から九月一七日にかけてフィラデルフィアで開かれた憲法制定会議で作成された連邦憲法の草案を各州議会で批准するという手続きがとられています。合衆国憲法の制定にあたっては、各州の連合体としての連邦の権限の拡充、中央政府の強化を推進しようとするハミルトンやマディソンらの「連邦派（Federalists）」と、連邦を構成する各州の自律性を維持しようとする「反連邦派（Anti-Federalists）」とが対立していましたが、「連邦派」も含めたアメリカ建国の指導者たちは――立場はそれぞれ異なっていても――憲法というものがその政治体の構成員自らによって定められるものであること、いやまさにそうした政治体を構成することそのものであるということは、自明かつ共通の前提だったのでした。憲法の本質が政治体の構成員たる人民の構成行為にあることが十分に理解されずに、もっぱら権力とくに王権に対する抑制原理として理解されてきたことがその後のヨーロッパにおける「立憲制」の試みを――事実として「自由の構成」が定着していた英米系の諸国を除いて――挫折させた原因でした。本節の終わりでアレントはこう指摘しています。

短命に終わった戦後ヨーロッパの憲法、その先行者たる一九世紀の憲法の指導原理は権力一般に対する不信と、とりわけ人民の革命的権力への恐怖であったから、それでもってアメリカ憲法と同じような統治形態、恒久的な連邦を設立するに足る強力な権力原理を発見したという確信か

ら生まれたそれを構成できると信ずるのは、憲法という言葉に欺かれているにすぎない。(p. 154／二四〇頁)

アメリカの権利章典とフランスの人権宣言

それではヨーロッパの憲法制定とアメリカ革命とを分けた事情はいったい何であったのでしょうか。アレントはこう述べています。権力に対する不信においては、アメリカ建国の指導者たちも一九世紀、二〇世紀の憲法作成者たちに決して劣ることはなかった。人間性に対する不信から、権力を握る人間とその衝動を抑制するためにも立憲的統治が必要であることは一八世紀の共通認識となっていた。ただしマディソンが述べていたように「社会」の内部から起こってくる市民の権利と自由(liberties)に対する脅威に対処するためには、むしろ公的な統治権力によって個人や少数者の権利を社会の多数者から擁護することが重要であると彼らは見なしていた(pp. 146-147／二二九—二三〇頁)。その意味においてアメリカ革命の指導者たちは、後に一九世紀のリベラリズムが問題にする「多数者の専制」の問題をすでに認識していたということになります。

ともあれアメリカ建国の指導者たちにとって憲法は、大陸ヨーロッパにおけるような——もっぱら「市民的自由(liberties)」を擁護するために公権力に対する抑制・統制に集中する——消極的な性格のものではなかったのでした。

創設者たちの心を占めていたのは「制限された」法による統治という意味での立憲主義ではなかった。この点において彼らの意見は完全に一致しており、それ以上の議論や解明の必要はないほどであった。イギリスの国王と議会に対する反感が国中で最高潮に達していたときでさえ、彼らは、自分たちが絶対君主ではなく「制限君主政」を相手にしているという事実をともかく知っていた。彼らがこの政府からの独立を宣言したとき、そして国王への忠誠を破棄した後では、彼らにとって主要な問題は権力をどのように制限するかではなく、どのようにして権力を樹立するかであり、政府をどのように制限するかではなく、どのように新しい政府を創設するかということだった。独立宣言の直後に国中を巻き込んだ憲法制定の熱狂は権力の真空状態が拡がるのを阻止したし、新たな権力の確立のためには権利章典（the bills of rights）に依拠することはできなかった。権利章典は権力に関しては本質的に消極的であったからである。（pp. 147-148／二三一頁）

アメリカ革命の指導者たちがまず念頭においていた課題は、法によって制限された政府という意味での立憲主義ではなく、あらたな政府の構成とそのための権力の創出でした。その背景には、独立革命が当の相手としたイギリスの体制が、議会とその制定した法によって王権が制限される「制限君主政」に属するものであったという事情があります。彼らはすでに本国イギリスの立憲的な統治の下でイギリス人が享受していた諸権利をアメリカ植民地の市民に——非英国あるいは非英国系の移民たちも含めて——拡大することを求めたのでした。その意味において彼らは、後にフランス革命の人権宣言を痛烈に批判することになるエドマンド・バークが擁護していた「イギリス人の権利」を継承しています。独立革命の最中の一七七五年三月二二日にバークはアメリカ植民地との和解を主張した有名な議会演説で、われわれイギリス人は「自由の血が脈打っている国民」であり、だから彼らを奴隷にすることはできないと述べていました(3)。アメリカ革命の指導者たちは、バークが主張していたイギリ

ス人に対する権利保護の実効性を継承しながらその適用範囲を拡大しようとしたということになります。(4)

そうした観点から見るならば、通常は連続的な革命における権利宣言の系譜として位置づけられる新旧両大陸における一連の宣言、アメリカ革命における市民の権利の宣言である「権利章典」とフランス革命における「人間の権利」の宣言は、その性格が基本的に異なっています。

> アメリカ的立場が実際上宣言しているのは、全ての人類は文明化された政府を必要としているということ以上のことではない。これに対して、フランス的立場は、政治体から独立して、政治体の外部に権利は存在すると宣言して、さらにこのいわゆる権利、すなわち人間としての人間の権利をば市民の権利と同一視している。ここでの文脈では、人間の諸権利という観念そのものに内在する難点について強調する必要はないだろう。そうした人間の権利の宣言や布告、列挙はただちに実定法や国の法に具体化されることはなかったし、その国に住むことになった住民に適用されることもなかったという点で残念ながら効果はなかった。これらの権利は決して国民の権利におよばないものたらざるをえず、ただ市民としての正常な権利を失った人が最後の拠り所としてそうした権利に訴えただけだった、というのがいつでもそれにともなう困難であった。(p. 149／二三二―二三三頁)

すべての人間が生まれながらに有している人間の権利を厳かに宣言したフランス革命の人権宣言が実際には市民の権利の保障として実効性をもたなかったのに対して、アメリカ革命の指導者たちがイギリス本国から継承したのは、実効的な市民の権利保護のための憲章であったのでした。

権力の構成

しかしながらこの「権利章典」も「権力に関しては消極的」である点において「新たな権力の構成」という課題そのものを解決するための基礎にはなりません。そこで建国の指導者たちが参考にしたのがモンテスキューの理論でした。

この問題についての自分たちの無知をよく弁えていたので、彼らは歴史に目を向け、ほとんど衒学趣味に近い慎重さで共和政憲法についてのあらゆる先例を、古代から近代にいたる現実のまた仮説上のそれを蒐集した。無知を晴らすために彼らが学ぼうとしたのは、市民的自由(liberties)の保護ではなく――この問題ならばこれまでのどの共和政の人々よりも彼らの方がよく知っていた――権力の構成についてであった。モンテスキューが大きな魅力をもっていたのもこのためである。アメリカ革命に果たしたモンテスキューの役割は、フランス革命の進路にルソーが与えた影響力にほとんど匹敵する。〔…〕その理由はまさしくモンテスキューが――創設者たちが政治的な知恵を求めた源泉の中でも唯一彼だけが――権力と自由は同じものだと主張したところにある。概念的にいえば政治的自由は「私は意志する」ではなく「私はできる」ということにあり、それゆえ政治的領域は権力と自由が結びつくかたちで構成されねばならないというのである。モンテスキューの名前が実際にあらゆる憲法論争でもちだされるのはそのためである。

(pp. 149-150/二三三―二三四頁)

すでに「マルクス草稿」のところで述べたように、西洋政治哲学の伝統の中では例外的に、モンテスキューは古代ギリシア・ローマの政治的経験の意味を理解して、これを理論の基礎に据えたのでした。アメリカ建国の指導者たちは、自らの公的領域における活動の経験を確証してくれる理論をモンテスキューの内に見いだしたのです。その焦点は「市民的自由」——権力からの私的生活や権利の保護——ではなく「政治的な自由」を構成する方法にありました。政治的な意味における「自由」とは、積極的に何かを行うことができるという意味での「権力」とほとんど同義であるとモンテスキューは主張したのです(5)。それはまったく新しい権力の概念の発見でもありました。

その発見をひと言で表せば、「権力を止めることができるのは権力」だけだということになるが、これは権力分立の全構造の基礎にある忘れられた原理を言い尽くしている。ただし、それによって権力が破壊されることはないし、権力に無力が取って代わることもない、とつけ加えねばならない。もちろん権力は暴力によって破壊することはできる。専制支配の場合にはそうしたことが生ずるが、そこでは一人の者の暴力が多数の者の権力を破壊する。したがって、モンテスキューによれば専制（tyrannies）はいわば内側から破壊されるのである。それは権力の代わりに無力を生み出すがゆえに滅びるのである。（p. 151／二三五—二三六頁）

ここで言う「権力（power）」は「暴力（violence）」とは異なる現象です。アレントの定義によれば、「権力」とは、複数の人間が共同して行動するところに生まれる力であり、そのように共同して行動する能力のことです。アレントは後に「暴力について」という論文で、通常われわれが「権力」の内に含めて理解している「暴力」や「強制力」などの現象と本来の「権力」との区別と関連について論じています。[6]したがって「権力」とは複数の人間の関係性の中ではじめて生ずる力であり、一定の人々が共同して行動するときに生まれる集合体に帰属する力のことを意味します。個人に帰属する能力としての「力」や武器などを用いて行使される「暴力」はそうした力を生み出すことはできません。民衆の集団的反乱が支配層の「暴力」に勝ることがあるのもここに理由があります。支配層の「暴力」はむしろ彼らが「権力」を喪失した結果だとアレントは述べています。もっとも民衆の側の武装蜂起などによって内戦状態になれば「暴力」手段の優劣によって決着がつけられることになりますが、いずれにせよ「暴力」的な手段で「権力」の基礎である人間集団の結束を破壊することはできても、新たに「権力」を創り出すことはできません。

そうした「権力」の観念に立つならば、法によって「権力」を抑制するという立憲主義の発想はそもそも「権力」のとらえ方に根本的に問題がある、ということとなります。

> われわれは権力を法によって抑制できると考えたがるが、少なくとも確実にはそれを抑制することはできない。というのもその場合に立憲政府、制限政府、合法的政府で抑制された権力と言われているものは実際には暴力、多数の者の権力を独占することによって倍加された一人の人間の力（strength）にすぎないからである。これに対して法はつねに多数者の権力によって廃止される危険にさらされている。法と権力の間で法が勝利することはめったにない。だがかりにもし法が権力を抑制できると仮定したとしても――真の民主的な政府はそれが最悪のそして最も恣意的

な専制に堕落するのでなければみなこの仮定に依拠せねばならないのだが——、法が権力に課する制約はその能力を減退させることになるだけである。権力を損なわずに権力を阻止できるのは権力だけである。それゆえに権力分立の原理は政府の一部による権力の独占に対する保障を与えるだけでなく、たえず新たな権力を生みだしながら、その権力が増大しすぎ拡大しすぎて他の権力中枢や権力の源泉を損なわないような仕組みを統治機構の中心部に組み込むのである。（pp. 151-152／二三六―二三七頁）

立憲主義こそが近代憲法の根本原則であり自由の防波堤であるという常識的理解からすれば、法によって権力を抑制することはできないというアレントの主張は、いささか理解しにくいかも知れませんが、われわれが通常法によって抑制しようとするのは「暴力」であって「権力」ではないというのがここでの要点です。人間の集合的な行動によってつくり出される「権力」は法によっても抑制することはできない。権力を阻止し抑制できるのは権力のみである。モンテスキューの「権力分立」の理論、諸権力の均衡による相互抑制という構想も、人間の関係性そのものから形成される力としての権力概念に基づいている。専制支配者の暴力は複数の人間によって構成される権力を掘り崩して、政治空間そのものを解体する。複数の人間の関係の中で生み出される権力は、そうした関係性の中でしか抑制することができないし、維持することもできない。言いかえればそうした関係性の中で生まれる複数の権力は互いに抑制し合うと同時に、権力そのものを維持し増大させる。モンテスキューの権力分立の理論の内にはそうした洞察が含まれているとアレントは言うのです。合衆国憲法の創設者たちによる連邦制の構成もまた、そうした権力についての観念に基づいていたのでした。

創設者たちにとって主要な問題は、一三の「主権」、すなわち正式に構成された共和国からいかにして連邦（union）をつくり出すのかということであった。彼らの課題は——モンテスキューから借りてきた当時の言葉で言えば——外政における君主政の利点と内政における共和政の利点を調和させるような「連邦共和国」の設立であった。そして憲法制定のこの課題のうちには市民的権利という意味での立憲制の問題はもはや含まれていなかった——もとより権利の章典は修正条項、すなわち必要な補完物として憲法に取り入れられたけれども——。問題となったのは、連邦の権力と、その部分である正式に構成された州権力とが互いの力を減殺したり破壊したりしないような抑制と均衡の権力の体系を確立することであった。（p. 152／二三七—二三八頁）

彼らが目指したのは、州の権力が相互に減殺し合うのではなく、結び合うことによって新たな権力を形成する「連邦共和国」の創設でした。「共和国」のモデルがもともとは古代ギリシアやローマの都市共同体であったことからわかるように、従来「共和政」は比較的小規模な都市や地域にのみ適用可能であるというのが一般的な見方でした。モンテスキューもしばしばそうした見解を示していたのですが、アメリカ革命の指導者たちは、モンテスキューからもう一つの示唆を引き出します。ハミルトンは『ザ・フェデラリスト』第九篇で、モンテスキューを引用しながら次のように述べています。

しばしば小さな領土という点を強調して引用されている著者〔モンテスキュー〕の真意は、連合に加盟する多くの邦の規模を小さくすることを強調しているのであって、別に加盟邦すべてが一つの連合政体のもとに包含されることに反対しているのではないことを指摘すれば十分であろう。そして、これこそ、現在われわれが関心をもっている議論の本当の争点なのである。

モンテスキューの提言は、諸邦全体の連邦（Union）に反対してなどおらず、民主政のおよぶ範囲を拡大し、君主政の利点を共和主義の利点と調和させるための方法として連合共和国（CONFEDERATE REPUBLIC）を好意的に捉えている。

「もし、人間が、共和政体のもつ対内的な利点のすべてと君主政体のもつ対外的な力とを兼ね備えているようなある種の国制を考えつかなかったならば、人間は、結局、ある一人の人物の統治のもとに常に生きざるを得ないでいたということは十分に考えられる。わたしが述べているのは、連合共和国（CONFEDERAER REPUBLIC）のことである[7]」。


小共和国として構成された州を相互に結びつけることによって、たんなる「同盟（alliance）」関係にとどまらない一つの「政治体」をつくり出すことができれば、広い領域をもつ国に適用することができる。アメリカ建国の父祖たちは、新たな権力原理の発見とそれに基づく連邦共和国の建設によって、それまでは比較的小さな領域においてはじめて可能だと考えられていた「共和政」の原理が広い領土をもつ国においても適用可能であることを示したのでした（pp. 152-154／二三八―二三九頁）。

アメリカにおける「共和国」建設の経験は、ヨーロッパ大陸における共和政憲法の手本とされることになります。しかしながらそれは権力についての新たな考え方やその背後にある政治活動の経験を抜きにした模倣であったがゆえに失敗したのでした。

2　憲法制定と「絶対者の問題」

ヨーロッパにおける絶対主義の遺産

もとよりヨーロッパにおける憲法についての誤解にはそれなりの根拠があるとアレントは見ています。すでに述べたように近代革命の指導者たちが当初目指していたのは古代の「自由（リバティ）」の回復でした。革命の進展が「フリーダム」という意味での新たな「自由」を課題として要請するようになった段階でも、彼らはそれを「リバティ」という古い言葉で語ろうとしていたのでした。それとまったく同じことが「権力」についても生じたのです。革命が、かつて臣民が享受していたはずの「自由（リバティ）」の回復として語られたように、かつての「権力」と「権威」が何らかのかたちで再建されなければならないと考えたのでした。

この点でアメリカ革命は幸運に恵まれていました。アメリカでは革命が本国イギリスの「制限君主政」を相手に、そこで保障されていた臣民の権利を基礎に新たな独立政府を設立するというかたちで行われました。モンテスキューの権力分立論が模範としたのもフランスの絶対王制ではなくイギリスの立憲君主政でしたから、これをアメリカ革命の指導者たちが継承したのは当然のことでした。

これに対してフランス革命が相手にしたのは「ローマ帝国の最後の数世紀にまでさかのぼる」絶対主義の遺産になります。そこでは主権者たる君主の権力は「法を免除された権力（potestas legibus soluta）」として、絶対的なものとされる。革命が打倒の対象とした権力の性格に規定されて、その目標も絶対的な主権の設立に向かうことになったのでした。シェイエスのいわゆる憲法制定権力の理論が、主権者たる国民を法の上において、自ら法を設定する存在としたのもその反映であったし、ルソーの一般意志がフランス革命のすべての党派の公理となったのも、それが絶対王制における君主の意思を理論的に置き換えたものだったからです（pp. 154-157／二四一—二四四頁）。

> 問題の核心は、立憲的に制限された国王とは異なって、絶対君主は、潜在的に永遠に続く国民の生命を代表していたということだけではなかった。「王が亡くなられた、王よ永遠なれ」という言葉が実際に意味していたのは、国王が「それ自身永遠に生きる法人（Corporation）である」ということだが、問題はそれにとどまらない。国王は法と権力が一つのものとなる神的な起源を地上において体現していた。王の意志は神の意志をこの地上の世界で代表するものとされていたから、法と権力双方の源泉であった。この同じ一つの源泉が法に権力を与えるとともに権力を正統なものとしたのである。（p. 156／二四三頁）

絶対君主は国民の永遠の生命を体現するものであると同時に、神の意志の地上における担い手とされていました。国王はその自然的な肉体とともに「政治的な肉体（body politic）」を併せ持っている。中世ヨーロッパにおけるそうした観念の由来を検討したエルンスト・カントローヴィチの『王の二つの身体』（一九五七年）をアレントはここで引き合いに出しています[8]。フランス革命が君主の首を切り落として人民をその座につけたときに、君主がもっていた属性、あらゆる権力と法の神秘的な源泉という性質は人民とその主権に引き継がれたのでした。

ただしアレントの重点は右の文章の後半に置かれていることに留意が必要です。すなわち、国民という政治体（body politic）を体現するところに国王とその権力の神秘的性格の源泉があるだけでなく、そうした同じ一つの源泉によって「権力」と「法」の根拠が求められているところにアレントは問題を見ているのです。「権力」と「法」の関係をめぐる問題、これは中世においては「権力」と「権威」の関係というかたちで論じられてきた問題なのですが、この問題について、アメリカ革命とその指導者たちは、フランス革命が継承したヨーロッパ中世からはじまり絶対王制の絶対的主権にいたる解決とはちがったかたちで解決を試みたということ、これが以降第五章にいたるアレントの議論の大まかな筋道になります。

「絶対者」あるいは「権威と権力」の問題

アメリカ革命が一連の幸運な事情、大衆的貧困を知らずに、自治の幅広い経験を有していた人々によって行われたこと、しかも絶対主義的な君主政を打倒の対象にするものではなかったことのおかげで、フランス革命のような絶対的な主権の設立という理論的な問題に正面から向かわずに済んだとしても、そこには「絶対者の問題」が依然として残されているとアレントは見ています。

もしアメリカ革命がなかったら、絶対者の問題が革命に必ず現れるということ、すなわち絶対者の問題は革命の出来事それ自体に固有のものであるということは知られなかったであろう。

（p. 158／二四五頁）

フランス革命に始まるヨーロッパ大陸における一連の革命とアメリカ革命との相違をもたらしたの

は、ヨーロッパにおける絶対主義的な君主政の存在であったから、すべての原因を絶対王制の遺産に求めるというのはわかりやすい結論である。だが絶対王制から革命が継承した主権の観念を否定したとしても「絶対者の問題」はそれ自体として残されている。つまり「絶対者の問題」を考える際にはヨーロッパの絶対王制の主権の絶対性の観念に惑わされてはならないと言うのです。

ヨーロッパの絶対主義は「世俗化」の過程、宗教的権威、教会の権威からの世俗的権力の解放の過程の一環として位置づけられますが、そもそも中世のカトリック教会と教皇がその権威の下に世俗的支配者の権力を従えるようになったのは、ローマ帝国の崩壊によってその政治的・世俗的な責任を肩代わりせざるをえなくなったからなのでした。世俗的・政治的権力の解体状況の中でキリスト教会という宗教的な権威が世俗的権力を認証しそれを支えるという一つの――西洋に固有の――解決が生まれます。世俗的な領域の勃興にともなって登場する絶対主義は、失われた宗教的な認証の代替物を国王の人格あるいは王制の制度のうちに求めたのでした。しかしながら絶対王制による絶対的な主権の観念は本当の意味での「絶対者の問題」の解決ではないとアレントは述べています。

宗教と宗教的権威が世俗的領域に与えていた特別の認証を、絶対主権に単純に置きかえることはできなかった。絶対主権は超越的な彼岸の源泉を欠いていて、暴政と専制に堕落するほかはないからである。だから、君主が「教皇や司教の靴を履いた」といわれるとき、彼は教皇や司教の役割を引き受けたわけでもないし、その神聖さを受け継いだわけでもなかったというのが本当のところである。主権や君主の神聖な権利についてさまざまな理論が新たに考案されたにもかかわらず、政治理論の用語でいえば、国王は教皇の後継者ではなく簒奪者であった。世俗化とは世俗的領域を教会の後見から解放することを意味するが、それは不可避的に、新しい権威をどのようにして創設し、構成するかという問題を提言した。新しい権威なしには、世俗的領域はその自身の新しい威厳を得ることはおろか、教会の保護の下に維持していた継承的意味すら失っていただろう。理論的にいえば、絶対主義はこの権威の問題をいわば新しい創設という革命的手段に訴えることなしに解決しようとした。いいかえれば、絶対主義は、与えられた手段の枠の中でこの問題を解決したのである。(pp. 159-160／二四七―二四八頁)

すでに第二章「フランス革命と「社会問題」」のところで紹介したように、アレントはナザレのイエスと後の神話化されたイエス・キリストに対する信仰とを区別していますし、キリスト教のような超越的な神に対する信仰が政治をはじめとする人間の営みにとってもつ意味についてアレントがどのように考えていたかについては別に検討が必要でしょう。そうしたキリスト教についての評価はともあれ、中世ヨーロッパにおいてキリスト教と教会が人々の間にもっていた「権威」を、絶対王制はほんとうの意味で継承あるいは復活させることはできなかった。それが主張するさまざまな神聖性や絶対性は結局のところまがいものにすぎなかったと言うのです。ということは、主権の根拠を何か神聖なもの、神秘的なものに求めたからといって、その権威を保障することにはならないし、他方では、世俗的権力の神秘化としてこれを批判してもあまり意味はないということでもあります。まさにその意味において、近世の世俗化過程の結果として生まれてきた絶対主義は、本当の問題の所在を「数世紀の間、覆い隠してきた」のでした(p. 159／二四七頁)。

それでは政治体の設立の際に取り組むべき本当の問題、「絶対者の問題」とはいったい何でしょうか。政治の領域においてある種の絶対者が必要とされるのは、二つの悪循環を切断するためだったとアレントは述べています。

第一の悪循環は「人間のつくるあらゆる実定法は、それに合法性（legality）を与え、「高次の法」として立法行為そのものを超越するよう、そのような外部からの源泉を必要とする」という問題です。

第二の悪循環はあらゆる「始まり」に固有の困難としての"petitio principii"これは「論点先取」と訳され、証明すべき命題がすでに証明のための前提に含まれているという誤謬ですが、新たな政治体を創設する際に、設立のために必要とされる前提条件が創設行為そのもののうちに含まれていなければならないという問題です（p. 161／二五〇頁）。

ここでの説明だけでは二つの悪循環の関係がいささか分かりにくく、そのために本章ならびに次章の議論の展開が見通しにくくなっていますので、少し整理しておきましょう。

まず第一の悪循環は、およそ人間の政治的行為、それが形成する政治体とそれが行使する権力には、何らかの「権威」が伴わなければならない、十分な「権威」をもたない命令は実効性をもたないし、実効的な「権力」を伴わない「権威」もまた無力であるという「権威」と「権力」の問題です。これはあらゆる政治的行為、とりわけ安定的・継続的な政治体の形成にとって必要不可欠だという意味で、政治における根本問題だとアレントは見ています。その「権力」と「権威」の問題を解決するには、何らか超越的な外部の存在が普通は必要とされる。それが中世以来の西洋のキリスト教世界ではローマ・カトリック教会と教皇の「権威」というかたちで保障されてきたわけです。

しかしながらそうした「権威」が解体した——あるいは教皇の「権威」と皇帝をはじめとする世俗君主の「権力」という役割分担が崩れた——結果、まったく新たなかたちで「権力」と「権威」の問題を人々は解決しなければならなくなってきます。第二の悪循環はそうした局面で正面から問題にされることになる。すなわち、人々が新たにつくり出した政治体とその権力が、これまた自らつくり出すはずの法に拘束されねばならないとすれば、法と権力の間の堂々巡りをどう解決したらいいのか、という問題です。この第二の悪循環は、アレントにとっておよそ政治が「新たなことを始める」という行為である以上、すべての政治的な営みに関わるものではあるけれども、とりわけ政治体をまったく新たに設立するという革命の際に正面から問われることになったのでした。

シェイエスと憲法制定権力のジレンマ

フランス革命においてこの問題に一つの回答を与えたのがシェイエスの「憲法制定権力」の理論でした。シェイエスは「憲法制定権力」と「憲法によって制定された権力」とを区別して、「憲法制定権力」たる国民の意志はすべての政府や法を超越した存在であるとしました。国民の意志こそがすべての権力と法を生み出す源泉である。国民は法を定めることによっていわば自らを拘束するのだというこの「憲法制定権力」の論理によってシェイエスは、法に権威を与える、より「高次の法」をどこに求めるのかという問題と、法と権力をめぐる「論点先取り」の問題を一挙に解決したのでした(pp. 162-163／二五二―二五三頁)(9)。

しかしながらこれは法と権力の神秘的な源泉としての絶対君主の属性を、君主が体現するものとされていた国民そのものの内に移し替えたに過ぎないというのがアレントの評価でした。革命の過程で新たな憲法が次から次へと制定されたけれども、政権を握った人々は自らの革命的な法律や命令を何一つ実行できなかった。「多数者(multitude)の意志」などというものは、かりにそれが法的擬制以上のものであったとしても、その定義からしてたえず変動するものであって、これを基盤に構築された建物は砂上の楼閣にすぎない。それでもなおフランスの国民国家が崩壊や破滅にいたらなかったのは、ナポレオン・ボナパルトのように独裁の責任と栄光を一身に担うものが出てきて、彼が「国民の意志」をたやすく操作できたからにほかならない。独裁者の意志に基づく命令が、短期間であれ全国民の一致という仮構を実現できたとしても、国民国家を長期にわたって安定させたのは「意志」ではなく「利害」の一致、一定の集団や団体（corps）や階級がその時々の状況の中で共有する部分的な利益であった。結局のところシェイエスの解決策は真の意味での共和国、「人ではなく法の帝国」を樹立することはできなかった。それは「君主政あるいは一人の支配を、民主政あるいは多数者の支配に置きかえたのである」（pp. 163-164／二五三—二五四頁）。

アレントがここで引き合いに出している「人ではなく法の帝国（the empire of laws and not of men）」というのはジェームズ・ハリントンが有名な『オシアナ共和国（*The Commonwealth of Oceana*）』で用いている言葉で——一六五六年に出されたこの著書を彼は護国卿クロムウェルに捧げています——、アメリカ革命の指導者の一人ジョン・アダムズがマサチューセッツ州憲法起草の際にこれを取り入れて（第三〇条）以来[10]、広く知られるようになった言葉です。「共和政」とは「人の支配」ではなく「法の支配」であるというハリントン＝アダムズの発言を受けて、そこでいう「人の支配」とは「多数者の支配」としての「民主政」（デモクラシー）でもあるとアレントは述べているわけです。

もともと「デモクラシー」は古代ギリシアにおける「民衆（demos）」の「支配（kratia）」から来ている言葉です。「デーモス」とは民衆と同時に区域の名称で、アテナイで門閥氏族の連合体であったポリス共同体が平民にまで政治参加の権限を拡大した際に、血縁ないし疑似血縁的な氏族による編成から地区ごとの編成へと転換される。「民主政」はそうした地域とその住民を基盤とする本格的な政治体の設立でもあったわけですが、他方ではそうした民衆の参加がさまざまな形で弊害をもたらします。耳あたりの良い言辞によって民衆を扇動する「扇動政治家」（デマゴーグ）が登場して、ポリスの重大な政治的決定を左右するようになる。ペロポネソス戦争でアテナイがスパルタに敗北する過程を描いたトゥキュディデスの『戦史』でも、アテナイ民主政の最盛期といわれるペリクレスの時期以降、そうしたデマゴーグの跋扈《ばっこ》が敗北の遠因になったとされています。アリストテレスは政治体制の分類を論じた『政治学』第四巻で、多数者支配の民主政と少数者支配の寡頭制（oligarchy）とが、それぞれ支配者の利益に傾く欠陥を論じ、本来の国制（politeia）は、民主政と寡頭制との巧みな混合、バランスによると論じたのでした。ここでの「ポリテイア」はギリシアのポリス的政治体そのものを指す言葉で、しばしば「共和政」とも訳されています[11]。

つまり古代ギリシア以来の政治思想の文脈では「民主政」（デモクラシー）というのは、多数者の支配、煽動に踊らされる愚かな民衆の支配という否定的な意味合いを帯びた言葉だったのでした。これに対して、多数の構成員の政治参加に基づきながら、その運営や統治が適正なかたちで行われる体制、これを「共和政」と呼び、むしろ「民主政」と対置するというのが、いわゆる「共和主義」の考え方の底流にあります。例えばマディソンはすでに紹介した『ザ・フェデラリスト』第一〇篇でこう述べています。

そうした見地からすれば、純粋な民主政、すなわち少数の市民から構成され、全市民が自ら集会し自ら統治する社会を意味するような民主政は、派閥のもたらす弊害を匡正することができない。というのもそこでは、特定の共通の感情あるいは利害がほとんどあらゆる場合に過半数の者の共鳴するところとなるだろうからである。また、この政治形態それ自体からして、相互の意思の疎通と行動の一致が容易に可能となり、したがってまた、弱小の党派や気に入らない個人を犠牲にしようという誘惑を抑制するものは何もないからである。それゆえに純粋民主政はこれまでもつねに混乱と激論の光景を繰りひろげてきたのであり、個人の安全や財産権とは両立しがたいものとなり、また一般にその生命は短く、しかもその死滅に際して暴力をともなうものとなってきたのである。(12)

建国の父たちをはじめとする一八世紀の人々にとって民主政は少数者を抑圧する多数者の専制をもたらし、ひいては政体の不安定と暴力的な解体に導くものでした。そうした「民主政（democracy）」と対置されるのが、「共和政（republic）」です。

私は共和政（republic）という言葉で、代表という制度をもつ統治構造を指しているが、このような共和政こそまったく異なった一つの展望を開き、かつわれわれが探し求めていた匡正策を約束するものなのである。〔…〕

民主政と共和政の二大相違点は、第一に、共和政においては一般市民によって選出された少数の市民の手に政治が委ねられることであり、第二に、共和政がより多数の市民と、より広大な領域を包含しうることである。

この第一の相違点の結果として〔共和政においては〕一方では世論が、選ばれた一団の市民たちの手を経ることによって洗練され、かつその視野が広げられるのである。その一団の市民たちは、その賢明さのゆえに、自国の真の利益を最もよく認識しうるのであり、また、その愛国心と正義心のゆえに、一時的なあるいは偏狭な考え方によって自国の真の利益を犠牲にするようなことが、最も少ないとみられるのである。このような制度の下では、人民の代表によって表明された公衆の声のほうが、民意表明を目的として集合した人民自身によって表明される場合よりもさらにいっそう公共の善に合致することが期待されるのである。(13)

マディソンが考えている「共和政」の制度的手段としての「代表制」に対するアレントの評価については なお検討の余地が残されていますが、いずれにせよ民主政のもたらす「多数者の支配」の危険に対して、これを公共の観点から抑制する必要という点に関しては基本的に一致しているということができるでしょう。アレントは「多数者の支配」と「多数決」との区別に焦点をあてながら、次のように述べています。

共和政から民主的統治形態へと早い時期に移行したことが、どんなに重大な意味をもっているかを理解するのはなかなか困難である。というのもわれわれは普通、「多数者の支配（majority rule, rule of majority）」を「多数決（majority decision）」と同じものと考えているからである。しかしながら多数決は技術的な工夫であって、有権者全員の集会であれタウン・ホールの集会であれ、あるいは支配者のための顧問として選ばれた者たちの小さな評議会であれ、あらゆる種類の審議機関や討論集会でほとんど自動的に用いられている。いいかえれば、多数決原理は政策決定過程そのものに固有のものであり、したがっておそらく僭主制を唯一の例外として、専制も含めたあらゆる統治形態に存在している。ただし決定がなされた後に、多数派が少数の反対派を政治的に、そして極端な場合には物理的にも粛清する段に進んではじめて、多数決という技術的手段は多数者の支配へと堕落するのである。なるほど、そのような決定は、意志の表現であると解釈することができるだろうし、政治的平等という近代的条件のもとでは、国民の絶えず変化する政治生活を示し、それを代表するものであることは疑いがない。だが問題の核心は、共和政の統治形態においてはそのような決定が行われて政治生活が営まれるのは憲法の枠組みの内部で、憲法の規制に従ってであるということであり、しかもその憲法は、あたかも建物が建築家の意志の表現でもなく、住民の意思に従属してもいないのと同じように、国民的意志の表現でもないし、多数者の意志に従属するものでもないことなのである。（p. 164／二五四頁）

政治的決定の方式としての「多数決」はおよそ複数の構成員によって決定が実際に行われるところではどこでも用いられているが、決定が少数の意見や少数者の存在そのものを否定するかたちで行われるとき、それは「多数者の支配」となる。民主的統治形態の問題はまさにそうした「多数者の支配」に容易に転ずることにある。これに対して「共和政」は、仮構の全体意志の表現でもなく、また全体の意志を僭称する多数者の支配を許さない法の支配が実現している政治体制であり、その場合の法はまた仮構の全体意志の表現でも、多数者の支配に従属するものでもあってはならない。アメリカにおける建国の父たちは、そうした「多数者の支配」を意識的に回避しようとしていたとアレントは言うのです。

3　アメリカ植民地における経験

アメリカにおいてこの「絶対者の問題」、二つの悪循環の解決を可能にしたものこそ、すでに述べた「権力」についての観念でした。

アメリカ革命の大いなる幸運は、植民地の人々が、イギリスと闘争する以前にすでに自治体に組織されていたこと。つまり一八世紀の用語で言えば、革命は人々を自然状態に投げ入れはしなかったし、州の憲法そして最後には合衆国憲法を作り上げた人々の憲法制定権力（pouvoir constituant）について深刻な疑義が生じることはなかったことであった。アメリカ憲法制定にあたってマディソンが要求したこと、すなわち、その「一般的権威を……すべて、下位の諸権威から」引き出すということは、すでに植民地が州政府を設立するときに行っていたことを、全国的な規模で繰り返したものにすぎなかった。州政府の憲法を起草した地方議会や人民会議の代表者たちは、その権威を多数の下位団体、しかるべく権威を与えられた地区（district）、郡（county）、郡区（township）といった下位団体から引き出していた。これらの下位団体の権力を侵害せずに維持することは、とりもなおさず彼ら自身の権威の源泉を維持することなのであった。もし憲法制定会議が新たな連邦権力を形成し、構成する代わりに、州権力を縮小し廃止するほうを選んでいたならば、創設者たちはただちにフランスの同僚たちと同じ難問に直面して、その「憲法制定権力（pouvoir constituant）」を失っていたことだろう。そしてこれがおそらく、強力な中央政府をもっとも強く支持していた人たちでさえ、州政府の権力をまったく廃止してしまうことを望まなかった理由の一つであった。連邦制度は、国民国家の原理に代わる唯一の選択肢であっただけではない。それは、「憲法制定権力（pouvoir constituant）」と「憲法によって制定された権力（pouvoir constitué）」との悪循環に陥らないための唯一の方法であった。（p. 165／二五五―二五六頁）

本国イギリスの政治体制がすでに立憲的政府であったことに加えて、植民地において住民の自治が実行されているという二重の意味でアメリカ革命は幸運な条件のもとで行われました。革命以前のアメリカにおいて人々は自然のままバラバラに存在していたわけではなく、相互に結びあって形成した自治組織を通じて、これまでとはちがった「権力」とその観念を創り出していたのでした。そしてこの新たな権力の概念の提示によって、アメリカ革命は先に述べたような悪循環を回避することに成功したとアレントはいうのです。

憲法制定権力（power to constitute）、すなわち憲法を作成する権力を与えられた人々は、構成された団体からしかるべく選ばれた代表者たちであった。彼らはその権威を下から受けとったのである。権力の中心は人民にありというローマの原理を彼らが堅持していたとしても、彼らが考えていたのは一つの虚構や絶対者、あらゆる権威を超越し、いかなる法にも拘束されない国民ではなかった。彼らが考えていたのは、その権力が法にしたがって行使され、また法によって制限されている組織された複数者という、現実に働いているリアリティであった。共和政と民主政あるいは多数者支配とを峻別するというアメリカの革命的な主張は、法と権力との根本的な分離、両者の起源、正統化、適用範囲の相違に対する明確な認識に基づいているのである。(p. 166/二五七頁)

アメリカ革命の指導者たちの「権力」と「権威」についてのまったく新しい観念、すなわち、権力は下からその権威を引き出し、その行使はおのずから法にしたがって行われるという「権力」と「権威」についての観念は、仮構の絶対者の想定に基づくたんなる理論的要請ではなく、彼らが自ら形成した新たな政治体の経験に根ざしていたのでした。そうした経験的な現実(リアリティ)に基づく「法」と「権力」の相違についての認識に基づいて、「共和政」と多数者支配の「民主政」との区別は出されてきたとアレントはいうのです。

以下の論述では、まず本章の後半で、イギリス植民地で行われた新たな政治体の形成の経験、そこから生みだされた新たな権力の概念がいかなる意味で「絶対者の問題」の解決、政治体の形成にともなう二つの悪循環の解決の方向を示していたのかを明らかにした上で、第五章の「創設(2)」では、アメリカ革命とそこでの連邦共和国の建設が、どのようにして二つの悪循環を解決したのかを検討する、という話の運びになります。

植民信約と「政治体」の設立

新たな政治体の萌芽は、すでに新大陸への植民以前に存在していました。ピルグリム・ファーザーたちがメイフラワー号の船上で行った誓約は有名です。彼らが「信約」を結んだ理由が、たまたま悪天候のためにヴァージニア植民会社の管轄区域から外れたためであったのか、意図的に管轄権に挑戦しようとしたためであったのか議論があるけれども、それは重要ではない、としてアレントはこう述べています。

何れの場合であったにせよ、彼らが明らかに恐れていたのは、いわば自然状態、境界線のない人跡未踏の荒野、法に縛られない人間の無制限のイニシアティブであった。この恐れは別に驚くに値しない。それは、どんな理由であれ、一つの文明を棄てて自分自身の文明をつくりはじめた文明人に当然の恐れだからである。この物語全体のなかで本当に驚くべき事実は、彼らが、明らかに互いに恐れ合っていたにもかかわらず、同時に、それと同じくらい明らかに自分たちが権力をもっていることを確信していたことであった。すなわち他の誰かによって授与されたものでも認可されたものでもなく、また今までのところはまだ暴力（violence）の手段によって支えられたものでもなく、自ら団結して「政治体（civil body politcs）」をつくる権力を。（p. 167／二五八―二五九頁）

文明社会から切り離されて自然のまっただ中に置かれていた彼らが直面していたのは未踏の荒野に対する怖ればかりではなかった。自然のままに解き放たれた人間そのもの――いわば自己の内なる自然――に対する恐怖に彼らは向き合っていた。まさにホッブズの「自然状態」、相互不信がもたらす戦争状態に対する怖れにもかかわらず、彼らは互いに結び合うことによって生まれる自分たちの力（power）を信頼していたとアレントは言うのです。既成のいかなる権力や権威にも頼ることなく、暴力に訴えることもなしに、彼らはただ互いに結び合うことで生まれる権力に基づいて一つの「政治体（civil body politcs）」を設立したのでした――ここでの“civil”には市民という意味と教会などと対置される「世俗的な」という意味が含まれています。彼らが定めた政治体の原則は、イギリス国王の勅許状によって確認され認可され、これが一七七六年の独立の際に「人民の権威にのみ従い、いかなる国王や君主からも独立しているこの邦の憲法」として実質的な変更なしに採択されることになります。ヨーロッパの各地から南北アメリカ大陸やその他の地域に植民が行われていたけれども、そもそものはじめから一つの「政治体」を形成するというのは、北アメリカ大陸の植民地で、しかも「英国からの移住者（the British emigrants）」だけが行ったことでした。そしてこれが、アメリカ革命における「共和国」の萌芽となったのです（p. 168／二五九―二六〇頁）。

社会契約の二つの類型

ここでアレントは、入植者たちが設立した「政治体」の特質と、彼らがそのような「政治体」を実際に作りだしたことの意義を明確にするために、一七世紀の社会契約論の二つの類型を整理しています。第一は、相互の約束にもとづく相互契約のタイプで、これは共和政の原理と連邦制の原理をともに含み、恒久的な同盟を可能にする。第二が、孤立した個人が行う虚構的な始原的行為としての契約の類型で、これは「神の前で」政府の支配下に入ることに「同意」するというものです。注意すべきは、この二つの類型いずれもが理論的な仮構であるということです。北アメリカ入植者の実践との関係は後に検討することになります。そのことを念頭に置いた上で、アレントは二つの類型の違いについて次のように述べています。

この二つの社会契約の違いを概略すれば、次のようになるだろう。共同体を形成するために人々が互いに結びあう相互的な契約は、互恵主義（reciprocity）に基づいており、平等を前提としている。その実際の内容は約束であり、約束がもたらす結果はまさしく古代ローマの sociatas という意味での「社会（society）」あるいは「連合（consociation）」である。ローマにおいてこの言葉は同盟（alliance）を意味していた。そうした同盟は「自由で誠実な約束」によって同盟者たちの孤立した力を集めて、それを新しい一つの権力構造へと結びつけるのである。これに対して、すでに存在する一つの社会と権力者との間のいわゆる社会契約においては、社会のそれぞれの構成員の側が仮構の始原的な行為を通じて自分たちの孤立した力と権力（strength and power）を放棄するのである。そこでは構成員は新しい権力、これまでもっていた以上の権力を獲得するどころか、いまある自分の権力を放棄する。彼は約束を通じて自分自身を拘束するのではなく、政府によって支配されることに「同意」するにすぎない。政府の権力というのは、すべての構成員が注ぎ込んだ力（force）の総計にすぎず、政府はすべての臣民の利益のためと称してこれを独占するのである。（p. 170／二六三頁）

構成員が相互に約束を通じて結合するという第一の類型を、古代ローマの「ソキエタス」を引き合いに説明しているところにアレントの関心がよく示されています。すでに「マルクス草稿」に示されていたように、古代ローマの「同盟」に、法に基づく一つの共通世界の観念の出発点があったとアレントは見ているのですが、そこには複数の人間あるいは構成単位が、もともともっていた力を放棄することなしに、むしろ新たな力を生みだすという「権力」の観念が潜在的に含まれていたとアレントはいうのです。まさにそうした相互の約束に基づく契約こそが、アメリカ革命の指導者たちが依拠した「共和政」と「連邦制」の原理を含んでいたのでした（p. 171／二六四頁）。

通説的な政治思想史の理解で言えば、ここでアレントが述べている相互契約に基づく政府の設立の典型はジョン・ロックの社会契約論、統治者に権力を委ねその支配に同意するという論理をつきつめたのがトマス・ホッブズだということになりますが、アレントは二つの類型をロックとホッブズのそれに直接に対応させてはいません。後者の論理がホッブズの「絶対的支配者」の原理を含んでいるということは指摘されていますが、前者の「相互契約」の典型がロックの社会契約論であるとは述べていません。さらにいえば、アレントの議論は、ロックの論理が北アメリカの入植者に影響を与えたということでも、彼らが行ったことはロックとは直接の関係はないけれども事実上その論理を実践に移したものだというのでもありません。この点について少し説明が必要でしょう。

ロックの社会契約論

社会契約の二つの類型の議論に入る前のところで、アレントはこう述べています。いわく、ロックが『統治論』（一六八九年）の有名な一節の中で、「政治社会を開始し実際にそれを構成するものは、いかなる人数であれ多数決に服することができる（capable of majority）自由人が、団結してこのような社会へと自らを組織するという同意に外ならない。そしてこれが、これのみが、世界のあらゆる合法的な政府の始まりであったし、それを可能としたものなのである」[14]と述べたときには、おそらくアメリカにおける事実が影響したのであって、その影響は、かりに『統治論』が植民地の人々に影響を与えていたとしても、それよりもはるかに決定的なものであった、と。

その証拠は――このような問題にともかく証拠がありうるとすればの話だが――ロックがこの「原初契約」を説明する際に、不思議なことに、当時普通に社会契約論でなされていたように、権利と権力の政府あるいは共同体への委譲というかたちで、まるで無邪気に論じているところにある。つまり「相互の」契約ではなく、個人が生命と財産をしかるべく保護してもらう代わりに権力を高い権威に委ねて、支配されることに同意するという合意として説明しているのである。(15)

(p. 169／二六一―二六二頁)

ロック自身、自然状態からの初発の「原初契約」を権力の政府への全面的移譲の論理で説明しているところがある。したがって植民地の人々がロックの理論を実行しようとしたということはまずありえない。順序は逆で、植民地における「政治体」の形成がまず先にあって、おそらくその影響を受けてロックの社会契約論は構想されたと思われるのだが、そのロックにおいても、植民地における「政治体」形成の経験が十分に理解されていなかったことが、ここに示されているというのです。アレントが参照している『統治論』後編第九章第一三一節にはこう書かれています。

しかしながら、人々が社会に入るやいなや、彼らは自然状態においてもっていた平等、自由と執行権力を社会の手に委ねて、社会公共の利益に適うよう立法部の処置に任せるのではあるけれども、ただしそれは各人の自由と所有をよりよく保護するという目的のためにのみなされるのである。[16]

「自由と所有」の保護という後段の条件を踏まえるならば、ここでのロックの議論を、権利と権力の政府への全面的移譲という――ホッブズのような――論理として解釈できるかは疑問が残ります。ただし、第三章ですでに紹介した「公的自由（freedom）」と「私的自由（liberty）」の区別にしたがうならば、ロックも基本的には個人の自由（リバティ）の保障を交換条件として政治的・公的権力の設立を構想している。その意味ではロックの論理もまた革命の本来の目的であった「公的自由」を十分なかたちで捉えていないということになるでしょう。

ロックの議論が権利と権力の全面譲渡という第二の類型に傾いているとアレントが考えるのには、今ひとつの理由があります。

次章のはじめの、政治体とその法の神的起源の問題について論じるところで、アレントは「天に訴える」というロックの議論に言及しています[17]（p. 185／三〇〇頁）。ロックの主張はこうです。自然状態では各人が有している権利が侵害された場合、権利をめぐる争いを裁く裁判官が地上には存在しない以上、彼らは『旧約聖書』でエフタがなしたように「天に訴える」しかない、つまり神に訴えるしかないと言うのです。

ここで「天に訴える」というのは、ただ地上の不正を黙って堪えて、天の神に救いを求めることではありません。『旧約聖書』「士師記」第一一章第二七―三三節はイスラエル人とアンモン人の戦争の事例で、エフタは天の神エホバに両者の争いに正義の裁きをなすように訴えて兵を率いて戦います。「主は彼らをエフタの手に引き渡された」のでエフタとイスラエルは勝利をおさめることができた。

つまり自然状態においては地上に権利の争いを裁く裁判官がいないのだから、自己の権利を擁護すべく戦う。神の裁きはその結果というかたちで下されるだろう。したがって両者の争いを裁くのは神御自身であるが、不正を訴えるかどうかについての判断は人間が自己の良心にかけて決定しなければならないとロックは言うのです（『統治論』後編第一三章第一一節）。

ここから、たんに戦争や不正な戦争に対する抵抗の場合だけでなく、およそ統治を不正な手段で解体するものは、彼が君主であれその他の立法部であれ、人民との間に戦争状態をもたらすのであるから、人民はエフタがしたように「天の神に訴える」ことができるといういわゆる抵抗権の主張が出てくることになります（『統治論』後編第一九章とくに第二四一節）。ただし、エフタの事例が示しているように、自衛のためであれ戦争に訴えるというのは――その時点では神の裁きがどのように下されるかは分かりませんから――よくよくの事情があって、自分とそして共に戦う同胞の生命を賭するだけの義があるとの確信がなければできることではありません。ロックにおいても抵抗権はそう気軽に訴えることの許されないものであったということは注意しておく必要があります。ついでながらつけ加えれば、「士師記」でエフタは天への訴えに際して、「もし主がアンモン人を引き渡されて〔勝利して〕帰還できた時には自分の家の戸口に立っているものを燔祭《はんさい》（生贄）として捧げましょう」という誓約をして、戸口に立っていた自分の娘を犠牲に捧げます。ロックはそこまで言及していませんが、彼にとっても「天の神」への訴えがたんなるレトリックではなかったことは、エフタの事例を述べた末尾に、天に訴えるか否かを決める裁判官は自己の良心だが、はたしてそれが正しかったのか、その責任は最後の審判において、神の前で問われることになると述べていることからも分かります（『統治論』後編第三章第二一節）。

そうした観点から見るならば——ロックの議論のそうした点に着目するアレントから見るならば——、ロックもやはりユダヤ・キリスト教の神、絶対的な支配者としての神の観念のもとに思考していて、彼の自然状態の論理もそうした観念に依拠しているということになるでしょう。

アレントの見るところによれば、総じて植民地アメリカで行われた契約や協約の経験は近代初期のさまざまな社会契約論に先行し、それとはまったく独自なかたちで自らの「政治体」とその権力を人びとがともに形成する過程で生まれてきたのでした。そのことは言いかえれば、ヨーロッパにおける社会契約論の展開は新世界アメリカにおけるそうした経験の裏づけを欠いたものにとどまった、ということでもあります。

ただし植民当初のこの段階の人々には、一五〇〇年の後に本国からの独立と革命を遂行する指導者たちのような、「新たなもの」を意識的に生みだそう、新たな政治秩序を設立しようという意識や熱意はまだ存在していませんでした。革命による「時代の新秩序（novus ordo seclorum）」の建設、これが次章のテーマとなります。

アメリカの植民地の人々が導きの糸としたのが、ロックをはじめとするヨーロッパの社会契約論ではなく、また彼ら自身には何か「新たなもの」を始めるという意図もなかったとするならば、残るは彼らの信仰、とりわけピューリタニズムの影響ということになります。アレントはこの点についても否定的です。『旧約聖書』におけるピューリタニズムの影響という観念が、彼らが結んだ契約や協定に影響を与えたことは考えられる。しかしながら、信者の共同体としての教会を信者の同意に求めるピューリタニズムの理論が、政府の起源を被治者の同意に求める理論の原型になったということが仮に事実だったとしても、そこから構成員の相互の約束と結合に基づく政治体の設立というまったく新しい「権力」の観念を導きだすことはできなかったはずである。『旧約聖書』が示すように神とイスラエルの民の間に契約が交わされ、イスラエルの民がそれに同意したとしても、そこからは——あくまでも相互の約束に基づく結合という——治者と被治者の平等な政治体の設立はでてこない、というのです（pp. 172-172／二六五—二六六頁）。

アメリカ革命の指導者たちの段階においてもある種の絶対者の観念が重要な意味をもっていたのではないか、という問題については次章で検討することになります。

活動の文法と権力の統語法

ともあれ、そうした理論や影響力についての推測から離れて、彼ら自身の残した文書と言葉——それがどんなにぎごちないものであれ——に即して見るとどうなるか、アレントはこう述べています。

彼らを一連の行為と出来事に導いたのは神学や政治学や哲学の理論ではなく、ただ旧世界を後にしてまったく自分たちだけの事業に乗り出そうという決意であった。しかし、もし辛抱強く熱心に心を傾けて、偶然にも、政治活動の文法を発見していなかったら、また人間の権力の興隆と衰退を決定するさらに複雑な統語法（シンタックス）を発見していなかったなら、彼らはそうした一連の行為と出来事の中で滅亡していただろう。この文法も統語法も、西洋文明史では特段に新しいものではない。しかし、政治の領域でこれに匹敵する重要な経験を見いだそうとし、また、歴史的文書の巨大な宝庫の中でこれほど独創的な本物の言葉——月並みな語法や決まり文句からまったく自由な——を探し当てるためには、はるかな過去にまで、いずれにせよ植民地の人々が

まったく知らなかったような過去にまで遡らなければならなかっただろう。(p. 173／二六七―二六八頁)

ヨーロッパの文明の地から離れて自然状態に放り出された彼らは、いっさいの伝統や理論に頼ることなく、自分たちの力だけで市民の――世俗の――政治体とその法をつくりあげた。なるほどそれは自分たちの植民事業を維持存続させるという必要に迫られたものであったけれども、そこには慎重に考え抜かれた配慮があった。革命における自由な政治体の創設の基礎となったそうした経験は、彼ら植民者たち自身はそうと意識していたわけではないとしても、西洋文明がその模範として継承した古典古代ギリシア・ローマにおいて発見されていた政治的な活動の経験であったとアレントは言うのです。

それでは彼らが発見した「政治活動の文法」と「権力の統語法」とはどのようなものであったのか、アレントはこう述べています。

活動の文法(grammer):活動とは、複数の人間の存在を必要とする唯一の人間的能力である。権力の統語法(syntax):権力は、人間が相互に関係するような世界内相互空間(worldly in-between space)でのみ発揮できるただ一つの人間的な力(attribute)である。それは約束をし、約束を守ることによって人々を結束させ創設行為を行わせるのであり、政治の領域における最高の人間的能力ともいうべきものである。[18] (p. 175／二七〇頁)

およそ政治活動とそこでの権力形成のためには必ず習得せねばならない規則があり、彼らはそれを植民地での活動経験から自前で習得したのでした。そしてアメリカ建国の父祖たちのこうした経験こそが、フランス革命の致命的経緯を回避させたのだとアレントは言うのです。

特殊にアメリカ的な経験によって革命の人々が学んだのは、活動というものが、たとえ最初は孤立した個人から始まり、参加を決意した各人の動機はまったく違っていたとしても、共同して努力することによってはじめて完遂できるということであった。この共同の努力においては、一人一人の個人の動機は——たとえば、「望ましからざる連中」であるかどうかというようなことは——問題とされないし、したがって国民国家の場合に決定的な原則となるような過去や起源の同質性は必要とされない。共同の努力が資質の違いも素性の違いもほとんど実質的には平等化してしまうからである。その上さらに、人間の本性に関してアメリカ建国の父たちの驚くほどのいわゆるリアリズムの根源をわれわれはここに見ることができるだろう。人間は社会の中にいなければ善であるというフランス革命家たちの想定、つまるところこれは原初的な自然状態という啓蒙時代の仮構であったけれども、そうしたものをアメリカ建国の父祖たちは無視して通ることができた。この点で彼らが現実的であって、ペシミスティックでさえあったのは、人間というものが、一人の時にどんな存在であっても、互いに拘束しあって共同体をつくることができるし、「罪人」の共同体であっても、人間の本性を反映して「罪深い」とは限らないということを知っていたからである。したがってフランスの同僚たちが諸悪の根源だとする社会状態が、アメリカ建国の父たちにとっては人間の邪悪さや悪徳からの救済のための道理に適った唯一の生活方法なのであった。いわば人間は神の助けがなくても、この現世において自分たちの力でそうした救いに到達できるというのである。(p. 174／二六八―二六九頁)

アメリカ建国の父祖たちはルソーやフランス革命の人々が陥ったような「同情」の危険からは無縁であった。人間の善性を想定するような自然状態の仮構とはほど遠く、むしろ人間の本性については非常に厳しい悲観的な見解を抱いていたけれども、それゆえに――あるいはそれにもかかわらずキリスト教的な原罪論とその論理的帰結に陥ることなく――そうした「罪深い悪人」からでも、神の救いによらず、自分たち自身の力によって共同体を形成し、その限りでは自分たちを救済することができる。アメリカ建国の父祖たちの経験とは、そのような「政治的な経験」であったというのです。ここにはアレントにおける「政治的なもの」の基本的な理解が鮮やかに示されています。

アメリカ革命の人々は植民地の経験を通じて権力の形成をめぐる根本的な問題を解決していたのでした。ただし、革命以前の植民地における彼らの自治的な共同体建設は、本国イギリスの立憲君主政の枠内で行われています。国王の勅許状と、王と議会に対する彼らの忠誠が彼らのつくり出した政治体とその権力に権威を与えている。彼らが自らつくりだした「権力」にはイギリス本国からの「権威」の重みが加わっていたのでした。これが独立革命によって完全に取り払われたときに、文字通りまったく新しい政治体をその根本からつくるという課題に彼らは直面することになります。新たな「権威」の源泉をどこに求めるのか、いいかえれば「絶対者の問題」にどのような解決を与えるのか、アメリカ革命の指導者たちがこの問題にどう取り組んだのかが次章の主題になります。

第五章 「新たなローマ」の創設 ：第五章「創設(2)」

1 権威と権力

これまで述べてきたように、アメリカ革命とフランス革命の決定的な違いは、北アメリカの植民地の人々が見出した新しい「権力」に基づいてました。

したがって、フランス革命の人々が、すべての権力は人民にありと述べたとき、彼らが理解していた権力とは、その源泉と起源が政治的な領域の外部にある「自然の」力（force）のことであり、革命がその暴力を解放して、暴風雨のようにアンシャン・レジームのすべての制度を一掃してしまった力（force）のことであった。この力は超人間的な強さをもつものとして経験されたし、あらゆる拘束やいっさいの政治組織から外れた群衆の暴力が蓄積された結果だと見なされたのである。「自然状態」の中に投げ出された人々にとって、フランス革命の経験が意味していたのは、群衆の倍加された力が貧困の圧力の下におかれれば、制度化され統制されたいかなる権力も抗することのできないような暴力として爆発するということにほかならなかった。しかしこの経験はまた、あらゆる理論の説明とは反対に、そのように倍加された力は権力を生みださないこと、前政治的な力（strength）と暴力が実を結ぶことはないということをも教えたのである。フランス革命の人々は暴力と権力の区別の仕方を知らず、すべての権力は人民から来るものと確信していたので、政治的な領域をこの前政治的な群衆の自然の力の前に解放し、以前に国王や旧権力が一掃されたのと同じように、今度は彼ら自身がその力によって押し流される羽目になった。アメリカ革命の人々はフランス革命の人々とは正反対に、権力というものが前政治的な自然の暴力とはまったく相反するものであることを理解していた。彼らにとって権力とは、人々が集まって、約束や契約や相互誓約を通じて互いに拘束し合うことによって初めて生まれるものだったのである。（p. 181／二九三―二九四頁）

そこで問題は、新たな政治体を永続させるために必要な「権威」をいかにしてつくり出すかということです。

相互の約束によって自らを拘束した人々に根拠をおき、契約によって構成された政治体の中に生きている権力は（群衆の際限のない暴力を解き放つことなしに）「革命を遂行する」ことはできたとしても、「恒久的な連邦（union）」を樹立すること、すなわち、新しい権威を基礎づけるには不十分であった。契約も、契約が依拠するところの約束も永続性を保証するには不十分である。そうした人間の事象に安定を与えるための手段なくしては、彼らの限りある生命よりも長続きするように企図された世界を子孫のために形成することはできないからである。（p. 182／二九五頁）

新たに設立された政治体を永続させるためには「権力」だけでは不十分であって「権威」が必要である。しかもその際に彼らが追求したのは前章で述べたような「共和政」、単なる多数者支配ではない法による自己拘束に基づく統治でした。そうした体制を確立するためには、制定された法に認証を与える「高次の法」が必要となる。アメリカ革命の意義は「法による支配」という体制そのものの存続を保証する仕組みを創り出すことに成功したところにありました。

〔より高次の法という〕そうした必要に直面したにもかかわらず、アメリカ革命の人々がフランス革命の人々、とりわけロベスピエールが陥ったような不条理に立ち至らずにすんだただ一つの理由は、「権力」は下から、人民の「草の根」から生まれてくるのに対して、法の源は「上」のどこか高い超越的な領域にあるというかたちで、彼らが権力の由来（origin）と法の源泉（source）とを曖昧さを残すことなく明確に区別したことにある。（p. 182／二九六頁）

ともに「高次の法」とその源泉という「権威」の問題に直面していたアメリカ革命とフランス革命を分けた唯一の違いは、フランス革命がシェイエスのいわゆる「憲法制定権力」の論理が示しているように、法と権力をともに同一の源泉、仮構の国民の意志に求めたのに対して、アメリカ革命の指導者たちは、法と権力、そのよって来たる根源をそれぞれ明確に区別していたところにあるというのです。それではアメリカ革命の指導者たちは、「高次の法」を与える権威をどこに求めたのでしょうか。

神々の権威

共和政の政治体においても神々による権威が求められるというのは広く一般に見られることでした。フランス革命でロベスピエールらが実行した「最高存在の祭儀」はよく知られています。アメリカ革命の指導者たちにおいても同様の試みはなされています。ジョン・アダムズもまた「宇宙の偉大な立法者」たる最高存在への尊敬を要求していたし、後に問題にするようにジェファーソンが起草した独立宣言でも「自然の法と自然の神の法」[1]への訴えがなされています。「政治領域には神的な原理やある種の超越的認証が必要であるということは、モンテスキューを唯一の例外としてほとんどすべての革命の先駆的理論家によって予見されていた」ことなのでした。すでに前章で述べておいたように、ジョン・ロックも自然権の行使にあたって「天の神への訴え」を引き合いに出していました。したがって問題は、一八世紀という啓蒙の時代にあって、宗教と政治を分離して、教会の影響力から世俗的領域を解放しようとしていたはずの人々が、革命という決定的な瞬間に新たな政治体を認証する権威を宗教に求めたという事態をどう理解するかです（pp. 184-186／二九八―三〇〇頁）。

ギリシア、ローマとの相違

この問題を考える際に注意すべきことは、法に外部の超越的な起源や権威を求めるというような観念は古代ギリシアやローマにはなかったということです。アレントはこう述べています。ギリシアにおいてもローマにおいても、法は神の支えを必要としなかった。古代において外部から人民に法を押しつけるのは僭主の特徴であって神の徴を示すものではなかった。もとよりギリシアではそうした僭主や簒奪者だけではなく、いわゆる「立法者」の存在がよく知られていた。彼らもまた共同体の外からやってきて基本法を与えるとされていたが、ただしこれはギリシアにおいては「法」の作成行為が「政治」以前のもの、都市共同体の存在に先行するものであることを意味するに過ぎない。その意味で立法者は都市の外部にとどまるが、これを超越する者、神的な存在ではまったくなかった。語源的にみても、ギリシア語で法を示すノモス（νόμος）は自然を表すピュシス（φύσις）と対置されて、反義語として、人為的、人工的な性格を強調するものであった。その意味内容は変化したけれども「限定された権力が正統に行使されうる範囲ないし領域」という「空間的意味」を失ったことはなかった。プラトンにあっても法は何か「高次の法」から導きだされるものではなかった、と（pp. 186-187／三〇一―三〇二頁）。

法についてのローマの観念はギリシアのそれとは異なっていたけれども、やはり超越的な支えを必要としていませんでした。ローマの場合に法（lex）は都市の建設の際に制定されるものではなく、もともとは二つのものを「密接に結びつけること」、種族的、部族的、有機的な統一体としての民族（people, volk）とは別のものでした。ウェルギリウスの『アエネイス』のローマ定礎の物語で描かれているように、イタリアの土着民ラティウム人は「法」の拘束を必要とせず、自由な意志によって古くからの神の習慣に従っていた。[2] トロイから来たアエネイスたちとの戦争の後にはじめて「法」が定められる。そこでの「法」は、たんなる和平ではなく同盟と条約を意味していました。それまでのローマの敵が「友」、同盟者（socii）となる。「マルクス草稿」でも指摘されていたように、戦争の終結はあらたな同盟関係、法的関係の形成を意味していました。そうしたローマの法も神によって提示されたものではありませんでした（pp. 187-188／三〇二―三〇四頁）。

法の神的起源の問題

したがって、人間の作った法、実定法に妥当性を与える絶対者の必要という問題そのものはヨーロッパの遺産ということになります。ヨーロッパの中世から近代の法制度や法解釈にローマの法制と立法は巨大な影響を与えてきたにもかかわらず、その法は「神の声」にもとづく戒律として理解されたのでした。「ヨーロッパ人がいろいろな法の精髄を解釈したり、明らかにローマに起源をもつ法律の本質を考えたり、ローマの法制用語をすべて用いて法解釈を行う場合でさえも、彼らが抱いていたモデルのイメージは、それ自体少しもローマのものではなかったということである。それはヘブライに起源をもつものであり、モーゼの十戒によって与えられたものであった」(p. 189／三〇五―三〇六頁)。

一七世紀に自然法の観念が導入されて、これが神の占めていた地位にとってかわろうとした時にも、事情が変化することはありませんでした。もともとは世界の創造者であったユダヤの神の地位に地上における神の代表者であり化身であるイエス・キリストが座り、さらにこれがキリストの代理人たる教皇や司教に取って代わられる。ローマ教会に反抗したプロテスタントたちはあらためてキリスト自身とそしてユダヤの法と契約に眼を向けたのでした。それでは自然法をつくったのは誰か、ここに問題がありました。非人格的で超人間的な力としてしか理解されない自然の法に人間を拘束するような力を与えるためにはやはり何らかの神的な権威が必要である。そうした理由から、独立宣言を起草したジェファーソンもその前文の「自然法」に「自然の神」とつけ加えねばならなかったとアレントは言います(pp. 189-190／三〇五―三〇六頁)。

独立宣言は次のような文章で始まっています。すでに一部を引用しましたが、あらためて前文全体を示しておきましょう。

人間的な出来事の成行きによって、ある人民が他の人民と自分達とを結びつけてきた政治的な絆を解消して、この地上の諸国の間にあって、自然の法と自然の神の法とが授けた独立かつ平等の地位を得ることが必要となった場合、人類の意見をしかるべく尊重するならば、その人民をして分離することを余儀なくさせた諸原因を宣言することが求められるだろう。

我らは以下の真理を自明なものと見なす、すなわち、すべての人間は平等に創られ、その創造主によって、生存、自由および幸福追求を含む一定の譲り渡すことのできない権利を与えられている。(3)

冒頭段落は正確には「自然の法」と「自然の神」ではなく「自然の法と自然の神の法（the Laws of Nature and of Nature's God）」ですが、ともあれジェファーソンはこの第一段に加えて、第二段で「すべての人間は平等に創られ……」を「自明の真理とみなす」と記したのでした。「自明」であることの意味について、アレントはこう述べています。

これらは自明であるがゆえに、理性以前（pre-rational）のものである――それは理性に告げる（inform）けれども理性の産物ではない――、そしてその自明性はそれ以上の解明や論議を許さないものであるがゆえに、ある意味では宗教的真理や数学の公理に負けず劣らず強制的なものなのである。（p. 192／三〇九頁）

「自明の真理」は人間理性に訴えるものであり、理性をもつ人間であれば諒解可能なものであるけれども、理性そのものから導きだされるものではないと、くどいくらいにアレントが強調しているのは、それは数学的な公理のような理性的真理と同じくらいに強制的なものではあるけれども、理性的真理そのものではないからです。ジェファーソンの意図もそこにあったというのがアレントの解釈です。

> ジェファーソンはこのことにおぼろげながら気づいていたに違いない。そうでなければ「われわれはこれらの真理を自明のものとみなす」といういささかそぐわない表現で満足するのではなく、「これらの真理は自明である」と書いたはずだからである。〔…〕ところがジェファーソンは「万人は平等につくられている」という命題は2×2が4という命題と同じ強制力を持つことはあり得ないことをよく知っていた。なぜなら前者は実際には理性による一つの言明であって、人間理性が神によって一定の真理を自明と見なすよう命令されているというのでなければ合意を必要とするような一つの合理的な言明にすぎないが、後者は反対に、人間の頭脳の肉体的構造に基づくものであり、したがって「不可抗的」なものだからである。（p. 193／三一〇―三一一頁）

2×2が4であるというような数学の結論については、普通の理性をもつ人間であれば誰も否定することはできません。これに対して「人間はみな平等である」という命題はそのような有無を言わさない強制力をもつ命題ではない。「これらは自明の真理である」とジェファーソンが断定せずにあえて「これらを自明の真理とみなす」と書いたことの裏には、「人間の平等」という真理が、そのような数学的な命題とは異なることを意識していた。もし「人間の平等」という命題が、人々の同意を必要とするような言明以上のものであるとすれば、それは理性が神によって真理と見なすことを命じられたものでなければならない。その意味において独立宣言、合衆国憲法の前提となるべき独立宣言へのこの言及は、やはり神の声、神が与えたもうた理性による命令という「高次の法」を導入しようとするものだったとアレントは言うのです。

もとよりこれはジェファーソンが「啓蒙的」でなかったことを意味するものではありません。彼がジョン・アダムズ宛の手紙でカルヴィニズムの厳格な予定説の神を拒否していることはすでに紹介しました。アレントはこう述べています。アメリカ人の性格の発展にピューリタニズムがどれだけ大きな影響を与えたとしても、彼らはみな啓蒙の時代の人間であり、「理神論者」であって、彼らが伝統的宗教の要素を重視したのは、自らの内的信仰からくる確信からでも宗教的な熱狂からでもなく、「人間事象の世俗的領域に固有の大きな危険に対する厳密に政治的な懸念」からであった。「来世」への信仰を失い、「復讐する神」に対する畏れの念を抱くことがなくなった人間は放っておけば政治的に重大な犯罪や過ちを犯しかねないと彼らは考えたのである。ロベスピエールもまた同様に、いかなる立法者といえども「人間より偉大な力が道徳的戒律に与える裁きという観念を魂に刻みつけるところの宗教的感情」に必ず依存しなければならない以上、立法者が無神論者でありうるというのは理解できないと述べていた、と（pp. 191-192／三〇六―三〇八頁）。

2 「絶対者の問題」のアメリカ的解決

創設行為そのものによる救済

では、それにもかかわらずなぜアメリカはフランス革命とその後の大陸ヨーロッパの歩んだ道をたどらなかったのでしょうか。アレントはこう述べています。アメリカの人々はヨーロッパの伝統、絶対王制とその絶対的な主権の観念を継承した国民主権の観念の拘束を免れることができた。その理由はたんに彼らが大西洋を隔てた位置に置かれていただけでなく、全く新たな政治体とその権力を形成するという試みを実行したことにある。ただし、そうした試みに新たな思想的表現を与えることは彼らにはできなかった。その意味においては彼らは西洋の知的伝統である「絶対者の問題」になお囚われていたし、人間のつくった法を有効ならしめるためには何か超越的なもの、神的なものが必要とされたのである、と。ジェファーソンはそれを「自然」ではなく「自然の神」、「理性」ではなく「神によって導かれた理性」に求めたのでした（pp. 194-195／三一二―三一四頁）。しかしながら、こうした解決はあくまでも「理論の上」のことであるにすぎないとアレントは続けています。

たしかに、アメリカ革命の人々は、ヨーロッパの伝統の概念的・知的枠組みのなかに囚われたままであった。彼らは植民地で経験した相互の約束のもつ巨大な力を理論的に表現することもできなかったし、（ジョン・アダムズの）「われわれの楽しみをなすものは、休息ではなく、活動である」という「幸福」と活動の密接な関係を、その時々にだけでなく原理として認める準備もなかった。したがってもしこの伝統の拘束が理論家たちの精神を屈服させていたのと同じ程度にアメリカ共和国の現実の運命を決定していたとすれば、この政治体の権威は近代というものの総攻撃にあって脆くも崩れ去っていたことだろう。近代世界においては政治的な領域に対する宗教的な認証の喪失はもはや既成の事実となっていたし、現に他のすべての革命においてそれは崩壊していたのである。だが実際にはそうはならなかった。そしてアメリカ革命をそうした運命から救ったものは自然の神でもなければ自明の真理でもなかった、それを救ったのは創設という行為そのものだったのである。(pp. 195-196/三一四頁)

「絶対者の問題」という西洋的な思考の拘束、これがもたらす実践的な帰結からアメリカ革命を救ったのは、ジェファーソンのいう「自明の真理」の承認ではなく、「創設」という行為そのものであったというのです。そしてここに「絶対者の問題」、つまり法に対する神的権威、「より高次の法」の必要という第一の悪循環のみならず、始まりそのものに内在する第二の悪循環の解決の手懸かりを彼らは見出したのでした。

権威の制度化 元老院と最高裁判所

それではここでいう「創設という行為そのもの」による救済とはどのようなものだったのでしょうか。アレントはこう述べています。

アメリカの建国者たちが自らの業績として記すことのできる大成功、すなわち、以後数世紀にわたる攻撃に耐えて生き残るような安定した政治体を新たに設立することに、他のどこでも失敗したのに彼らの革命は成功したという単純な事実は、憲法がまだ機能しないうちから「崇拝」されはじめたその時に決定づけられたのだ、と考えても良いかもしれない。アメリカ革命がそれに続いて起こったすべての革命と顕著に違うのはまさにこの点であったから、新たな共和国に安定性を保証したのは、不滅の立法者への信仰でも、「来世」に与えられる報酬の約束や処罰に対する恐れでもなかったし、独立宣言前文で列挙されている疑わしげな「自明の真理」でさえなく、創設という行為そのものに内在する権威であったと結論してもいいだろう。そうした権威は確かに革命の指導者たちが彼らの法の有効性の根拠、新政府の正当性の源泉として必死に導入しようとした絶対者とは確かにまったく異なるものである。(pp. 198-199/三一八―三一九頁)

この点において、すなわち「権力」と区別された「権威」というものの重要性の認識においても、アメリカ建国の父祖たちはローマの先例から学んでいました。ただしローマの制度がそのまま継承されたわけではありません。ローマの場合「権威」の担い手は政治制度としての「元老院(Senate)」におかれていました。「権力は人民に(potestas in populo)」、「権威は元老院に(auctoritas in Senatu)」というかたちで権力と権威との区別が制度化されていたのでした。これに対して、ローマのそれに倣って名付けられたアメリカの上院は、そうした「権威」の担い手ではなかった——上院には意見の府としての別の役割があることについては次章で論じられることになります——。アメリカの憲法においての「権威」の担い手としての役割を担うことになったのは最高裁判所でした。権威の所在をそのための特別な制度に定めるという点でローマの精神を継承しながら、これを立法や行政とは独立の司法部門に移したところに、アメリカにおける共和国建設の最大の革新があったとアレントは言うのです（p. 199／三一九頁）。

アメリカにおける司法による統制は、憲法の侵害、立法部と執行部の相互の権限侵害を監督するペンシルヴァニアの「監察評議会（Counsil of Censors）」を原型としています。これももともとはローマの監察官（cencores）を模して導入された制度でしたが、合衆国憲法に導入された際に、その名称や権力を失い、また交替制の官職から終身制になることによって権力とは明確に区別された権威の担い手となったのでした（p. 200／三二〇頁）。

ただし「権威」と「権力」の制度的区別はたしかにローマから継承したものですが、「権威」の内容はローマのそれとは異なったものになりました。アメリカ共和政における権威はもっぱら法的な性質のもの、成文憲法の解釈をつうじて行使されるものであるのに対して、ローマの元老院の権威は基本的には政治的な性格のものであって、政治的な助言というかたちで行使される。ローマの元老院のこうした権威の源泉についてアレントはこう述べています。

ローマの元老院を通じて、都市共同体ローマの創設者たちは現前する（present）のであり、彼らと共に創設の精神、すなわちそれ以降ローマ人民の歴史の基礎となる res gestae（偉業）の始まり（principium）と原理も現前する。増大すること、増加すること意味する augere を語源とする権威（auctoritas）は創設の精神の生命力に依存しており、その生命力によって先祖が創設したものを増大させる、増加し拡大することができるからである。この増大の切れ目のない連続と、それに内在する権威は、ただ伝統によってのみ、すなわち、始めに設立された原理が後継者たちの絶えざる連なりによって継承されることによってもたらされる。この後継者の不断の連なりの中に位置するということがローマにおいては権威のなかにあることを意味するのであり、祖先たちが始めたことに対する敬虔な追憶を守り続けることによって過去に結びつけられていることが、ローマ的な意味で敬虔（pietas）、つまり「宗教的」であること、自分たちの「過去に結びつけられていること（bound back）」なのである。（pp. 200-201／三二一―三二二頁）

元老院は都市ローマの創設者たる先祖をいわば目に見える形で現前させ、創設の精神を引き継ぎ、増大させる。ローマにおいて「権威」とは、不断の継承と増大を意味していたのでした。ローマでは創設行為の継承は先祖の起源に対する敬神としての宗教と不可分の形で結びついている。かくして「マルクス草稿」で述べていたローマにおける宗教‐伝統‐権威の三位一体が形成されることになります。アメリカ憲法の権威はそうした宗教‐伝統‐権威の三位一体とは異なっています。にもかかわらず、ここでもまた古代ローマの経験と文献から意識的に学んだこととの意図せざる結果として、創設と増大と保存という権威にともなう要素の継承があると言うのです。

まさしくローマ的な権威の概念そのものが、創設行為は不可避的にそれ自身の安定と永続性を発展させるということを示しているのであり、この文脈における権威とは、一切の革新と変化が過去の創設に結びつけられていることによって必然的に生ずる「増大」にほかならない。その革新と変化は同時に創設したものを増大させ、増加する。したがって憲法の修正条文も、アメリカ共和国の原初的な創設を増大させ、増加させているのである。アメリカ憲法の権威そのものが、そこに内在している修正や増大に対する受容能力に依拠していることは言うまでもなかろう。(p. 202／三二三―三二四頁)

最高裁判所による一連の憲法修正の作業は、憲法の権威を増大させ、これが同時に共和政としてのアメリカの創設行為を継承し強化する。こうしてアメリカ建国の父祖たちは、半ば無意識的にローマにおける共和国の創設行為を継承したのでした。(4)

始まりの問題のローマ的解決

このローマからの継承による権威の問題の解決は、いまひとつの悪循環、「始まり」にともなう悪循環を解決するものでもあります。

アメリカ革命の人々が自分たちを「創設者」と考えていたという事実そのものが、新しい政治体の権威の源泉は結局のところ、不滅の立法者とか自明の真理とかその他の超越的で現世を超えた(transmundane)源泉などにあるのではなく、創設の行為そのもののうちにあるのだ、ということをどれほどよく承知していたかを示している。そこから出てくる結論は、あらゆる始まりが不可避的にまきこまれる悪循環を断ち切るための絶対者の探求は不毛だということである、というのもこの「絶対者」は始まりの行為そのもののうちにあるからだ。(p. 204／三二六―三二七頁)

問題解決の鍵は「始まりという行為」そのものの性格にあります。政治活動の要素の一つとしての「始まり」は原因と結果の連鎖に完全に拘束されていないという意味で「ある程度の完全な恣意性」を備えている。いいかえれば依拠すべき何ものももたないところに「新たなこと」始めること、ここに始まりの始まりたる所以がある。そうした「始まり」の能力をもつところにまた人間の活動の特質はありました。

それは時間においても空間においてもどこにも登場する場をもたないかのようである。始まりの瞬間には、始める者は時間の連続性を断ち切ったか、行為者たちが時間的な秩序と連続性から放り出されたかのように見える。（p. 206／三二九頁）

人間の活動に固有のこの始まりをめぐる難問を、絶対的な創造神の設定によって解決したのがユダヤ・キリスト教的な神観念でした。すなわち、この世界の創造者であり、世界事象の経緯としての時間を超越した神を想定することによって、世界の始まりは――人間理性の及びうるものではないとしても――恣意的なものではない確かな根拠を与えられることになる。ユダヤ・キリスト教の絶対的な神観念は、人間の「活動」のもつ不確定性、いいかえれば「自由」にその根拠をもつということでもあります。したがって、革命の指導者たちが「自由の創設」という、新しい始まりの瞬間に「絶対者の探求」へと導かれたのは、かれらもまたユダヤ・キリスト教的な観念に基づく西洋人の思考習慣に影響されたからではあるけれども、根本的には、そこにこそ人間とその「活動」の本質にかかわる問題が伏在していたからなのでした。そうしたユダヤ・キリスト教的な伝統に無意識的に拘束されながらも、革命の指導者たちが新たな創設にともなう問題に解決を迫られた時に意識的に追求しようとしたのは、古代、とりわけローマの政治的智恵だったのでした。

古代思想の復活と、古代の政治生活の要素を取り戻そうとする偉大な試みがギリシア人を無視し(あるいは誤解し)てほとんどもっぱらといっていいほどローマの事例に眼を向けたのは伝統による偶然ではない。ローマの歴史は創設という観念をその中心においていたし、権威や伝統、宗教、法、等々といった偉大なローマの政治的観念のどれ一つとしてローマの歴史と年代記の始めに置かれた偉大な業績たる *urbs condita*, すなわち永遠の都市ローマの創設という事実への洞察抜きには理解できないからである。この始まりに内在する問題をローマ人たちがおおよそどのように解決したのかを最もよく示しているのが、キケロのスキピオに対する有名な訴えであろう。彼はスキピオに共和国構成の独裁官 (*publicae constituendae*) となること、公共的領域、つまりその本来の意味における共和国を設立する——あるいはむしろ再建する——この決定的瞬間に独裁を確立するように求めたのである。このローマ的解決こそ、ロベスピエールに「自由の専制」という着想を実際に与えた源泉であった。そしてもしロベスピエールが彼の独裁を自由の構成のためとして正当化したいと思ったのであれば、彼はマキアヴェリに訴えてもよかったはずである。マキアヴェリはこう述べていた。「新たな共和国を創設する、あるいは既存の旧制度を完全に作りかえるというのはただ一人の人間の仕事でなければならない」と。彼はまたジェイムズ・ハリントンに拠り所を求めてもよかっただろう。ハリントンもまた「古代人と彼らの学識ある弟子たるマキアヴェリ(後代ただ一人の政治家)」を引き合いに出しながらこう主張した。「立法者」(ハリントンにとっては創設者と同義なのだが）は「一人の人間でなければならない。そして……政府は一気に完全に作り上げなければならない。……そのためには一人の賢明な立法者が……主権的な権力を手中に握ろうとすることも正当化されよう。何人も理性をもつ人間であれば、そのような場合に必要とされるような非常手段を非難することはできない。その目的はよく秩序だったコモンウェルスを構成することに外ならないのである」。（pp. 206-207／三三〇―三三一頁）

古代ローマの政治思想は永遠の都市ローマの創設という事実を中心にめぐっている。すでに述べたように都市ローマの創設への絶えざる回帰とその継承による伝統・権威・法の発展こそ、ローマの共和政が超越的な外部の絶対者に依拠することなく「権威」の問題を解決してきた方法なのでした。近代革命におけるいわゆる独裁の概念が古代ローマの独裁官に発していることはよく指摘されていますが、これもアレントによれば公的領域としての本来の共和国を再建する、つまりは永遠の都市ローマの偉大な創設行為を再現するものでした。

キケロの『国家論』第六巻末尾に置かれた「スキピオの夢」では、第三次ポエニ戦争でアフリカに派遣された小スキピオの夢の中に大スキピオ――第二次ポエニ戦争で宿敵ハンニバルを打ち破った救国の英雄――が現れて、凱旋して帰国の暁には独裁官となって国政の混乱を収めるよう訴えています(5)。共和国を再建するための独裁という観念は、このキケロの「スキピオの夢」に古典的に表現されているし、その思想はマキアヴェリに継承される――カエサルではなくキケロを承けている点でマキアヴェリはやはりローマの共和政を引証規準としているとアレントは見ています――。そうした観念はルネサンス期のマキアヴェリからピューリタン革命期に共和国論『オシアナ共和国』をクロムウェルに献呈したジェイムズ・ハリントンへと受け継がれていて、そこではローマにおける初発の創設が繰り返し想起されていたのだとアレントは言うのです。

ただしハリントンの段階では「ローマ精神とはまったく無縁の異なったイメージと比喩をとり入れはじめ」ます。すなわちクロムウェルのコモンウェルス樹立に必要な「非常手段」として暴力が許容される。かくして、もともとは自由な共和国の再建のための手段であったはずの独裁は、暴力をともなう非常権力に転化・変質していくことになる。フランス革命とロベスピエールが継承したのはまさにそうした意味での独裁でした（pp. 208-209／三三一—三三三頁）。

ローマによるトロイの反復

それではなぜアメリカ革命の指導者たちは古代ギリシアではなくローマの創設行為に立ち戻り、それを継承しようとしたのでしょうか。その理由の一つは、ローマの創設行為そのものがすでにギリシアのそれを独特の仕方で継承・反復するものであったことにあります。

ここでアレントは、「マルクス草稿」で述べていたウェルギリウスにおけるローマの創設行為の解釈についてあらためて論じています。ウェルギリウスの言葉では、ローマの創設はトロイの復興であり、ローマは第二のトロイなのであった、と（p. 208／三三一—三三二頁）。

ローマ人がレムスを殺したロムルスではなくて、アエネイスを自分たちの祖先としたのはおそらく、あらゆる始まりにともなう恣意性と、犯罪をするという人間の潜在的能力に密接な親和性があるためであった。アエネイスは——*Romanae storpis origo*（ローマ種族の源泉）であり——

"*Ilium in Italiam portans victosque Penates*（イリウム（トロイ）とその征服された一族の守護神をイタリアに）"もたらしたのである。もとよりこの事業には暴力、アエネイスと土着のイタリア人の間の暴力が伴っていたが、ウェルギリウスの解釈するところでは、この戦争はトロイに対してなされた戦争の結果を元に戻すために必要なのである。トロイをイタリアの地で再建すること――*illic fas regna resurgere Troiae*――は、「ギリシア人とアキレスの怒りの遺物」を救い出すために定められていたことであったから、地上から消滅したとホメロスが言う *gens Hectorea*（ヘクトルの一族）を再興するにはトロイ戦争が今一度くり返されなければならなかったのである。それはホメロスの詩に記されている出来事の秩序を転倒することを意味していた。（p. 209／三三三―三三四頁）

ウェルギリウスによるホメロスの転倒は、始まりにともなう暴力、ロムルスによる兄弟レムスの殺害を修復させるための知恵なのでした。兄弟殺しというかたちで神話化されているのは、おそらくはいずれの政治体制の創設にも伴うであろう征服や内戦の暴力の記憶であるとアレントは考えています。ローマ人は兄弟殺しのロムルスではなく、トロイ戦争によって滅ぼされたヘクトルの末裔であるとすることによって、都市共同体ローマの建設とおそらくはその背後にある暴力の記憶を――単に神話化して抹消するのではなく――、トロイ戦争によってなされた不正の回復であるというかたちで再解釈しようとしたのだ、というのです。ギリシアの都市共同体建設を継承しながら、それを意識的に反復し反転するローマの創設の知恵こそ、ローマ独特の「同盟」の基礎となったのでした。

> ローマの名高い慈悲（*clementia*）についてのウェルギリウスの叙述――*parcere subiectis et delvellare superbos*（従うものは保護し、反抗するものは鎮圧する）――や、その基礎にあるローマの戦争観念についてこの文脈で立ち入る必要はない。そのユニークで偉大な戦争の概念によれば、平和を決定するのは勝利や敗北ではなく、交戦者同士の同盟なのである。それによって交戦者同士はいまや、戦闘それ自体の中で確立され、法（lex）という手段、ローマ法によって確定された新しい関係によってパートナー、同盟者（socii）となる。ローマは二つの異なる、もともとは敵対していた民族同士の条約＝法の上に設立されたからこそ、「全世界を法の下におく」――*totum sub leges mitteret orbem*――ことがローマの使命となることができたのである。ローマ人の政治の天才性は――ウェルギリウスだけでなく一般的なローマ人の自己解釈によれば――都市ローマの創設伝説に内在する原理にみることができる。（p. 219／三二四―三二五頁）

ただしそうしたローマ的な創設の原理そのものをアメリカ建国の父祖たちは継承したわけではないし、アメリカ革命の重要性もまたそこにはないとアレントは言います。

> われわれの文脈の中で問題なのは、すべての創設は再興であり再建であるという、ローマに深く根ざした観念よりもむしろ、それと関連してはいるが別の観念、すなわち、人間は自分自身が新たな始まりであり、始める者であるから、新たな始まりをつくり出すという論理的に逆説的な課題を担っているという観念である。始めるためのこの能力は、人間が生まれるということ、人は出生によってこの世界に登場するという事実に基づいている。（p. 211／三二七頁）

まさに人間のもつ「始まり」の能力こそ、アレントにとって政治活動の基本的・初歩的要素なのでした。そうした観念をあらためて浮かび上がらせたところにアメリカ革命の意味もあります。

> そうした事情がどうであれ、また事実としてどうであったにせよ、アメリカ人がウェルギリウスの詩行を時代の偉大な秩序（magnus ordo saeclorum）から時代の新しい秩序（novus ordo saeclorum）に変えることを決意した時、彼らは自分たちの課題がもはや「ローマを再び」建設することではなく、「新しいローマ」の創設であることを認めていたのである。こうした西洋の政治を永遠の都市の創設と結びつけ、さらにこの創設をギリシアやトロイの前歴史的な記憶と結びつけていた糸は断ちきられ、もはや元に戻すことはできないものとなった。彼らにとってこのことを承認するのは避けがたいものであった。アメリカ革命は、今世紀にヨーロッパの植民地制度が解体して新しい国家が出現するまでは唯一無二のものであったが、それはアメリカ革命がたんに新しい政治体の創設であるばかりでなく、特殊な国民の歴史の始まりでもあったという事実に大幅に基づいている。（p. 212／三三七―三三八頁）

アメリカはローマの経験から学びながら、そこからさらに一歩を踏み出そうとした。近代革命の出発点としてのアメリカ革命の意義はこの点にある。古典的な政治的自由（freedom）の制度の再建を、政治活動の必須の要素としての「新たな企て」として意識的にはじめること、ここに「革命」の革命たる所以はある、とアレントは言うのです。ただしそれはやはり絶対者の問題をめぐる悪循環の解決を可能にするものでなければならない。いいかえればフランス革命の指導者が陥った絶対者の探求の陥穽を回避しうるものでなければならない。そうであるからこそ、フランス革命におけるテロルの経験の印象からもたらされた「暴力」とのつながりから「革命」の観念を解放しなければならない。これがアメリカ革命を検討する際のアレントの問題意識でした（p. 213／三四〇頁）。

『共和国の危機』

ただしアレントが晩年に執筆して死後に公刊された『精神の生活』第二部「意志」末尾の章で同じ主題が論じられていますが、そこでの結論は『革命について』とはやや異なるものになっています。

　人間は教会という後見から飛び出た時、古代に立ち戻った。そして世俗化された世界における彼らの第一歩は、古代の学問の再生によって導かれた。建国の謎に直面して――つまり動かしようのない時間の継続の中でいかにして時間を再出発させるかという問題に直面して――彼らは自然にローマ建国の物語に立ち戻り、ウェルギリウスから、この西洋史の出発点がすでにトロイの再生、復活であることを学んだ。そこから分かったのは、「新しいローマ」を建国する希望は幻想である、ということのみであった。彼らがせいぜい希望しうることは、太古の建国をくり返し「あらためてローマ」を創設することであった。最初の建国というのもそれ自身はある限定された過去の復活であったわけだが、この建国より前にあった一切のことは歴史の外におかれた。それは自然であって、その循環する永遠は、人々が市民生活の煩わしさ（necotium）に疲れた時に、時間の前進や歴史の垂直で直線的な方向からの避難所――無為の空間（otium）――を、用意す

るのである。しかし自然それ自体の起源は、それが〈政治的〉活動の領域を越えているので重要ではなかった。(6)

「ローマの再建」ならぬ「新たなローマ」は不可能であるとアレントがここで述べている背景にはおそらく、『共和国の危機』で語られるアメリカ共和政そのものの危機、ベトナム戦争の敗戦と黒人問題という一種の内戦の危機があります。さらに言えば、アメリカ建国と植民地の経験はローマのごとき原初の暴力と無縁であったのか、という問題ともつながりますが、これらの問題については『共和国の危機』との関連であらためて検討する必要があります。

第六章　失われた革命
：第六章「革命的伝統とその失われた宝」

1　アメリカ革命の忘却と革命精神の喪失

アメリカの記憶喪失

アメリカ革命の精神がヨーロッパにほとんど影響をもたらさなかった原因は、フランス革命の経緯そのものにありました。「一七世紀と一八世紀を通じて拡がっていたアメリカとヨーロッパの強い精神的・政治的な絆を断ち切ったものは、革命という事実ではなく、革命が辿った悲惨な経路でありフランス共和国の崩壊であった」（p. 214／三五一頁）。暴力とテロルをともなうフランス革命の経過の圧倒的な印象によって、アメリカ革命の経験は脇に押しやられることになったのでした。それ以後、ヨーロッパの革命的伝統にとってアメリカ革命やそこでの共和国建設の経験は関心の対象から外されることになります。

他方で、アメリカ革命がヨーロッパで忘却されたことの影響は、当のアメリカにも跳ね返って来ているとアレントは見ます。

世界中がアメリカ革命を無視しているが、これに対応するアメリカ側の記憶喪失も、それほど目に見えるものではないとしても、現実的な影響をもたらしている。すなわちアメリカ自身が、合衆国を生みだしたのは革命であり、共和国の形成は「歴史的必然」や有機的発展によるものではなく、自覚的な熟慮にもとづく行為、自由の創設によるのだということを忘れてしまっているのである。この記憶喪失の責任は主として、この国における革命に対する非常な恐怖にある。というのもまさにこの恐怖こそが、フランス革命の観点からのみ革命を考えることが正しいと広く世界に証言するものになっているからだ。革命に対する恐怖は、現状（status quo）の安定を遮二無二はかろうとする戦後アメリカの外交政策の隠れた動機（leitmotif）となっており、その結果、アメリカの国力と威信は、はるか以前から自国民の間でも憎悪と軽蔑の対象となっている時代遅れの腐敗した政治制度を維持するために用いられ、濫用されたのである。（pp. 216-217／三五三頁）

フランス革命の圧倒的な印象は、アメリカ自身に自らの革命の経験を忘却させてしまい、これがひいては革命に対する嫌悪と敵意から現状維持をはかるという第二次世界大戦後の外交政策を誤導してきたというのです。

革命的精神が忘れ去られたのち、アメリカに残されたものは、市民的自由（liberties）と最大多数の個人的福祉であり、平等主義的、民主的社会を支配する最大の力としての世論であった。この変化は、公的領域に社会が侵入したこととまったく正確に対応している。もともとは政治的な原理が、社会的価値に変形したかのようである。しかしこの変形は、フランス革命の影響を受けたような国々では起こりえなかった。フランス革命の学校で革命家達が学んだことは、かつて人々を鼓舞した原理が、欠乏と必要の赤裸々な力によって圧倒されたということであった。そして彼らは、このような原理が実際にはがらくたの山にすぎないことを示したのはほかならぬフランス革命であるという固い信念を抱いて、その徒弟時代を終えたのである。（p. 221／三五九頁）

かくして大西洋の両側でもともとの革命の担い手たちを鼓舞していたはずの革命精神は、アメリカでは市民的自由と多数のものの福祉、世論の支配へと変形され、ヨーロッパでは貧しい大衆の悲惨と欠乏に突き動かされた指導者たちの挫折の経験がもたらす絶望を糧にのし上がる無法者たちの熱情によって窒息してしまった、とアレントは言うのです。

「意見」の府としての上院

それでは革命精神を再生させるためには何が必要でしょうか。この問題を検討するにはまずアレントが考えている革命精神の内容が明らかでなければなりません。

どんな革命でも、その最大の事件は創設の行為である以上、革命の精神は、互いに和解しがたく矛盾さえしているように見える二つの要素を含んでいる。新しい政治体を創造し、新しい統治形態を構想するという行為は、その新しい構造の安定性と持続性に対する重大な関心を、そのうちに含んでいる。他方、この重大な仕事に携わっている人々は、はじまりを始める人間的能力に対する楽観的意識、つまりこの地上における何か新しいものの誕生にいつも伴うあの高揚した精神を必ず経験する。このような安定性に対する関心と新しいものの精神というこの二つの要素は、政治の思想と用語法の分野で、一つは保守主義とされ、他方は進歩的リベラリズムの専有物だと称されているように、互いに対立するようになった。この事実そのものが、我々の損失の兆候の一つであると認めなければならないだろう。（pp. 222-223／三六一―三六二頁）

革命精神の中には、新たな政治体を形成するという革新的要素だけではなく、創設されたものを安定的に維持するいまひとつの要素が含まれている。人々の共同によって生み出される力としての「権力」だけではなく、その持続によって生み出され、またその持続を保証する「権威」を重視するアレントのこれまでの議論を踏まえればこのことは容易に理解できるでしょう。したがって、今日の政治思想においては進歩的リベラリズムと保守主義という形で分裂させられ、相対立するものと考えられているこの二つの要素を結合させることが喫緊の課題であると言うのです。もちろんそれはたんなる保守主義と進歩主義の折衷ではありません。

アレントによれば、そもそも共和政の統治形態がヨーロッパとアメリカで革命前の政治思想家たちに強く訴えた理由も、それが平等主義的性格をもっていたからではなく、その持続性にありました。共和政統治と民主政統治を同一視する誤謬は一九世紀からのものであり、一七世紀、一八世紀にスパルタとヴェネチアがおどろくほど尊敬された理由も、近代の革命家たちがローマに由来する元老院・上院（Senate）という言葉を好んで用いた理由も、権威に基づく安定した統治への関心からだったと言うのです（pp. 224-225／三六四頁）。

アメリカ革命がつくり出したいまひとつの制度である上院もそうした持続性への関心に基づいていました。建国の父たちにとって民主政は混乱をもたらす元凶でした。すでに何度か紹介したマディソンの『ザ・フェデラリスト』第一〇篇での発言の一部をアレントは参照しています（p. 225／三六五頁）。あらためて該当箇所を引用しておきましょう。

そうした見地からすれば、純粋な民主政、すなわち少数の市民から構成され、全市民が自ら集会し自ら統治する社会を意味するような民主政は、派閥のもたらす弊害を匡正することができない。というのもそこでは、特定の共通の感情あるいは利害がほとんどあらゆる場合に過半数の者の共鳴するところとなるだろうからである。また、この政治形態それ自体からして、相互の意思の疎通と行動の一致が容易に可能となり、したがってまた、弱小の党派や気に入らない個人を犠牲にしようという誘惑を抑制するものは何もないからである。それゆえに純粋民主政はこれまでもつねに混乱と激論の光景を繰りひろげてきたのであり、個人の安全や財産権とは両立しがたいものとなり、また一般にその生命は短く、しかもその死滅に際して暴力をともなうものとなってきたのである。(1)

民主政がもたらす多数者の専制、「世論」の圧力に抗して、自由で理性的な討論に基づく公共精神を維持すること、そのために考案された制度が上院でした。

利害と意見（opinion）はまったく異なる政治現象である。政治の面でいえば、利害は集団的利害としてのみ意味をもっている。そして、このような集団的利害を純化するには、その部分的性格が、あらゆる条件のもとで、あるいは一集団の利害がたまたま大多数の利害であるような条件のもとでも、守られるように表現されていればそれで十分であるように思われる。これとは反対に、意見は決して集団に属してはおらず、もっぱら個人のものである。個人は「冷静かつ自由にその理性を働かせる」。しかし社会全体の複数者であれ、その一部の複数者であれ、とにかく複数者は、一つの意見を決して形成することはできないだろう。意見は、人が他の人と自由に伝達しあい、その見解を公的に発表する権利をもつ場合は、いつでも生まれるだろう。しかし、その見解は、際限もなく異なっているので、やはり純化と代表〔表出〕を必要としているように思われる。こうしたすべての公的見解を通過させる「媒体」となることが、アメリカ上院のもともともっていた特殊な役割であった。（p. 227／三六七―三六八頁）

利害がおおむねそれぞれの集団ごとに一致する――だからこそ異なる利害集団や階級・階層の間でその調整が必要でありまた可能となる――のに対して、自由で冷静な討論において現れる「意見」は本質的に個人に属し、それゆえにどこまでいっても多様なものであらざるをえない。「世論」の圧力はそうした多様な意見を押しつぶすことになるだろう。まさにそのために彼らは「多方面にわたる利害（multiplicity of interests）」を代表する下院に対して、「多様に異なる意見（diversity of opinons）」を代表＝表現（representation）するための機関として上院を設置したのでした。多様な「意見」を相互に表明し、相互に意見を交換する過程でチェックしながら「公的見解（public views）」（複数形であることに注意）を形成するための制度を作りあげたところにアメリカ革命の独自の業績があったのでした。

意見はフランス革命とアメリカ革命の両方で発見されたが、共和政の構造そのもののなかに、公的見解（political views）を形成するための永続的な制度をつくりあげる方法を知っていたのはアメリカ革命だけであった。このこともアメリカ革命の政治的創造性の高さを再び示している。それ以外の道がどんなものであったか、われわれはフランス革命とその後に続いた諸革命の経路から十分すぎるほど知っている。この場合には意見を濾過する媒体が存在しなかったために、代表もされず純化もされない意見の混乱状態が緊急事態の圧力のもとで互いに葛藤しあうさまざまな大衆的感情に結晶し、その結果、意見を全員一致の「世論」に作り変える「強い人間」が待ち受けられるようになったのである。（p. 228／三六九―三七〇頁）

その意味においてアメリカの上院は、最高裁判所の司法による統制とならぶ独特の制度であったとアレントはいうのです。

2　革命精神の制度化の問題

しかしながらそうした制度的な工夫にもかかわらず、それは革命の精神を維持するのに成功しなかった。ここにアレントにとって問題はあります。

アメリカ共和政の絶対的に新しい二つの制度的装置である上院と最高裁判所がこの政治体の中で最も「保守的」な要素であるということについては、一般的な意見も学識者の意見も一致しているし、彼らが正しいことは疑いがない。問題はただ、安定のためにつくられて、永続性に対する近代初期の切実な関心にもよく応えてきたこの制度が、革命の期間中に表れた精神を維持するのに十分であったかということである。明らかにその答えは否であった。(p. 231／三七四頁)

アメリカ革命の指導者たちは、上院と最高裁判所という、意識的あるいは半ば無意識的にローマから学んだ制度を導入したにもかかわらず、革命の際に喚起された精神を持続させることに成功しなかったとアレントはいうのです。それでは革命精神、つまりは政府への参加にともなう人々の公的幸福を喚起し、これを継続的に維持していくためには何が必要なのでしょうか。

ジェファーソン「永久革命」の試み

アメリカ革命の指導者のうちで、そうした問題を誰よりも意識していたのがトーマス・ジェファーソンでした。

活動という現象をもっぱら破壊と建設のイメージで捉えるのは、彼らの経験の性質からきている。彼らは、革命以前に、〔フランス革命の人々のように〕夢としてであれ〔アメリカ建国の父たちのように〕リアリティとしてであれ、公的自由や公的な幸福というものを知っていたにもかかわらず、革命の経験の衝撃はあらゆる自由の観念、解放の以前からあった自由、したがって解放の行為からそのパトスを引きだすのではない自由の観念を圧倒してしまった。しかし他方で彼らは、自由の積極的な観念が暴君や貧困からの解放という観念以上のものであることを知っていた。そのかぎりにおいて、この自由の観念は創設の行為、つまり憲法の制定と同一視されたのである。だからジェファーソンが、解放にともなう暴力が自由を保障する空間を創設しようとする一切の試みを挫折させたフランス革命の破局から教訓を引き出したとき、彼は活動を反乱や破壊と同一視するそれまでの立場から、活動とは新たな創設と建設にほかならないという立場に移ったことになる。かくして、彼は憲法そのものの中に、世代の交代期間にほぼ相当する「所定の時期毎にそれを修正する」規定を設けるように提案したのである。(pp. 233-234／三七七―三七八頁)(2)

すでに述べたようにアメリカ革命の指導者たちは、革命前の植民地にすでに存在していた公的活動、「公的幸福」の喜びを知っていたのですが、革命の経験はそれを圧倒してしまいます。彼らもまた、「活動」を革命による破壊と建設と同一視する誤謬に陥ってしまったのでした。フランス革命の衝撃は、ジェファーソンに自分たちの立場をあらためて省察することを促します。定期的な憲法改定はたえず行われる新たな「創設」行為によって「革命」を永続化しようとするものでした。

公的空間における自由な「活動」は決して一回限りの創設で――制定された憲法がその時点でどんなに理想に適ったものであったとしても――収まりきるものではないというのは、「活動」の本質から出てくるアレントの結論でした。複数の人間が相互に織りなす「活動」には、たえず新たな者たちが参入してくる。「新たなことを始める」という「活動」の特徴の一つはまさにそうした参入と退出が――究極的には出生と死という生命の本質に規定されて――「人間の条件」に不可避的にともなっていることから来ています。したがって時間の経過とともに、若い世代が参入し、年老いた世代は静かに退出してゆく、加えて外部の自然その他の環境の変化に適応しなければならない、年々歳々、あるいは日々刻々と移り変わる状況とそれが突きつける課題に人間が対応することを可能にするものこそ「活動」なのでした(3)。

ジェファーソンの構想はそうした世代交代と状況の変化に対応しようとするものでした。今日でもグローバリゼーションあるいは安全保障をめぐる国際環境、高度高齢化など、さまざまなかたちで新たな課題が提起され——それらのほとんどはアレントのいう「活動」ならびに「制作」といった、広い意味での人間の行いによってもたらされたものです——、これらに、複数の人間の結合にもとづく「政治体」がどう対応するのか、「政治体」の基本骨格をなす「憲法」はどうあるべきかが問題とされています。その際に、古い世代と、若い世代、あるいは今後生まれてくる世代との間に、時として利害の対立や意見の相違が出てくることは——たとえば年金や福祉、教育の制度設計をどうするかを見れば——十分に予想されることです。定期的な憲法改正の条項を憲法で定めるというのは、そうした事態に対応するための提案だったということができるでしょう。

したがって、ジェファーソンのこの「永久革命」の構想は、たとえば定期的な国民投票による改憲の制度化であるとか、あるいは不断の異議申し立てによる革命的状況の常態化というようなものとは違っています。少なくともアレントがジェファーソンの提案から読み取ろうとしたのはそこではありません。そもそもアメリカ革命の指導者たちが求めていた「共和政」の核心は、その都度その都度の「多数者の支配」——現実には多数者の意志を僭称する党派の支配——ではなく、まさにそうした「多数者の支配」を抑止する「法に基づく支配」の設立にありました。定期的な国民投票は多数者の意志の確認以上のものではありませんし、他方でそうした「多数者の支配」に対する異議申し立ては、それがかりにフランス革命が解き放ったような暴力的な反抗にいたらなかったとしても、結局のところは「公的自由」とは異なる「私的な利益」の追求ということになるでしょう。「多数者の支配」かそれとも「私的な利益」への退却かという隘路に陥らない方法こそ、ジェファーソンをはじめとするアメリカ革命の指導者たちが求めていたものだったはずです。アレントはこう述べています。生まれてくる各世代が「それぞれ自分の幸福を最も促進してくれると信ずる統治形態を選ぶ権利」をもっているというジェファーソンのここでの理由づけは、よしんば平均的な死亡率の予測にしたがって一九年ごとに「新しい多数者」が出現するとしたとしても、真面目に受けとるには「空想的」にすぎるし、そもそも共和政以外の統治形態を選択することをジェファーソンは考えに入れてなかったはずである、と（p. 234／三七八頁）。

いささか空想的にも見えるそうした計画にジェファーソンが非常な熱意をもってとりくんだのは、公的な政治空間で活動する公的自由あるいは公的幸福の経験とその精神が、放っておけば喪失してしまうという深刻な危機意識を抱いていたからでした。事実として、そうした自由と機会を保障されたのは人民の代表者だけでした。アメリカ革命の最大の成果である州政府と連邦政府の設立は、エマソンが「共和国の基礎単位」であり「人民の学校」であるとした郡区（Township）とそこでの集会の意義を相対的に低下させることになります（pp. 235-236／三七六―三八〇頁）。ジェファーソンがこの問題にどう対応したかは次の節で論じられることになります。

代表制のジレンマ

憲法の中にそうした自治の基礎単位における市民の政治参加の機会の保障を充分に盛り込むことができなかった理由は、憲法の創設をめぐる主要な関心が「代表制」の問題に向けられていたからだ、とアレントは見ています。すでに先に引用した『ザ・フェデラリスト』第一〇編が示しているように、マディソンたちは「代表制」という点から「共和政」を「民主政」とは異なるものとして定義したのでした。それではいったいどのように「代表制」を構成すべきか、ここに問題がありました。

代表制は人民の直接活動のたんなる代替物にすぎないのか、人民的に統制された人民の代表者による人民に対する支配なのかという伝統的な対立は解決を許さないジレンマの一つをなしている。もし、選ばれた代表が人民の指示に拘束されていて、ただ集まって主人たる人民の意志を遂行するだけだとすれば、彼らに残された選択は精々のところ、外見は立派だがたんなる使い走りに甘んじるか、それとも弁護士のように依頼人の利益をまもるために雇われた専門家と自分を考えるか、ぐらいである。いずれにしてもこの二つの例で想定されているのは、重要かつ切実なのは選挙民の仕事の方であって、代表は、何らかの理由から公的な仕事に就くことができないか、あるいはそうすることを望まない人民の有給代理人にすぎないのである。これに対して、代表は任命された一定期間、自分たちを選挙した人々の支配者であると理解される場合には――公務の交替（rotation）がある場合には、もちろん厳密に言えば代議制統治は存在しない――代表制は、自発的であるにせよ投票者達が自分自身の権力を譲渡することを意味するものになり、「すべての権力は人民に存する」という古い格言は選挙の日にだけ当てはまることになる。（pp. 236-237／

三八二―三八三頁）

ここには「代表」という制度にともなう困難が示されています。選ばれた代表が人民の意志の忠実な執行者にとどまるならば、「統治は単なる管理（administration）に成り下がり、公的な領域は消滅する」だろう。そこには活動するための――活動しているところを見たり見られたりする――公共の空間、討議と決定のための空間は存在せず、すべては必要によって指示される専門家の決定に委ねられることになる。他方で人民から「選ばれた代表者」による支配の場合には、革命によって廃止されたはずの支配・被支配の関係、本来の政治活動と公共空間とは無縁な支配関係が復活することになる。革命精神の喪失の危険を誰よりも意識していたジェファーソンの努力にもかかわらず、政治活動と代表制の固有のジレンマを前にアメリカ憲法もまた十分な解決を見いだすことはできなかった。アメリカ憲法は人民の統治参加のための政治空間を制度化するのに失敗したとアレントは言うのです。

フランス革命におけるコミューン

人民の統治への参加、そのための公的政治空間の問題が提起されたのはアメリカ革命だけではありません。フランス革命においても、パリのコミューンの四八のセクションはもともとは国民議会の選挙のために上からつくられた制度でしたが、そうした民衆の政治参加の空間へと転化していきます。さらにこうした市の団体とならんで、自発的に作られた多くのクラブや協会（society）が形成されていきました。そこで人民ははじめて「公的自由の観念と嗜好（taste）」を教えられることになる。アメリカ革命の指導者たちが「公的幸福」と呼んだ「政治的なものの経験」をフランス革命期の民衆も経験しつつあったのでした（pp. 239-240／三八五―三八六頁）。

こうして生まれてきた人民の公的政治参加の空間は、「革命的協会」というかたちで全フランスに拡がりますが、ロベスピエールのジャコバン政府との激烈な闘争の後に敗北します。それを圧伏したのは政府というよりも革命政党であったとアレントは述べています。

フランス革命でかくも悲惨な役割を果たした政党、というよりもむしろ党派（faction）は、大陸的な政党システム[4]の根源となったのだが、その起源をたどれば国民議会における諸党派に行きつくことになる。彼ら諸党派の間で発展してきた野心と狂信（fanatism）は、革命以前から指導者たちがもっていた動機にもまして人民には理解不能であったし無縁なものであった。しかしながら議会内の諸党派の間には合意の余地がまったくなかったので、互いに他の諸党派すべてを支配することが各党派にとって死活の問題となった。そしてそのための唯一の方法は議会外の大衆を組織して、外部からの圧力で議会を恐怖に陥れることであった。かくして議会を支配するためのこの方法は、人民の諸協会に滲透して最後にはこれを掌握して、議会党派でただ一つジャコバン党のみが真に革命的であり、これと連繫する人民協会だけが真に信頼に価するものであって、他の人民協会はすべて「偽の協会」だと宣言することになった。政党システムのまさに出発点において、多党制から一党独裁がどのようにして発展してきたのか、そのからくりをここに見ることができる。（pp. 246-247／三九五―三九六頁）

問題の焦点となったのは「協会の持つ非党派的な性格」でした。「人民協会」という自発的な人々の結合に基づいて形成された結社――アレントから見れば、共和国という政治体の基礎であり萌芽となるべき公共空間――は、国民議会内ではげしく指導権を争う諸党派によって議会外の大衆を組織する手段として利用されていくことになります。フランス革命におけるこの人民協会とジャコバン党の闘争は、すでにこれまでの章で検討されてきた争点、「公的自由」と社会的「貧困」の対立、思想と言論の自由に基づく多様な意見から構成された「公共の精神」と仮構の「一般意志」の対立、「公的自由」あるいは「公的な幸福」と「多数の意志」を僭称する党派利害の対立、権力分立に基づく連邦制の原理と中央集権的な政府の対立といった争点をめぐる闘争でした（p. 245／三九三頁）。革命政党は自らの権力掌握と維持のために最初は人々の間の自発的結社、公共空間の萌芽を利用し、そこに浸透していきますが、最後にはそれを権力維持の手段として支配して、圧伏していきます。それは同時にアレントの言う「革命の人々」がいわゆる「職業革命家」に変貌していく過程でもありました。フランス革命においてジャコバン派の「恐怖政治」にいたる過程で演じられた革命政党と人民協会の闘争は、人民の政治空間が何らかのかたちで自然発生的に生まれてくるたびにくり返されることになります。一八七一年のパリ・コミューン、一九〇五年の第一次ロシア革命ならびに一九一七年二月革命のソビエト、一九一八年ドイツの敗戦と共に生まれた労働者・兵士評議会から一九五六年秋のハンガリーにいたるまで、それらは連続性や特定の伝統、組織の影響とはまったく別に自然発生的に出現したのでした（pp. 261-262／四一六―四一七頁）。

3　ジェファーソンの区制

先に述べように、ジェファーソンはアメリカ革命による合衆国建国後の帰趨、さらにフランス革命の衝撃を受けて、(5) 革命精神の維持あるいは再覚醒のための方策を検討します。彼の具体的な提案は、「郡区（county）を区（word）に分割する」というものでした。すなわち、共和国の基礎単位として市民が直接参加して活動する公共空間を創設しようとするものです。

ジェファーソンのこの「区制」計画は公刊された著作では論じられてはおらず、晩年の手紙の中でしか述べられていません――アレントがここで参照しているいくつかの書簡は、ナポレオンの敗北によってフランス革命が収束を迎えた一八一五年から二五年までの間のもので、個人的には一八〇九年に大統領職を退いてから、ヴァージニア大学の創設（一八一九年）を中心とする高等教育の整備に力を注いだ時期と重なっています――。かりにジェファーソンの計画が実際に行われていたならば、それはフランス革命におけるコミューンや人民協会のうちに現れた新しい統治形態の萌芽をはるかに凌ぐものになっていただろうとアレントは言うのです。

ジェファーソンがそのような計画を構想するようになった理由について、アレントは次のように述べています。アメリカ合衆国憲法の制定によって連邦共和国が創設され、権力分散と分割、統制、抑制と均衡にもとづいて構成された政府が確立された段階以降、暴政の危険はそれほど大きいとは考えられなかった。連邦憲法と政府の設立以後に想定され、また現実に起きたのは「代表機関が腐敗し堕落する」ことであった。その場合に腐敗と堕落の危険は、選ばれた代表機関が人民に対して陰謀を企てることに基づくというよりは、人民自身の内部から生ずるものであった、と。

腐敗や堕落は他のいかなる統治形態にもまして平等主義的な共和国において有害であり、また同時に生じやすい。図式的にいえば、腐敗というものは、私的な利害が公的領域に侵入する場合に生ずるのであって、上からではなく下から生ずる。他の統治形態と違って共和政の腐敗が人民をも無疵のままにしておかないのは、まさに共和政が原理的に支配する者と支配される者という古い二分法を撤廃したからである。（p. 252／四〇三頁）

腐敗は公的領域と私的領域の区別が崩れ、私的・個別的な利益が「公的なもの」を僭称し簒奪するところで生じます。「人民の代表や支配階級の腐敗とは区別される人民自身の腐敗は、人民に公的権力への参加をゆるし、その扱い方を教えている政府のもとでのみ可能である」。したがって近代社会の勃興以前の段階では、治者と被治者の区別が基本的に撤廃された共和政に固有の腐敗の危険は、むしろ政府――人民の一部のものあるいは代表――が公的権力を拡大して市民の私的利害の領域に侵入するかたちで生じ、これに対して私的な領域を保護すること、公私の境界線を保障することが重要とされてきたし、ジェファーソンも当初から一貫してそうした公的権力の危険に関心を抱いてきたのでした。

しかしながら、私的利益の領域の公的保障のもとで進行していく「社会」の勃興、経済成長にともなって生ずる私的利益の領域の拡大は、公的領域に侵入して、「公的なもの」と「私的な利益」の区別を掘り崩していきます。晩年のジェファーソンが予想したのはまさに人民の内部から生まれて、人民によって下からもたらされる腐敗と堕落の危険なのでした——近代社会が「公的なもの」に対してもたらす危険の所在を察知していたところにジェファーソンの慧眼がある、とアレントは述べています——。アメリカ革命と共和国の建設によって、人民には市民としての権利が保障されることになった。だがその権利は基本的には「市民的自由」(リバティ)、私人としての私的利益の追求の自由であって、公的な活動の「自由」(フリーダム)ではなかった。なるほど選挙というかたちですべての市民には公的権力への道が開かれている。だが実際に活動する場が与えられることなしに——つまり本当の意味での「権力」の形成への参加とそれを通じての「活動」の経験をつむことなしに——形式的に公的権力への関与を許すならば、その結果はむき出しの私的利益にもとづく自己主張が公的領域に噴出することになるだろう。ジェファーソン晩年の「区制」計画は、まさにそうした近代の社会的領域の増大とそれがもたらす腐敗の危険に対して、「共和国」を擁護し再生するための提案だったとアレントは言うのです(pp. 252-254/四〇三―四〇四頁)。

ジェファーソンの構想を扱ったこの短い節の最後にアレントはこう述べています。ジェファーソンは「区」という「基礎的共和国」が果たすべき目的について語っていない。もちろん人民の声を集める点で代議制よりも優れているということを指摘はしているものの、それ以上にこの「基礎的共和国」がいかなる機能的特性をもつものであるのかについては、奇妙なことに口を閉ざしている。だがこのことは彼の提案の基本構想がまさに「自由の構成」そのものであったことをしめしている、と。

もし革命の最終目的が自由であり、「自由(freedom)」がそこに姿を現すための公共空間の構成、すなわち「自由の構成」であったとするならば、すべての人が自由であることができる具体的に目に見える場である区の基礎的共和国そのものこそ大共和国の目的であり、この人々にそうした自由な空間を与え、それを保護することが大共和国の国内における主要課題でなければならなかったはずである。（p. 255／四〇七頁）

人々が自由になることのできる自由な空間を、基盤組織としての区において実現することこそが、大共和国あるいは連邦共和国の目的であって逆ではない。ここにアレントがジェファーソンの区制のうちに見出した「評議会制」の原則が明確に示されています。ジェファーソンの計画は、彼が明確にそれを意識していたか否かは別として、そうした基本構想を体現するものであったのでした。

4　評議会制と政党制

アメリカ革命において示され、またそれを永続させるべくジェファーソンが提案した共和国の基礎としての人々の直接参加による公的空間の形成の構想は、現実においてもフランス革命のコミューンや人民協会、そして一八七一年のパリ・コミューン、一九〇五年、一七年のソビエトというかたちで歴史の舞台に登場してくることになります。

しかしながらそうした経験の意義、「新しい統治形態」の萌芽あるいは基礎としての評議会制の意味するところは、革命を推進しようとする党派はもとより、政治家や政治理論家、歴史家からはほとんど無視され、忘却されてしまいました。その理由について、アレントは評議会に対する革命指導者の態度に焦点をあてながら、次のように説明しています。

彼らは国民国家の伝統にしっかり根ざしていたので、革命を権力奪取の手段として考え、そして権力というものを暴力手段の独占と同一視していた。だが、実際に起こったのは、古い権力が急速に解体して、暴力手段に対するコントロールが突然に失われると同時に、人民自身の組織衝動以外のなにものにも依拠しないという驚くべき権力構造が新たに形成されるという事態であった。いいかえれば、革命の瞬間が到来した時に明らかになったのは、そこには奪取すべき権力は何も残されていなかったということである。革命家たちはそこで、政府が消滅して空白となった権力中枢に自分たちが革命前からもっていた「権力」であるところの党機構の組織を据えるのか、あるいはそうでなければ、自分たちの助力なしに発生してきた新たな革命的権力中心部に合流するのか、というあまり愉快ではない二者択一を迫られることになったのである。(pp. 256-257／四〇九—四一〇頁)

そうした選択に直面して、評議会の意義を一時的に承認したのが、マルクスとレーニンでした(6)。一八七一年、普仏戦争の敗戦を受けてルイ・ボナパルトの第二帝政の崩壊後に出現したパリ・コミューンに対して、マルクスは事前に何の予想もしていなかったにもかかわらず、これを「労働の経済的解放のための、ついに発見された政治形態」の先駆をなすものとして高く評価して、コミューンの鎮圧に抗議します(『フランスにおける内乱』一八七一年)。しかしながらそうした評価は一時期のものにとどまりました。やがてマルクスはコミューンの本質が彼の想定した革命構想としての「プロレタリア

ートの独裁」という観念とは適合しないと判断し、コミューンは革命の一時的な機関にすぎないと結論したのでした。(7)

レーニンもまた、一九〇五年のいわゆる第一次ロシア革命の際に形成されたソビエトを「人民の革命的創造性」の現れとして高く評価し、一七年に再びソビエトが登場した時には、「すべての権力をソビエトに」というスローガンにもとに権力を奪取したのでした——このスローガンがなければ一〇月革命の成就はなかっただろうとアレントは少し後のところで述べています（p. 265／四二二頁）。しかしながらソビエトを革命の綱領に意識的に組み入れることをレーニンはしませんでした。一九二一年三月に起こったクロンシュタットの水兵反乱は、ソビエト＝評議会制度と政党つまりボリシェヴィキ党の支配とは相容れないことを明らかにします。「ソビエト連邦」という国名にもかかわらず、ソビエト制度がアレントの言うような人々の公共空間の実現の制度として機能することはありませんでした。

マルクス、レーニンにおいて、評議会への接近は一時的なものにとどまったのでした。それ以後、評議会と革命政党との対立は、革命の帰趨のいかんにかかわらず、同様の経路をたどることになります。

ロシアでの一〇月革命に続いて、ドイツでも一九一八年一一月のキール軍港での水兵反乱にはじまって各地に兵士と労働者の「評議会」（レーテ）が自然発生的に生まれますが、ロシア・ボリシェヴィキ革命を模範として旧体制の徹底的な解体を追求する革命党派の間でも「評議会」に対する評価は定まらないままでした。敗戦後ドイツの諸邦の中でも保守的な政治風土の南ドイツのバイエルンでもクルト・アイスナーを中心とする共和国政権が成立しますが、アイスナーの暗殺を受けてさらに急進化がすすんで、一九一九年四月にエルンスト・トラー（独立社会民主党）やグスタフ・ランダウアー（アナーキスト）を中心とするバイエルン・レーテ共和国の樹立が宣言されます。これに対して当時設立された共産党の指導部の一人ロシア出身の革命家オイゲン・レヴィーネはその実権を掌握して、赤軍の組織を手始めに本格的な改革を企図しますが鎮圧されて崩壊します。アレントが引用しているのはそのレヴィーネの言葉です。いわく、共産党員が「支持するのは、共産党が多数を占めているような評議会を擁するレーテ共和国のみである」。ドイツにおける評議会も、革命指導部にとっては指導権争いの手段にとどまったというのがアレントの評価でした(8)（p. 258／四一一頁）。

職業革命家の役割

ここでアレントは革命における「職業革命家（professional revolutionists）」の役割について論じています。すでにこれまでの章で見てきたように、アメリカ革命においてもフランス革命においても、革命の指導者たちの思考や態度は革命のたどった経路に大きな意味をもっていたからです。

アメリカ革命とフランス革命の指導者たちである「革命の人々」に対して、それ以降の革命の担い手をアレントは「職業革命家」と呼んでいます。アメリカ革命とフランス革命の指導者たちが、そうとは意識せずに体制の崩壊と新たな体制としての共和国の建設に加わっていった――「革命」というのはその過程で生まれてきた呼称であることはすでに説明しました――のに対して、フランス革命以降は、これをモデルとして革命を煽動し、組織することを追求する一連の人々が登場してきます。これが「職業革命家」ということになります。

ただし、そうした相違にもかかわらず、彼ら「職業革命家」たちの社会的な存在形態は、すでに述べた一七世紀、一八世紀の「文人」のそれと同様だったとアレントは見ています。つまり典型的にはフランス革命の人々、そしてアメリカ革命の人々も多くの特徴を共有していた、知識や教養を備えたいわゆる知識階級に属していたのでした。一九世紀の産業革命の進展にともなって、経済事業に多忙なブルジョアに対して、多くはその周辺に出自をもちながら、これを意識的に忌避した「新たな有閑階級」が生まれてくる。職業革命家は芸術家や作家などとともにそうした「文人」たちの末裔になります。その意味においては彼らもまた「貧しい人々」ではありません。そうした有閑階級の中でもとりわけ「職業革命家」は――革命の事業をその職務とする点において、つまりは他の職業に就いていない点で――もっぱら革命のための理論の研究に没頭するという特権的な生活を享受することができた人々でした。彼らの生息場所がロンドン・パリの図書館であれ――マルクスが大英博物館の図書館で『資本論』執筆のための準備をしたことは有名です――、ウィーンやスイス・チューリヒのカフェであれ――一九一七年二月革命の時レーニンはチューリヒに亡命していました――、はたまた旧体制の監獄の中であれ――これはロシア革命後になりますが、アントニオ・グラムシはファシスト政権によって逮捕投獄されて『獄中ノート』を執筆します――考えるための余暇を十分に享受していたことに変わりはない、とアレントはいささか皮肉まじりに述べています（pp. 258-259／四一二―四一三頁）。

しかしながら彼らが実際に果たした役割は革命の遂行ではありませんでした。彼らはたまたまおこった反乱や体制崩壊の現場に居合わせたにすぎない。この点でも彼らはアメリカ革命やフランス革命の人々が置かれた位置と共通しています。「レーニンの職業革命家の党でさえ、革命を「行う(make)」ことはできなかっただろう」とアレントは述べています。ロシア革命の担い手なったといわれるレーニンのボリシェヴィキ党は典型的な職業革命家の政党でした。「ボリシェヴィキ」という呼称はもともとロシアのマルクス主義政党であった「ロシア社会民主労働党」の「多数派」に由来し、「少数派」（メンシェヴィキ）との分裂の際の最大の争点は、革命路線の上での相違もさることながら、党員の資格を明確に党の組織に属して活動するものに限定するか否かでした。明確な組織規律に服する職業革命家の党としてのボリシェヴィキ党でさえ、実際にロシアでの革命を引き起こすことはできなかったし、彼らの宣伝や煽動、あるいは反乱の組織が帝政崩壊をもたらしたわけではないというのです。

その意味では、革命家、職業革命家の役割は、戦争やその他の原因で旧体制が崩壊して、権力の真空が生じた時にこれを掌握することにありました。その際に彼らが重要な役割を果たすのは少数のものであれ結束した組織の力によるところが大きいのはもちろんですが、「彼らの名前が一般に知られているという単純な事実」にあるとアレントは述べています。公的な光から隠れた秘密の結社、陰謀組織だけでは「政治」の場での権力を掌握し維持することはできない。ここにも政治的な事柄についてのアレントの見方の特徴がよく表れています（p. 260／四一三―四一四頁）。

しかしながら公的な場に登場することによって、彼ら職業革命家は革命のその後の経路に大きな影響を与えることになったのでした。もともと理論の人であった彼らの準備はおおむね過去の革命の歴史とその教訓についての研究でしたから、歴史的な先例に拘束されて、予期せぬ事態の到来に対しては好意的な眼を向けないという特性が出てきます。とりわけアレントが重視する人民の自発的な権力の組織のような現象に対しては冷淡あるいは無視、それどころか自らの権力や支配を脅かす「反乱」や「暴動」として対処することになります。新たな現象に対して冷淡で過去の歴史に有利に働く彼らの先入見のために、彼らが現実に権力を握っている場合はもとより――実際の経緯に対する直接的・

実践的な影響力を彼らが有していたのか、事態の進行を自己の制御の下に置いていたのかは、それぞれの事例によってさまざまでしょうし、その程度については相当に割り引いて考えたほうがいいでしょう――、実際に起こった経過についての解釈が過去の歴史、とりわけフランス大革命のそれを基準になされることになる。その結果としてそれ以降の革命的動乱はフランス革命の再演、あるいは茶番という様相を帯びることになったのでした（pp. 260-261／四一四―四一五頁）。

評議会の本質

フランス革命以降、評議会がくりかえし、それぞれが直接の関係なしに生まれてきたことを、革命前の伝統や、革命の伝統によって説明することはできないとアレントは述べています。すなわち、空想的社会主義者の著作、とりわけプルードンやバクーニンらの無政府主義者たちの著作[9]も評議会・コミューンという現象があらたな政府の樹立を目標としていたということについては、これに答える準備をまったくもたなかった。さらに歴史家たちは評議会の先行者として、中世の都市自治体、スイスのカントン、一七世紀イギリス革命の時にクロムウェルが議会軍として編成した「ニュー・モデル・アーミー」の代表者（agitators あるいは adjustators）、そして連隊ごとに選ばれた彼ら代表者と将校、ならびに将軍たちで形成された最高会議である大評議会（General Council）などを挙げているが、おそらく中世の都市を除いて、革命の過程で評議会を形成したものに影響を与えたことはなかった、というのです（p. 261／四一五―四一六頁）。

それでは、さまざまな起源や原因を持ちだしてなされる評議会の出現についての説明が失敗してきた原因はどこにあるのでしょうか。端的に言ってそれは評議会の本質についての無理解にあるというのがアレントの答えでした。

革命が敗北せず、何らかの復古がもたらされなかったところではどこでも一党独裁、すなわち職業革命家のモデルが最後には勝利することになったというのは本当である。しかしながらそれは革命の機関と制度そのものに対する暴力的な闘争の後にはじめて勝利を収めたのである。しかもその上、評議会はつねに活動の機関であると同時に秩序の機関でもあった。新たな秩序を確立しようとする評議会の大望が、それを革命的活動の単なる執行機関に格下げしようとする職業革命家の集団と彼らを対立させることになった。(pp. 262-263／四一八頁)

新たな秩序を自ら生みだそうとする評議会は「革命」の――まさしくアレントの言う「自由の構成」のための――機関であった。だからこそ職業革命家の集団がそれを支配のための機関として利用することを拒否し、職業革命家の党派組織と対立することになったのである。そうした評議会の出現を目撃した人々も、彼らの本質を理解することができなかったとアレントは続けて述べています。

彼らは、評議会があたかもロマンティックな夢、ほんの一瞬だけ実現した空想的ユートピアで、実生活の事実を知らない人々のロマンティックな願望にすぎないと見なした。これらの現実主義者たちが拠り所としていたのは政党制であって、当然のことながら彼らは代表制統治のほかにはどんな代替案もないと決めてかかっていて、古い体制が崩壊したのは何よりもこの政党制のせいだったということは都合良く忘れているのである。(10)(p. 263／四一八―四一九頁)

問題の焦点は、政党制とそれに基づく代表システムとしての議会制そのものが前提としている二分法、知識ある専門家集団としての政党と、そうした知識に基づく決定を受け入れる大衆との区別にあります。指導的な革命政党と人民大衆というこの区別は、「自分自身の意見をもって活動する平均的な市民の能力」を考慮の外に置いている。これに対して、あくまでも普通の「市民の平均的な能力」の信頼の上に立って、市民が自由に意見を交わしながら互いに結び合って共同作業を行う、そこに一つの政治体、それに加わる市民にも具体的に目に見える共同体と「権力」が生まれる。これが「評議会」でした（p. 264／四二〇頁）。

したがって「評議会」は、革命政党であれ、その他のいわゆる「ブルジョア政党」であれ、何らかの意味における指導的な専門家集団——政治のプロ——と普通の市民との区分を前提とする組織に対しては、そうした区別そのものを拒否するという態度に出ることになります。まさにその意味において評議会が挑戦したのは、政党制に基づく代表制システムそのものだったのでした。アレントはこう述べています。ソビエトの代議員選挙の実態は、党員であれ非党員であれ党指導部によって候補者が指名されて、対立候補の名簿リストも提示されないままに、まともな選挙ではなく、ただ拍手喝采で承認するというものであった[11]。したがってそこでの党と評議会との闘争は革命の「真の代表」は誰かをめぐる先鋭なものになったけれども、問題の焦点はそこにはない。それよりもはるかに重要な問題を評議会は提起していたのだ、と（p. 265／四二二頁）。

国民国家と評議会との対決

このように、評議会というものが、およそ政党を基礎とする代議制に対する反対者であるとするならば、それは形骸化され一党独裁の手段となったロシアのソビエト制ばかりでなく、通常の議会制に対しても原理的には対立することになります。これはいいかえれば、議会の基礎としての政党制は究極的には一党支配へと結びつく可能性を有している。政党制の原理はそうした可能性を排除しないということでもあります。「一党独裁は国民国家の発展の最終段階であり、特殊には多党制の発展の最終段階にすぎない」(p. 266／四二二頁)というアレントの発言はそうした意味において理解されねばなりません[12]。

評議会において顕著なことは、それがあらゆる党を横断して、さまざまな党派のメンバーがともに含まれているだけでなく、そうした党員がそこではいかなる役割も果たさなかったことだとアレントは指摘しています(p. 264／四一八—四一九頁)。評議会は、政党や党派別の編成を基礎にした議会制そのものに原理的に対立する、市民の自由と平等に基づく自己組織の原理であり、それが求めていたのは、国民国家という政治体のあり方そのものの変革、「近代の平等主義社会のすべての構成員が公的な問題の「参加者」となることができるような新しい統治形態」への希望だったのでした(pp. 264-265／四二一頁)。

評議会と政党制あるいは議会制との原理的な対立の所在を明確に言い当てたものとして、アレントは一九世紀フランスのジャーナリスト、オディス・バローの一八七一年のパリ・コミューンについての発言を引いています[13]。いわく、「社会革命としては、一八七一年は一七九三年から直接生まれており、それを継続し完成せねばならない。……これに対して政治革命としては、一八七一年は一七九三年に対する反動であり、一七八九年への回帰である……それは「単一不可分」という言葉を綱領から取り除いて、まったく君主政的な観念である権威の観念を拒否した……まさしくリベラルで共和主義的な理念連邦制の理念に接近するためであった」と（p. 266／四二三頁）。フランス革命が本来たどるべきであったのは一七九三年のジャコバン独裁ではなく、一七八九年の革命勃発にともなって登場したコミューンと、そこに表現されていた新しい統治の原理、自由で平等な人民の相互の結合に基づく連邦制的な共和国でなければならない。一八七一年のパリ・コミューンはその再現であったというのです。

一九五六年ハンガリーの評議会

アレントは本書冒頭で述べた一九五六年のハンガリーの評議会についても一九一七年ロシア二月革命のソビエトとならべて言及しています。

ロシアの場合は、労働者、農民、兵士の評議会、ハンガリーの場合には非常に雑多な評議会というように、この二つの事例では、相互にまったく無関係に、いたるところで評議会やソビエトが発生した。たとえばハンガリーでは、あらゆる居住地区に生まれた近隣評議会、街頭の共同闘争の中から生まれたいわゆる革命評議会、ブダペストでは作家・芸術家評議会、あらゆる大学に学生・青年評議会、工場には労働者評議会、軍隊の評議会、公務員評議会等々があった。このように当初はまったく種々さまざまな集団から生まれた評議会の編成が、多かれ少なかれ偶然的なかたちで互いに接近して政治的な制度へと転化していったのである。この自然発生的な発展の最も驚くべき局面は、二つの事例のいずれにおいても、これら相互に独立した非常に雑多な組織が相互に調整と統合の過程を進めて、地域や地方の上級の評議会を形成して、そこから全国を代表する会議へ代表者を選出できるようになるまでに、ロシアの場合は数週間、ハンガリーの場合には数日もかからなかったということである。北アメリカの植民地の歴史における初期の協約や「協合（consociation）」や連合と同じように、ここでも連邦の原理、すなわち別々の単位が相互に盟約を交わし同盟するという原理は、まさに活動そのものの初歩的条件から生まれてくるのであって、広い領土を包括する共和政体の可能性についての理論的な考察に影響を受けたのでもないし、共通の敵の脅威によって強いられた団結によるのでもないのである。(14)（p. 267／四二三―四二四頁）

ここにはアレントが評議会の原理と考えるものの核心が示されています。すなわち、人々が政治的に自由で平等な「市民」として、自発的な相互結合によって形成する「評議会」は、およそありとあらゆる場面で、近代国民国家の基礎単位である議会選挙区や階級に限らず、地域や職場、職域、そして古典的にはカフェなどの知的・文化的交流の場においてであれ、そこに集い、あるいは通う人々が活動を始めるところに生まれるものであり、そこに何らかの共通の課題――つまりは政治的な課題や問題――が共有されたならば、ただちに一つの「小共和国」を形成する潜在的な可能性をもっている。しかもそれは何か特定の政治理論や思弁の導きを必要としないし、対外的な脅威をその条件とするものではない――対外的な「敵」の論理によって仮構の内的団結を要請するというやり方が本来の「政治体」の形成にとって致命的であるとアレントが考えていることは、ルソーの「一般意志」の中に

「内部の敵」の設定を読み込んでいることからも明らかでしょう——。人々の自発的な相互結合による「権力」の形成という「活動」の条件以外には、そうした理論やいっさいの内的・外的条件を必要としないからこそ、それは可能性としては何時でも生まれてくるはずだ、というのです。

アングロ・サクソンの政党制

そうした観点から、イギリスやアメリカの政党制についてのアレントの発言も理解できるでしょう。二つの政党による政権交代が行われるイギリスやアメリカの二大政党制が、連立の失敗からしばしば体制の不安定の原因となる大陸ヨーロッパの多党制と異なることはよく指摘されています。アレントはその違いを、これまで説明してきた「権力」についての基本的なとらえ方——それに基づく統治システムの制度設計——の相違に求めています。すなわち、政権交代、つまりは政権担当可能な野党の存在を統治の制度として認めて組み入れるということは、「権力の分散は無力をもたらすどころか、むしろ権力を生みだし安定をもたらす」という想定があってはじめて可能である。イギリスが海外植民地をコモンウェルスという自治領として統合することができ、また、もともとその一つであった北アメリカの植民地が独立して連邦共和国を設立することができたのも、イギリスの統治制度が事実としてそうした「権力」の原理を体現していたからである、と。イギリスとアメリカ合衆国の統治制度がアレントの言うような「権力」——権力分散に基づく権力増大——の原理に基づいているとすれば、これを支える政党もまたそうした「権力」原理をその内部に取り入れていることになります。政権交代が行われて、一つの政党が政権担当の責任を全面的に担うとすれば、政党の内部組織、あるいは政党とこれを支持する有権者との関係にも、おのずとそうした「権力」原理が働いていなければならないからです。[15] ということはいいかえれば、英米系の政党制の場合には――政権交代をめぐり政党間の競争が行われている点だけでなく――政党内部にある種の評議会型の組織が存在して、これが統治システムとしての政党制の機能を支えているということでもあります。[16] その限りにおいて、アメリカとイギリスの政党は、「専制的、寡頭制的な構造、内部における民主主義と自由の欠如、「全体主義的になる」という傾向、無謬性の主張」という近代的な組織政党の欠陥から相対的に免れていたのでした(pp. 267-268／四二四―四二五頁)。

しかしながら、英米の二大政党制が統治の制度としての実績、その生存能力と憲法上の自由を保障する能力をともに示したことを認めながらも、そこにはやはり限界があるというのがアレントの立場でした。

代表者と投票者、議会と国民との間にコミュニケーションが存在していることが、イギリスおよびアメリカ政府とその他の西洋諸国との顕著な違いをなしているのだが、たとえこのようなコミュニケーションがあるとしても、それは平等なもの同士の間に行われるものではなく、統治することを熱望する人々と、統治されることに同意する人々との間のコミュニケーションなのである。「人民による人民の統治」という定式を、「人民の中から出てきたエリートによる人民の統治」という定式に変える点に、政党制というものの本質の性格はある。(p. 277／四三七頁)

すなわち、アングロ・サクソンの政党制が制度として実現したのは、被支配者による支配者に対するある程度の統制であって、市民が公的問題の「参加者」になることはできなかった。[17] 市民はただ

「代表」されるだけの存在であって、そこで代表され、委任されるのは有権者の「利益」や「福祉」にとどまり、彼らの「活動」や「意見」ではない、というのです。「意見」と「利益」の区別はすでに述べたようにアメリカ合衆国の上院の制度設計の際の論点でしたが、あらためてその相違をアレントはこう説明しています。

意見（opinions）は、公然たる（open）議論と公的な論争の過程で形成される。意見を形成する機会のないところでは、大衆の気分（ムード）と個人の気分という——いずれ劣らず移り気で信頼できない気分があるだけで、意見は存在しない。だからそうしたところで代表者ができることは、有権者が自ら活動する機会を得た時にそうするのと同じように活動することだけである。利益と福祉が問題となれば話は別である。それは客観的に確かめることができるし、活動と決定の必要は利益団体間のさまざまな闘争から生じてくることになる。利益に関してならば、投票者たちは、圧力団体、ロビー活動その他の手段によって実際に代表者に影響を及ぼすことが可能である。つまりこの場合には彼らは、他の投票者の集団の要求と利益を犠牲にして自分たちの要求を実行するように代表者に強制することができるのである。こうした場合にはすべて、投票者たちは自分たちの私的生活と福祉に対する利害関心から活動しているのであって、彼らがまだかろうじて維持している権力の残り滓は、共に活動し慎重な審議をすることから生まれる権力というよりも、ゆすり屋が恐喝によって有無をいわせず従わせるほうに近い。（pp. 268-269／四二六頁）

ここで問題とされている「意見」が“opinions”であって、単数形で表される「世論（public opinon）」

とは異なることに注意が必要です。意見である限りはそれは必ず複数の異なる意見としてあらわれるし、時には対立することもある。いやむしろ公的な場、関係するすべての者に対して開かれた場においてなされる討論によって、そうした意見は形成されると言うのです。だからそれは本質上「代表」――誰か他の者によって代弁――されることはない。これに対して「利益」は、人々の間に客観的なかたちで存在し、確認することができる。だからこそそれは代理人によって代弁され、「代表」されることが可能となる。アレントが先に述べた「代表制」に内在するジレンマというのは、本来は一つではありえない「公的な事柄」にかかわる「意見」を形成し表現するはずの場が、単一の「意志」――ルソーの「一般意志」――を形成し表明する場とされるところから生じてきたのでした。そこでは結局のところ複数の「意見」ではなく、さまざまな「利益」が代弁されて、それらの対立と調整のその時々の結果が共通の利益、福祉として表明される。通常そのようなものとして理解されている「代表制」が「評議会」と原理的に対立するとアレントが言うのはここに理由がありました。

リベラリズムの陥穽

「評議会」に対する誤解あるいは無理解、市民の政治への直接参加などというのはかりそめのユートピアにすぎないという評価がしばしば出てくる理由は、まさに「代表制」とその担い手としての政党制が前提としている区別、すなわち――その資質や内容について見解は様々でありうるとしても――何らかの専門的な知識や能力をそなえた職業政治家の集団と、そうした知識も関心も持たないその他大勢の人民大衆という区別を自明のものとしているところにあります。

今日われわれが民主主義と呼んでいるものは、少なくとも観念の上では多数者の利益のために行われる少数者の支配である。この統治は、人民の福祉と私的幸福をその主たる目的にしているという意味で民主主義的である。だが同時に、公的幸福と公的自由がふたたび少数の者の特権になったという意味では寡頭制なのである。（p. 269／四二七頁）

この点は「自由で民主主義的」な制度を支持しているいわゆるリベラリストも変わるところはありません。彼らが擁護するのは基本的には個人の自由、つまりは「市民的自由」と「私的な利益」あるいは「私的な福祉」であって、「公的自由」や「公的幸福」に対しては冷淡だからです。しかも二〇世紀に入って、一九世紀の古典的な国民国家と代表制が崩壊してある種の専制体制や独裁――その極限がナチスやソビエト・ロシアのスターリン支配のもとで現れた「全体主義」ということになります――の深刻な経験から、善良な「人民の意志」というような想定に対しても彼らは懐疑的です。多数者たる人民大衆は、放っておけば暴走しかねない危険な存在であって、本来は受動的なままに止めておくべき存在である、という人民に対する懐疑がそこにはあります。

これに対してアレントはこう反論しています。こうした想定が問題であり有害であるのは、「人民（people）」と「大衆（mass）」を混同していることである。「大衆」は「マス」という言葉の示すとおり、多数の人間が集積した塊であって、それを構成する一人一人はバラバラな存在である――だからこそ「全体主義」がそこから生まれる――というのが『全体主義の起源』以来のアレントの主張でした。したがって、自分たちが相互に結び合って「権力」を生みだす「人民」と、そうした能力をもたないバラバラの個人からなる「大衆」とは異なる。近代的な政党組織はまさにそうした「大衆」を上から組織するところに成り立っていたのでした。ただし注意しなければならないのは、「大衆運動」は政党や議会がそれなりに機能していないところで生じやすい、だから大衆が既存の政党や議会に不信をもっているところにこそ大衆運動成功のチャンスはある、とアレントがここで指摘していることです。

たとえばアメリカのようにそうした〔既成政党と議会に対する〕不信が存在しないところでは、大衆社会の条件があってもそれが大衆運動の形成を導くことはない。他方でフランスのように、大衆社会がまだ十分に発達していないところでも、政党と議会制度に対する敵意が十分にありさえすれば、それは大衆運動の餌食になるのである。(p. 270／四二八頁)

バラバラの砂粒のような個人からなる「大衆」が、「代表制」に対する根深い不信、既成の政党や議会は自分たちの利益を本当に代表していないという――「代表」の本質からしてそれなりに根拠のある――不信感を抱いていて、それにいったん火が点けられれば、既成政党の統制を超えたかたちの「大衆運動」に発展していくだろう。それが誰も統制できない反乱や暴動におわるのか、あるいは彼らの「真の利益」を代弁する、「真の意志」を体現すると僭称する専制支配者、独裁者が現れるのか、いずれにせよ破局的な結果がもたらされるだろう。だからこそ既成の政党や議会制度の擁護者は、いかなるかたちであれ彼らの統制を外れた人々の自発的な活動に対して敵意を向け、これが既成の「代表制」から疎外された「大衆」の不信を駆り立てる。こうした悪循環があるというのです。

専門と管理・行政の問題

評議会に対する無理解には今ひとつの重要な要因があるとアレントは指摘しています。政党制が前提しているのは、市民の公的参加は既存の機関によってすでに十分保障されており、新たなかたちでの参加は無用であるという想定に加えて、「福祉国家の政治的問題はすべて結局は専門家が処理し決定すべき管理（administration）の問題である」という前提でした。これはすでに述べた「意見」と「利益」の区別の問題と関連しています。問題が構成員の利益と福祉であるならば客観的に確認することができる。したがってそれは公的なかたちでの表明と討論の場を経ずとも、専門家の知識と経験に基づく冷静な判断に基づいてしかるべく処理される。人々の求めるのが――究極的には生命の維持と再生産に根ざした――生活のための要求とその解決であり、国家の果たすべき課題がもっぱらそうした「社会」の要求に応えることであるならば、それは専門的・技術的な観点から解決すべき「管理」の問題になります。

マルクスとエンゲルスは来たるべき共産主義社会においては、政治的な対立の原因となる階級対立は消滅すると主張しました。資本主義的な生産において行われる搾取は廃絶されて、商品と貨幣という「物神崇拝」はなくなり、財やサービスの生産と流通、消費は誰の目にも明らかなかたちで整然と行われる「物の管理」となると言うのです。「公的自由」から目を背けて「私的利益」の平等で公正な分配を要求する「福祉国家」の原理がいきつく先はそうした世界――いわば「管理社会」の極致――になるだろうとアレントは見たのでした。

他方でこの点に関しては「評議会」の側にも誤解があったとアレントは述べています。これまで革命の過程で登場した「評議会」も、管理・行政の特質と彼らが本来要求すべき「公的自由」の領域をはっきりと区別できなかった。その端的な事例が工場などの生産の現場で労働者たちが形成した工場評議会あるいは経営評議会です。おそらくは「物の管理」というマルクス主義の主張も影響して、彼らは生産現場そのものを支配して、工場の経営を自らの力で担おうとしました。

これまでのそうした運動の結果が示しているように、それは失敗します。その原因は、評議会という制度原理が、意見表明と形成というまさに「公的」、「政治的」な領域ではなく、生産あるいは流通の管理という経済部門についての能力の形成、能力あるものの育成や選抜には不適だったからです。物であれ人であれ、それを管理する――これはとりもなおさず支配することでもあるのですが――という営みと技術は、自由な人間が相互の間で行う営み、そこで自由な人間を扱う術とは本質的に異なっている。一方が他方を排除すべきではなく、それぞれに相応しい領分がある、というのがアレントの基本的な立場でした(18)(pp. 273-275／四三二―四三四頁)。

ロシア革命におけるソビエト制とボリシェヴィキ

評議会と「管理」の問題が一九一七年のロシア革命における評議会＝ソビエトについてどのようなかたちで現れていたのか、アレントが参考にしているオスカー・アンヴァイラーの『ロシアにおける評議会運動　一九〇五―一九二一年』(一九五八年)の指摘を紹介しておきましょう(19)。

ロシア革命において評議会＝ソビエト運動の中心となったのは首都ペテルブルクでした――そこには一九〇五年のペテルブルクの労働者代表評議会の記憶が残っていました。一九一七年二月に革命的騒擾がはじまるや、ストライキに入った工場や革命的インテリゲンツィアの中で評議会の思想は再生します。二月二四日からいくつかの工場でソビエトのための代表者選挙が行われ、二三日から二五日にかけて、非合法の労働組合や社会主義政党指導者など指導的グループの間で秘密の会合がもたれて、すべての工場で労働者ソビエトを設立することが決定され、都市の各地区に集会拠点が定められる。会合の参加者のほとんどが逮捕されますが、釈放された指導部のイニシアティブのもとに、二月二七日（グレゴリオ暦では三月二七日）に「労働者代表評議会暫定執行委員会」が形成されて、代表者の選出を呼びかけます。同日九時に開会されるソビエトの参加者は四〇―五〇名ほどでした。

暫定執行委員会はただちに活動を開始します。革命的な兵士や将校から軍事スタッフを組織して、首都の主要な戦略拠点を占拠、ソビエト大会は各地区にコミサールを派遣して革命地区委員会と武装民兵の組織を決議する。執行委員会は社会主義政党の党員を加えて拡充されて、食料調達等々の任務遂行のために各種の委員会が編成されます。

二月二八日にほとんどすべての工場でソビエト代表の選挙が行われて、午後一時に約一二〇〇の職場代表が集まり全体会議が行われます。こうして成立したペテルブルク・ソビエトは三月はじめにはおよそ一二〇〇の代表、さらに同月後半には三〇〇〇にまで拡大していきます。このようにソビエトが巨大な規模の合議体となっていくにともなって、その課題遂行のために再組織が進行していくことになります。

　およそ二カ月の間にこうしてペテルブルク・ソビエトは暫定的な革命機関からよく整備された行政装置へと転化した。その業務を片付けるためには数百人の職員を必要とした、その多くは個々の部門の事務員であった。ソビエトの行政支出は三月から六月の間に八〇万ルーブルになり、同じ時期の収入は三五一万二〇〇〇ルーブルになった。しかしながら、ソビエトの活動がうまく機能しはじめるのと同じだけ、大衆との直接の接触は失われていくことになった。全体会議は、最初の週にはほとんど毎日行われていたが、次第に稀になり、代表者の出席もわずかばかりになっていった。ソビエト執行部は目に見えて自立化していき、なるほど代表者による一定の統制に服するとしても、そうした統制を免れる権限を獲得していた。ここから、後にボリシェヴィキ的なソビエト制においてなされる発展への道が開かれることになった。すなわち、党の伝統から受け継がれた方法と連動して、小さな委員会（Gremien）に権力を集中し、この小委員会が――これがもともとのソビエト制度との決定的な相違なのだが――もはや下からの真の民主的統制に従わないという発展である。[20]

以上の経緯からも明らかなように、ソビエトの成立は特定の政党の指導によらない自然発生的なものとはいえ、活動の重心は執行委員会に置かれていました。主要な政治的決定はまず執行委員会でなされて、ソビエト大会でこれが事後的に承認されるという手続が当初からとられることになります。ソビエトが日常的に直面する様々な課題に対応するために、執行委員会の内部での分担・分業が進められて、その小委員会の数は一二から一五にまで増加していきます。執行委員会自身も、シベリアから戻った著名な革命家（ボリシェヴィキではレフ・カーメネフやスターリン）が加わって三月末には四二名に拡大、その会合には他の労働組合代表、社会民主党の国会議員、地区評議会代表、機関紙『イズベスチヤ』編集部などが加わります。大所帯となった執行委員会ではなかなか動きが取れないために、三月半ばに「執行委員会事務局」が七名で構成されて、緊急の場合には独自の判断で政治的決定を行う権限が、これまた執行委員会の事後承認を前提としつつも、与えられることになります。三月末から四月初めに全ロシア・ソビエト大会が開催された後には、一六の地方代表が執行委員会に加わり、「事務局」も二四名に拡大されて、執行委員会が週三日、「事務局」は日常的に会議を行うことになります。すでに成立三カ月足らずの間にソビエトは「革命の機関」から、様々な課題を日常的に処理する「行政機関」に転化していたとアンヴァイラーは言うのです。こうした「管理・行政」への転化と、それにともなって進行する「少数支配の法則」が、ボリシェヴィキ党による権力掌握のための前提をつくり出したのでした。

さらにロシア革命においても経営管理の問題が、ボリシェヴィキ党の支配が成立する上で決定的に重要な役割を果たしていたことをアンヴァイラーは指摘しています。一九一七年三月にペテルブルク・ソビエトは「工場委員会」の設立を呼びかけて、一〇日にはそれらと企業家との間で八時間労働日と“Ältestenräten（sovety starost：長老会議）”の形成についての協定が成立します。こうして成立した「経営評議会」についてアンヴァイラーは次のように述べています。

革命によって強化された経済闘争において工場委員会は労働と資本の対立の本来の担い手であった。労働組合は、二月革命直後にはおなじく新たに組織されはじめたが、経営評議会によって押しのけられてしまった。労働組合が確固とした組織を建設するには時間を要したし、いつでも労働者の一部を包括するものでしかなかった。しかも当初は圧倒的にメンシェヴィキによって指導されていて、生産に対する直接的でラディカルな介入は避けていた。生産への介入を大胆に行ったのが経営評議会であった。工場委員会が法律によって定められたその権限の限界を尊重するのはまれであった。多くの工場では労働者がみずから管理と経営の技術的指導に介入して、そればかりか親方（Meister）やエンジニアを独断で解任したのである。企業家が工場を閉鎖しようと欲した場合には、〔労働者を代表する〕経営評議会はしばしばそれを自らの手中に収めた。すでに一九一七年五月にこう報告されている。「経営委員会は経済活動に介入することを躊躇するものではない。もちろんそれは、さもなければあまりに多くの工場を閉鎖せねばならなくなるから、そう強いられているのである。無数の労働者大衆が街頭に投げ出されて、いずれにせよ増大しつつある失業者の大軍がさらに拡大するだろう」と。[21]

メンシェヴィキと労働組合が、国家を通じての生産統制を支持していたのに対して、経営評議会の多くは経営の直接統制、労働者による工場の自主管理を志向していました。もとよりそれは意識的な「サンディカリズム」によるものというよりは、むしろ労働条件を目に見える形で改善したいという労働者の基本的な要望に基づくものでしたが、ボリシェヴィキはこれを利用します。「労働者による統制」というスローガンが工場労働者の急進化と、ボリシェヴィキへの支持獲得の手段として採用され、なかなか影響力の浸透が進まなかった労働者・兵士ソビエトに対して、工場経営はボリシェヴィキ党の拠点となったのでした。一九一七年五月三〇日から六月三日にかけて開催されたペテルブルク経営評議会の大会では、グリゴリー・ジノヴィエフの提案した「労働者統制」の制度設立要求の決議が多数の支持で採択されて、大会で選出された中央評議会ではボリシェヴィキが優位を占めることになります。[22]

このように、一九一七年のロシア革命においては、ボリシェヴィキはまさに生産現場における「経営評議会」をソビエトにおける指導権掌握の梃子《てこ》として利用したのでした。それは自然発生的に生成した工場労働者の自発的組織を——アレントの言う「公共空間」の基礎単位としてではなく——、本来は彼らの労働条件改善要求だったものを「労働者による生産の統制」というスローガンによって誘導するというかたちで行われたのでした[23]。

エリートの統治？

それでは、評議会と政党の対立の根源にあったこうした問題、いいかえれば評議会が現実に姿を現す際にかならず直面する難問はどのようにすれば解決できるとアレントは考えていたのでしょうか。

問題は、人民が全体として参加できるような公的空間、エリートがそこから選び出されるというよりはエリートがそこで自分自身を選択することのできるような公的空間が存在しないことにある。いいかえれば、政治が職業であり生活のための手段になってしまっていて、「エリート」がそれ自体まったく政治とは関係ない基準で選ばれるところに問題がある。本当に政治的な能力のある人間が自己を主張できるのは稀なことだというのは、あらゆる政党制の本質であるし、特別な政治的資質の持ち主があからさまな商売人の手腕を必要とする党派政治の些末な策謀の世界で生き残るのは、さらに難しい。もとより評議会の人々もエリートであったし、近代世界が目撃した唯一のエリート、人民から生まれた人民の政治的エリートであったが、彼らは上から任命されたわけでも、下から支持されていたわけでもなかった。基礎的な評議会は人々が共に住み、共に働くところでは必ず生まれてくるものだが、彼らは自分自身を選び出したのだといってもいいだろう。自分自身を組織した人々が、自ら責任をもって活動を始めるのである。彼らは革命によ

って開かれた公的な場に連れ出された政治的エリートであった。(p. 278／四三八―四三九頁)

評議会制においても選ばれた者としてのエリートの存在がまったく排除されているわけではない。重要なのは政治的な能力と資質をもつ人間に活動の場を与えることであって、商売人や政治を食い物にする職業政治家が跳梁跋扈する政党制に代わる評議会制の意義もここにある。評議会はいわば優れた政治的資質ある人々が、自らを組織して、自らを選び出す――マックス・ウェーバーの言い方を借りれば――「指導者選抜の場」だということになるでしょう。まさに政治的空間とそれに根ざした関係性の力としての「権力」とは対立するような「支配」のための組織、少数者としてのエリートの「支配」をもたらすところに政党制の問題はありました。しかしながら評議会というかたちで繰り返し現れる人民の政治活動のための公的・政治空間においては、「平等」と「卓越」という政治的経験の基本的要素が見られるだけではありません。

この「基礎的評議会」から、評議会の参加者たちは代表を選んで上位の評議会へ送り出し、これらの代表がさらに同輩者によって選ばれることになるのだが、彼らは上からの圧力にも下からの圧力にも服することはない。彼らの資格は、自分と同等の人々の信任以外の何ものにも依拠していないからである。彼らの間の平等性は自然的ではなく政治的なものであった。それは生来のものとは関係がなく、ただ共同の企てに関与して、今やそれに携わっている者たちの間の平等性だったからである。ひとたび選ばれて上の段階に送られる代表者は、そこで自分と同等の者たちに取り巻かれることになる。このシステムではどの段階の代表もそれぞれ特別の信任を得て送られた者たちだからである。こうした統治の形態が全面的に発展すれば、それは再びある種のピラミッドの形をとることになるだろうし、もちろんピラミッドというのは本質的に権威主義的な統治の形態である。だがわれわれがこれまで知っている権威主義的統治の場合には、権威は上から下へと滲透していくのに対して、この場合には権威が生み出されるのは頂点でも最下層からでもなく、それぞれのピラミッドの層においてなのである。(p. 278／四三九―四四〇頁)

評議会とその代表の権力は同格の者、同輩者の中からの相互の選抜にのみ依拠している。これは人間の相互作用の中でこそ権力は発揮されるという「権力の統語法」の応用です。このような代表者の相互選抜によって形成される階梯的な統治のシステムは、その限りにおいてある種の「権威」に基づく統治の体制でもある。ただし通常の権威主義的な統治の場合にその権威は上から下へと浸透するのに対して、この場合の「権威」は――それがそう呼ぶに価するものであったとしても――あくまでも同輩者による相互の承認によって生み出されるのだ、と言うのです。このような意味で「評議会」のシステムは、アメリカ革命の指導者たちがローマの先例を半ば無意識の内に借りながら解決しようとした、「権威」の問題に対する一つの解答をも与えることができるとアレントは考えたのでした。

「選ばれたもの」の統治？

だが、それにもかかわらずやはりそれはエリートの統治、全員の統治あるいは多数者の統治ではない少数者のそれではないのか。アレントの評議会構想に対して繰りかえし出される問いに対して、彼女はこう答えています。

たとえばそれは、今日の大衆社会を、似而非《えせ》政治的な大衆運動の形成という危険な傾向とともに解体する最良の手段である。あるいは、草の根のところで、誰かから選ばれたのでなく自らを構成する「エリート」によって草の根のところで大衆社会を分散化する、最良かつ自然な方法だと言った方がいいかもしれない。公的な幸福の喜びと公的な仕事の責任は、あらゆる生活領域から集められた少数の人々の共有物となるだろう。彼らは公的な自由を好み、それなしには「幸福」でありえないような人々である。政治的には彼らは最良の人たちであり、公的領域にしかるべき地位を保証するのが善き統治の任務であり、秩序正しい共和国の印である。なるほどこのような「貴族制的」な統治形態は、今日われわれの理解するような普通選挙の終わりを意味するであろう。「基礎的共和国」の自発的な一員として、自分の私的な幸福以上のものに責任をもち、この世界の状態に関心をもっていることを証明した人だけが、共和国の業務を遂行する上で発言する権利をもつだろうからである。（p. 279／四四一頁）

エリート、選ばれたものがいるということは、選ばれずに排除されたものがいるということを否定するものではありません。そもそもアレントにとって「政治活動」には、人間の自然的その他の不平等を前提として設定される政治的な「平等性」と、それに不可分の形で結びつく「卓越」の要素が含まれていました。その意味ではアレントの政治観のうちには「エリート」の要素は不可分なかたちで組み込まれている。(24) ただし、そうした「選ばれたもの」の存在、いいかえれば、選抜されずに排除されるものの存在は、人間とその生の条件にとって必ずしも不都合ではない、とアレントは続けて述べています。

しかし、このような政治からの排除は不名誉なものにはならないだろう。というのも、政治的エリートは決して社会的なエリート、文化的なエリート、専門的エリートと同じものではないからだ。しかもそれに加えて、この排除は外部の団体によってなされるものではない。エリートに属する人間が自分で自分を選抜するのだとすれば、それに属さない人も自分で自分を排除するのだから。このような自己排除は、恣意的な差別であるどころか、古代世界の終わり以来われわれが享受している最も重要な消極的自由（negative liberty）の一つである政治からの自由に、実質とリアリティを与えるだろう。この政治からの自由はローマやアテナイでは知られておらず、おそらく政治的な意味ではキリスト教の遺産の最も重要な部分なのである。（pp. 279-281／四四一―四四二頁）

政治的なエリートは社会や文化その他の領域でのエリートと同一ではないし、政治的な場で人々はもっぱらその政治的力能において互いを選抜しまた排除する。その限りでここでのエリートの存在とある種の「貴族主義」は、生まれや財産などの社会的・文化的条件、あるいはまた専門的知識などの多寡や有無によってなされる選抜や排除――通常われわれが差別的選抜というところのもの――とはその本質において異なる。しかも自ら進んで政治の世界から退き、政治からの干渉を受けないという意味での消極的自由（リバティ）こそ、古代ローマやギリシアには知られていなかった、キリスト教の遺産なのでした。

ともあれ、政治その他それぞれの領域で要求される技術や能力は異なっており、それぞれにはそれぞれ相応しい領域がある。これらをきちんと区別した上で相互の関連をつけなければならないというのがアレントの立場であったこと、その上に「公的な自由」の実現の場であり、その基礎単位としての「評議会」という主張があることには注意が必要です。直接民主主義、あるいは参加民主主義の観点からアレントの議論を讃美したり、他方ではそうした見方は現実味を欠いた夢想であり、かえって危険だというしばしばなされる批判は、いずれもそうしたアレントの議論の構成と、その中での「評議会」の位置に十分目配りをしていないところがあります。「代表制」がもつジレンマそのものの中に、そうした讃美や批判が出てくる根拠があることをアレントがすでに指摘していることから、「評議会」をめぐる議論はなされるべきでしょう。

もとよりこうした領域の区別と関連は、アレントによれば、「労働」、「仕事」、「活動」という人間の根本的な活動領域それぞれの性格をどう捉えて、どのように関連させていくのかという問題になります。そうした領域相互を適切に関連づけて、それぞれの領域とその領分をしっかり保障できるような制度をどう作るのか、という制度設計をめぐる問題は、やはりつまるところは「活動」とそれが解決すべき「創設」の問題になってくることは、ここまでの議論から容易に予想できることでしょう。この点については『人間の条件』にそくして検討しなければなりません。

ルネ・シャール　レジスタンスの光

最後に、アレントはルネ・シャールとソフォクレスという現代と古代の二人の詩人の言葉を借りて、アメリカ革命が見出したにもかかわらず、結局は失われてしまった精神とは何かについて語っています。まず、第二次世界大戦中にレジスタンスに参加した詩人ルネ・シャールについてこう述べています。

彼のアフォリズムの書は、戦争の最後の年に、解放の日がくることを明らかに恐れながら書かれている。というのも、〔レジスタンスに参加した〕彼のような人々にとってそれはドイツ占領からの解放として歓迎すべきものであるだけでなく、公的な任務の「重荷」からの解放でもあることを知っていたからである。その私的な生活と仕事の陰鬱な重苦しさ（épaisseur triste）に、まるですることすべてに呪いがかかっていたような戦争前のあの「不毛な沈滞」に戻っていかなければならない。「もし生き残るなら、私はこの貴重な歳月の芳香と別れを告げ、私の宝を黙って（隠すのでなく）捨てなければならないだろう」。彼が考えていたその宝とは、「自分自身を発見した」こと、もはや自分が「不誠実」ではないかと気に病むこともないし、仮面をつけて外見を装う必要もなく、どこへ行ってもありのままの自分を他人にも自分にも見せること、つまり「裸のままで行く」ことができるということであった[25]。このような考察は、無意識の自己暴露を、あらゆる活動に内在している、言葉と行為によって何のごまかしも自己省察もなしに現れることの歓びを証言している点で興味深いものである。（pp. 270-281／四四二—四四三頁）

ルネ・シャールのアフォリズム集『イプノスの綴り』（刊行は一九四八年）はレジスタンス運動のなかで、解放の後に訪れる私的生活への撤退を予感しながら書かれていました。抵抗運動がもたらした光と、そこでありのままの自分を明らかにすること、ここには自分自身からは意図せずに公的空間に登場して、そこで経験した活動の喜び、その喜びが示されている。だがおそらくそうした喜びは長く続かないだろう。いずれ自分は、公的な任務の重荷から解放される。それはおそらく、ナチスの支配からの解放であると同時に、そうした喜びの喪失でもあるだろうと語っていたのでした(26)。

おそらくそれは単なる私的生活への退出ではなかっただろう、とアレントは『過去と未来の間』の序文で述べています。

それは長くは続かなかった。数年の後、かれらは当初は「重荷」と感じていたことから解放され、私事に投げ返された。だがそれはいまや彼らを惹きつけるだけの重みをもたない些事となっていた。かれらは閉ざされた私的生活の「陰鬱な物憂さ（épaisseur triste）」によって、ふたたび「リアリティの世界」から切り離されてしまった。といって、「〔かれらの〕出発点そのもの、最も不毛な行動に戻る」のを拒んでみても、かれらが戻れるのは敵対するイデオロギー同士のかつての空虚な闘争でしかなかった。この闘争は、共通の敵が敗北した後ふたたび政治の舞台を占拠し、かつての戦友を分派とさえいえないほどの無数の徒党に分裂させ、かれらを果てしない論戦と宣伝戦の策謀に巻き込んでいたのである。戦闘は現にいまだ続いているのに、シャールが予知しはっきりと予期していたこと――「もし生き残るなら、私はこの貴重な歳月の芳香と別れを告げ、私の宝を黙って（隠すのでなく）捨てなければならないだろう」――が起きていた。かれらはすでにその宝を失っていたのである(27)。

そうした「失われた宝」のありかを示すには、シャールの言葉はあまりに「現代的で、自己に中心を置いている」として、[28] 次にアレントが挙げるのが、古代ギリシアのソフォクレスの『コロノスのオイディプス』です。

ソフォクレス『コロノスのオイディプス』

オイディプス王は、そうとは知らずに父親を殺し母親を娶ったという伝説上の人物で、ソフォクレスの『オイディプス王』をはじめとする一連の悲劇の題材になっています。『コロノスのオイディプス』は、真実を知り自らの目をえぐって追放されたオイディプスの最期を語る悲劇で、アレントがまず引いているのは、登場人物の台詞ではなく、合唱団コロスが歌う次のような詩句です。

この世に生まれないことが、
すべてにましてよいことだ、
生まれてきたからには次善のことは
生まれたもとのところにすみやかに戻ることだ。

第一章で述べたように、古代ギリシアの歴史と人生についての見方は、生と死が絶えず繰り返される、そこから何か新しい発展が生まれてくるわけではないというものでしたから、ここで表明されているような、そもそも生まれてくることに意味はないというペシミスティックな考えはめずらしいものではありません。ニーチェは『悲劇の誕生』（一八七二年）で、同じような話を古い伝説として紹介しています。

ミダス王がディオニュソスの従者である賢者シレノスに問う。人間にとって最もよいこと、最もすぐれたことはなんであるか。シレノスは次のように答える。「みじめな一日だけの種族よ、偶然と労苦の子らよ。聞かないほうがおまえにとって一番ためになることを、どうしておまえはむりに私に言わせようとするのか？　一番よいことは、おまえには、とうていかなわぬこと。うまれなかったこと、存在しないこと、無であることだ。しかし、おまえにとって次善のことは——すぐ死ぬことだ[29]」。

アレントのここでの眼目は、そうした徹底的に悲観的な生についての見方の強調にはありません。引用のすぐ後にこう続けています。

しかしソフォクレスは、アテナイの伝説的な創設者であり、したがってその代弁者であったテセウスの口を通して、何が老若普通の人々を生の重荷に耐えさせたのか、をわれわれに教えてくれている。それは人々の自由な行為と生きた言葉の空間、ポリスであって、それが生に輝きを与えることができたのであった。（p. 281／四四三—四四四頁）

生についての悲観的な見方にもかかわらず、いやそうであるからこそ、そうした生に耐えるために、自由な活動の空間としてのポリスをギリシア人たちは創りだしたのだと言うのです。最後の傍点部分のギリシア語引用にあたるテセウスの台詞を引くとこうなっています。

私は自分の生に行動でなく言葉で輝きを与えようとは思っていない(30)。

これだけの台詞からアレントのような解釈を引き出すのは少しばかり無理があるように見えるかもしれませんが、「言葉ではなく行為」という表現は、トゥキュディデス『戦史』の有名なペリクレスの葬送演説でも用いられています。

かつてこの壇に立った弔辞者の多くは、この讃辞を霊前のしきたりとして定めた古人を称えている。戦いの野に生命を埋めた強者らには、讃辞こそふさわしい、と考えたためであろう。しかし思うに、行為によって勇者たりえた人々の栄誉は、また行為によって顕示されれば充分ではないか。なればこそ今、諸君の目前でおこなわれたように、この墓が国の手でしつらえられたのである。それに反して、多くの勇士らの勇徳が、わずか一人の弁者の言葉の巧拙によって褒貶され、その言うなりに評価される危険は断じて排すべきだと私は思う(31)。

アレントは『人間の条件』の第五章「活動」でトゥキュディデスの『戦史』におけるペリクレスの葬送演説を、「権力」に対する信頼が典型的なかたちで表明された――古代ギリシアにおいても数少ない――事例と評しています（*HC*, p. 204／三二九頁）。「言葉ではなく行為」という表現は、古代ギリシアにおけるポリスでの「活動」を端的に示すものだったのでした。

『革命について』の末尾の部分でアレントがあえて『コロノスのオイディプス』から二カ所を引き

出して「生まれないほうがよかった」という生に対するペシミズムと、それと裏腹の「生に輝きを与える」活動とを対比させたのは、おそらくアメリカ革命の指導者たちの「公的な幸福」という観念の特徴をあらためて想起させるねらいがあったと思われます。すでに述べてきたように、彼らは一見したところ非常に冷徹な人間についての見方――「いわゆるリアリズム」とアレントは呼んでいます――をもちながら、それにもかかわらず、一人一人は邪悪な人間、かりに罪を犯した前科者であったとしても、そうした素性や動機の異なる人々が相互に平等に結びついて政治体を形成すること、そこに「公的活動」の喜びがあることを、その経験からよく知っていたのでした。

アレントのそうした意図は、アメリカ革命の指導者たちと対立したクレヴクールの発言と対比させればより鮮明になります。『アメリカ農夫からの手紙』にはこう述べられています。

苦しい思い出に打ちひしがれて、胸の中でこのような切れ切れの思いをめぐらす時、また、わが身の境遇や私を取り巻く何千という災害の潮流などを考える時、私は身もだえするのです――身もだえして時にはこう叫びたくなるのです、「この世の主なるキリストは、どうして、これほど多くの無差別の災害を、この哀れな惑星のいたるところに、いつでも、あらゆる種類の人びとのあいだに黙認してきたのでしょうか」と。それはきっと邪悪な人たちだけの罰となるべきものでしょう。私はやがて味わわなければならないカップを唇に当てて、その苦さに打ち震えるのです。それなら、人生とは何ぞや、と私は自分に問いかけます。それは美わしい贈り物でしょうか。いいえ、それはあまりに厳しすぎます。贈り物とは、なにかしら価値のあるもので、贈られた物の謂ですが、人生は単なる偶然の、しかも最悪の種類の出来事のように思われます。つまり私たちは病気や激情の、災難や死の犠牲になるために生まれてきたのです。惨めに生きるくらいなら、生まれないほうがましなのです(32)。

農夫の生活とその利益を擁護するクレヴクールがいわばルソー的な自然人の立場から文明社会のお歴々を批判していることはすでに紹介しました。そのクレヴクールがここで示しているペシミズムはほとんどギリシア人のそれと重なっています。

そうした対比を踏まえて見れば、アレントの視線はあきらかに「革命の人々」が抱いていたはずの公的な活動の喜びのほうに向けられています。それは古代ギリシアのポリスの精神のそのままの継承ではありません。「新しいことを始める」という政治の精神には、ギリシア精神の底流にあったある種のペシミズム——人生の成行きをいわば永遠の繰り返しとみる循環史観もそこにおそらく属します——をこえた希望のようなものが加わっている。ペリクレス葬送演説を古典的なギリシアの活動についての見方の表現として引用していた『人間の条件』第五章が、福音書の印象的な言葉「私たちのもとに子供が生まれた」で終わっているのは、そうしたアレントの考え方を示唆していると思います。

人間事象の領域である世界は、そのまま放置すれば「自然に」破滅してしまう。それを救う奇蹟というのは、究極的には、人間の出生という事実であり、活動の能力も存在論的にこの出生に基づいている。いいかえれば、それは、新しい人々の誕生であり、新しい始まりであり、人々が誕生したことによって行いうる活動である。この能力が完全に経験されてはじめて、人間事象に信仰と希望が与えられる。ついでにいえば、この信仰と希望という人間存在に本質的な二つの特徴は、古代ギリシア人がまったく無視したものである。彼らは信仰を、非常に奇異なものであり、それほど重要でない美徳として低く評価して、他方、希望とはパンドラの箱の幻想悪の一つに過ぎないとしたのであった。しかし、福音書が「福音」を告げた時、そのわずかな言葉の中で、最も光栄ある、最も簡潔な表現で語られたのは、世界に対するこの信仰と希望である。そのわずかな言葉とはこうである。「私たちのもとに子供が生まれた」。(*HC*, p. 247／三八五—三八六頁、傍点引用者)

政治的なものの経験と記憶

『革命について』が二人の詩人の言葉で終わっていることの意味はそれだけにとどまりません。二人の詩人の言葉を紹介する文章はこうはじまっていました。

> 新しい精神、何か新しいものをはじめる精神——この革命精神がそれにふさわしい制度を発見することに失敗した時、このようなもの、あるいはおそらくそれ以上のものが失われた。この失敗を償うことのできるもの、あるいはこの失敗が最終的なものとならないようにすることのできるものは、記憶と回想のほかにはない。(p. 280／四四二頁)

ジェファーソンの試みが示しているように、アメリカ革命においてなお、革命がもたらした精神、新たにことを始めるという政治の基本的精神がそれに相応しい制度を作り上げることができなかったことは、そうした精神そのものを喪失させることになった。それを埋め合わせることのできるもの、さらに失われた精神を取り戻す手がかりとなるものは、そうした政治的経験を記憶し回想する営みだ、とアレントは言うのです。

政治という公的空間やそこでの活動が言葉と不可分であればこそ、そうした経験は言葉によって残すことができるし、言葉を通じて再発見することができる。おそらくアレントにとって、アメリカ革命の最大の失敗――革命精神の喪失にとどまらず、失われた「それ以上のもの」――もその点に関わっていました。

すでに述べたように、政治的な問題についてのいわゆる純粋理論的な関心の欠如はアメリカの歴史の「特質」などではなく、むしろアメリカ革命が世界政治の観点からは不毛であった主要な理由であると私は考えている。同じ理由から、ヨーロッパの思想家や哲学者が多大なる理論的関心を注いでこれを概念的な思考の題材としたことが、フランス革命の結末が破滅的であったにもかかわらず世界中に広まる成功をもたらした決定的な原因であると考えたいのだが、こうした革命後の思考の致命的な欠落に、アメリカ革命が記憶されなかった原因はこうした革命後の思考の致命的欠落に帰することができるだろう。あらゆる思考は記憶と共に始まるというのが真実であるように、どんな記憶も概念へと濃縮され蒸留されなければ確実なものとして残らないというのもまた真実だからである。この概念的な観念の枠の中で記憶はさらに発展することができる。経験や、人々が行い、耐えたこと、事件や出来事から生まれた物語であっても、くり返し語られない限り生の言葉や行為に特有の不毛さの内に沈み込んでしまう。限りある生をもった人間の出来事をそれに内在する不毛さから救い出すには、それらを絶えず語り続けるより他にないし、そうした語りもまた一定の概念、つまり将来記憶されるための、あるいは参照されるための道標がそこから生まれなければ不毛なままに留まる。いずれにせよ、概念的思考に対する「アメリカ的な」毛嫌いの結果が、トクヴィル以降、アメリカ史の解釈をアメリカ以外の経験に根をおいた理論に譲り渡すことになったのである。(p. 220／三五七―三五八頁)

アメリカ革命の問題はたんに革命の精神、新たにことを始める活動の精神の制度化に失敗したことにのみあるのではありません。そうした失敗はフランス革命のコミューンからはじまる評議会運動の間歇的で自然発生的な出現と挫折によってくり返されてきたものだからです。

問題は、アメリカ革命がみずからの経験を、古代ギリシアとローマの知恵を借り、そしてモンテスキューによるその再発見から学んだにもかかわらず、それを記憶に留める方法をもたなかったこと、彼らの活動の経験を概念的な知識に凝縮して、思考の題材として提供できなかったことにあります。まさにそうした概念的思考の欠落ゆえに、彼らの独特の経験はヨーロッパの地に影響を与えることができず、「革命」についての思考と理論は、もっぱらフランス革命と、そこでのテロルの圧倒的印象のもとで展開されることになったのでした。「革命」が本来の政治活動とそこでの権力の形成、自由の創設という内容によって理解されなくなった原因もここにありました。

このように考えてくるならば、『革命について』という書物で、アレントが何を課題にしていたのかも明らかでしょう。

「マルクス草稿」でアレントが試みていたことは、プラトンに始まりマルクスにいたる政治哲学の伝統が忘却してきた「政治的なものの経験」を、モンテスキューを手がかりに掘り起こすことでした。

したがってそれは、単なる政治思想史でもないし、思想家個人の思想の検討でも、観念の継承展開の系譜学でもない、いわば断絶を含みながら、再発見され継承されてきた経験とその特質を明らかにしようとする試みでした。

その際の焦点はいうまでもなく、政治的な活動についての「観念」や「概念」にではなく「経験」にあります。だが先に述べたように経験の意味を明確にし、継承していくためには、言葉によって経験を記憶のうちに定着させなければならない。その意味するところを「観念」や「概念」によって捉えかえし、「思考」することによってはじめて、経験は記憶として定着し、さらなる「思考」の題材として継承されていくことができるからです。

本書のはじめに述べた「方法の問題」とは、政治活動の経験を、いかなるかたちで「概念」の内に定着させて、思考の題材とすることができるのかという問題でした。『革命について』でアレントが行おうとしたのは、政治的経験とその内容についての検討だけでなく、そうした経験を思考の題材として観念や概念の内に定着させる方法を、観念や概念の継承関係を検討することを通じて明らかにすることだったのでした。具体的にいえば、ギリシアの都市共同体における自由の創設の経験を批判的に継承したローマの経験、そしてそのローマの共和政の経験を――西洋政治哲学の中では例外的に意識的に――継承しようとしたモンテスキュー、さらに近代の革命において、あらためて「自由の創設」という課題に直面して古代ローマとモンテスキューから解決方法を――半ば無意識的に――継承しようとしたアメリカ建国の指導者たちの経験を検証しながら、「政治的なものの経験」、公的空間における政治活動の特質についての「観念」を彫琢すること、これらの作業を通じて「政治的なものの経験」を継承することでした。それは同時に、戦後の世界の経験、全体主義支配の崩壊の中から生まれたハンガリー革命の経験を、民衆の公的空間としての評議会の再生として位置づけることによって、「政治的なもの」についての記憶と思考の題材の内に組み入れることでもありました。

そのような意味において『革命について』という書物は、古代ギリシア以来の政治的な経験と観念の継承関係のなかに自らの位置を占めています。『政治入門』の計画が結果的に放棄――少なくとも放置――されたのは、アレントの関心がアメリカ革命に移行したからだけではありません。当初予定していた『政治入門』の枠をはみだした課題にアレントが直面していたから、それは放棄されたのでした――『革命について』の作業を踏まえて、あらためて『政治入門』を完成させるためには、当初の枠組みの大幅な変更が必要となったことでしょう。『政治入門』の計画を変更して書かれることになった『革命について』が、たんなる「革命」についての書ではなく、「政治的なものの経験」の継承、共和政ローマからモンテスキュー、そしてモンテスキューからアメリカ建国の父祖たちへの二重の継承関係をときほぐすことによって、あらためて思考と記憶の題材として継承するという、入り組んだ性格の書物となったのには、こうした事情があったのでした[33]。

ジェファーソンらアメリカ革命の指導者たちによって創設された共和国アメリカはベトナム戦争の敗戦によって大きな危機に直面することになります。ベトナム戦争はアメリカ合衆国がはじめて本格的に経験した敗戦であり、それにともなって生じた国内の対立の激化の背景には、共和国創設の際に排除されていた黒人の問題がありました。ベトナム戦争の敗戦は南北戦争以来の内戦の危機をもたらすことになったのでした。アレントは『共和国の危機』でこの問題について取り組むことになります。これについては、いずれ機会を改めてお話しすることにしたいと思います。

註

［序　章］

（1）わが国で「独立戦争」と呼ばれる北アメリカ植民地のイギリスからの独立をめぐる戦争は、「アメリカ革命（American Revolution）」とも呼ばれている。ただし通常は一七七五年から八三年の講和（パリ条約）までの独立戦争の過程を指すのに対して、アレントは一七八七年の合衆国憲法、すなわち独立した一三州の連合体としての合衆国が一つの政治体制として形をととのえるまでの過程を重視している。合衆国憲法の発効がフランス革命の前年一七八八年であることからもわかるように、二つの「革命」は連続して起こった同時代の現象であり、たんなる時期的並行性にとどまらず、革命指導者たちは相互にそれぞれの革命の経緯から大きな影響を受けている。『革命について』では、たんに二つの革命が比較されているだけでなく、両者の同時代的連関とそれを背景とするそれぞれの指導者たちの態度についても目が配られている。

（2）ハンナ・アーレント『政治とは何か』ウルズラ・ルッツ編、佐藤和夫訳、岩波書店、二〇〇四年（Hannah Arendt, *Was ist Politik?: Fragmente aus dem Nachlaß* (1993), München: Piper, 2003）、ルッツが編集した『政治入門』の英訳に、さらに後述の「マルクス草稿」ならびに『思索日記』全二巻、青木隆嘉訳、法政大学出版局、二〇〇六年などから編集されたジェローム・コーン編の『政治の約束』高橋勇夫訳、筑摩書房、二〇〇八年（Hannah Arendt, *The Promise of Politics*, edited and with an introduction by Jerome Kohn, New York: Schocken, 2005）。両者は『思索日記』とあわせて同時期のアレントの政治についての思考を示す資料となっている。

（3）一九五三年九月二一日付、一一月一五日付アレントのヤスパース宛書簡によれば、一〇月からプリンストンで連続講義、さらに一一月にニューヨークで二回、一二月にハーヴァードで一回の講義を予定している。Hannah Arendt und Karl Jaspers, *Briefwechsel 1926-1969*, München: Piper, 1985, S. 264, S. 266（『アーレント＝ヤスパース往復書簡——一九二六—一九六九１』大島かおり訳、みすず書房、二〇〇四年、二六五頁、二六八頁）。プリンストン講義の草稿はハンナ・アーレント『カール・マルクスと西欧政治思想の伝統』佐藤和夫編、アーレント研究会訳、大月書店、二〇〇二年として邦訳がなされている。アメリカ議会図書館のＨＰ、The Hannah Arendt Papers（『ハンナ・アレント関係文書』）でタイプ原稿の原文Speeches and Writings File, 1923-1975, Essays and Letures, "Karl Marx and the Tradition of Western Political Thought" を参照することができる。

（４）アーレント『政治とは何か』編者評注、一一七—一二二頁。一九五六年九月にピーパーと正式に契約が取り交わされ、アメリカではハーコート・ブレイスと出版契約が結ばれている（同書、一一八頁）。

（５）一九五七年八月二九日付ヤスパース宛書簡（Arendt und Jaspers, *Briefwechsel 1926-1969*, S. 353／『アーレント＝ヤスパース往復書簡——一九二六—一九六九２』大島かおり訳、みすず書房、二〇〇四年、一〇二頁）。アレントは一九五八年五、六、八月にヨーロッパに滞在しているが、その費用調達のために講演を行っている。

（６）この論文は一九五八年に発表されて、『全体主義の起源』第二版（一九五八年）に収録される。Hannah Arendt, *The Origins of Totalitarianism*, 2nd ed., New York and Cleaveland: Meridian Books, World Publishing Co., 1958, pp. 480-510.

（７）ibid., p. 496.

（８）ibid., p. 497.

（９）『政治とは何か』のルッツ解説を参照（アーレント『政治とは何か』一一九頁）。

（10）Arendt und Jaspers, *Briefwechsel 1926-1969*, S. 393（『アーレント＝ヤスパース往復書簡２』一五〇頁）。

（11）ただしアレントは『政治入門』の計画を明確に放棄したわけではない。一九五九年一二月アレントはロックフェラー財団に二年間講義免除のための財政援助を申請しているが、申請書に挿入されていた『政治入門』の提案書によれば、「第一部　政治思想およびそれに対応する連関領域の伝統的観念の批判的再検討」、「第二部　「われわれが本来政治的と呼ぶ」領域の体系的検証」の二部門で構成されている。『政治入門』の編者ルッツは、もしロックフェラー財団へのこの申請が受け入れられていれば、『過去と未来の間』（一九六一年）の内容を拡大した政治思想部門を含めた『入門』が成立していたかもしれないと述べているが、政治そのものを扱う思想・哲学的方法と伝統についてのアレントの問題関心は、「マルクス草稿」から一貫して連続している（アーレント『政治とは何か』一二〇―一二一頁）。

（12）一九五六年一一月一〇日付のヤスパースの書簡および一二月二六日付のアレントの返信（Arendt und Jaspers, *Briefwechsel 1926-1969*, S. 341／『アーレント゠ヤスパース往復書簡2』八七―九〇頁）。一〇月二四日、三一日、一一月五日付ブリュッヒャー宛書簡（『アーレント゠ブリュッヒャー往復書簡――一九三六―一九六八』大島かおり・初見基訳、みすず書房、二〇一四年、四〇三頁、四〇六頁、四〇八―四〇九頁）。Elisabeth Young-Bruehl, *Hannah Arendt: For Love of the World*, 2nd ed., Yale University Press, 2004, pp. 297-298（エリザベス・ヤング゠ブルーエル『ハンナ・アーレント伝』荒川幾男・原一子・本間直子・宮内寿子訳、晶文社、一九九九年、四〇〇―四〇一頁）。イスラエルの建国をめぐる問題については牧野雅彦「イスラエルのハンナ・アレント」（上・下）、『思想』二〇一四年三月号、五月号を参照。

（13）一九五二年七月二四日付、一九五三年四月三日付のヤスパースの書簡、および一九五三年九月二二日付アレント書簡。Arendt und Jaspers, *Briefwechsel 1926-1969*, S. 214, S. 243, S. 263（『アーレント゠ヤスパース往復書簡1』二一八頁、二四二頁、二六四頁）。

（14）Arendt, *The Origins of Totalitarianism*, 2nd ed., p. 474（ハナ・アーレント『全体主義の起原3　全体主

義』大久保和郎・大島かおり訳、みすず書房、一九七四年、三一八頁）。vgl. Hannah Arendt, *Elemente und Ursprünge totaler Herrschaft*, Frankfurt am Main: Europäische Verlagsanstalt, 1955, S. 749（同書、二九六頁）。

（15） Arendt, *The Origins of Totalitarianism*, 2nd ed., p. 467（同書、三一〇頁）。

（16） ibid., p. 461（同書、三〇一頁）。vgl. Arendt, *Elemente und Ursprünge totaler Herrschaft*, S. 727（同書、二七一頁）。

（17） ただし人間の生の条件の転換とそれに伴う人間諸活動の伝統的な序列の転倒という文脈ではやはりマルクスが主要な検討対象となっている。この主題に関する考察は『人間の条件』へと組み込まれることになる。

（18） なおモンテスキューにおける政治体制の類型とその背景にある政治活動の経験については以下本論で紹介する部分以外にも『伝統』第一草稿、九三—九五頁、第二草稿第三部、二〇六—二〇八頁、第四部、二二六—二二八頁、要約、三一三—三一四頁などで繰り返し論じられている。

（19） そうした私的生活への退路そのものを断って人間そのものを破壊する点が「全体主義」の専制とは異なる特徴になる。

（20） 念のためアレントの英語訳原文ならびに岩波書店版『プラトン全集』の邦訳部分を引いておく。

"For the truly kingly science of statemanship should not prattein (act), but archein those who can prattein, ［rule over と上に記入あり］ those who can do something and cause them to do it; for it perceive the arche, the necessary beginning and principle which implies rule, about that what is necessary for the poleis while the others do only what they are being told to do". ／「いやたしかに、真実の意味でその名に値するような「王者の持つべき知識」というものは、直接に自分が手をくだして行動するようなことをしてはならないのだ。それはむしろ、直接に行動能力をわれわれに授けうる知識、これらの知識を支配すべきものなのだ。なぜなら、この唯一の知識だけが、どの国家におけるばあいであれ、その国家の浮沈にかかわるような最重要政策

を、開始して一気に発動させることが時宜にかなっているか、それとも時宜に反しているか、という問題について真に熟知しているからなのだ。それに反して、これ以外のあらゆる知識は、そうした指示された政策をたんに実行しうるだけなのだ」（「ポリティコス（政治家）」水野有庸訳、『プラトン全集』第三巻、岩波書店、一九七六年、三五八頁）。

（21）アルケインとプラッテインとの関係については『人間の条件』でも論じられる。「理論的には、活動から支配への逃亡についての最も簡潔で最も基本的な説は、「政治家」に見られる。この著作でプラトンは、ギリシア人の理解では相互に結びついている活動の二つの様式、すなわち "archein" と "prattein"（「始める」と「達成する」）との間に深淵を設けたのである。問題は、プラトンが考えたところによれば、創始者が始めたことを他人の助けを借りずに遂行する完全な主人であるにはどうすればよいかということであった。活動の領域で他から独立した主人であり続けるためには、他人はもはや自分自身の動機と目的を持って自発的に企てに参加する必要はなく、ただ命令を実行するために利用されるだけであり、他方、企てを始めた創始者は活動そのものには関与しないようにすればいい。始めること（アルケイン）と活動すること（プラッテイン）とはまったく異なる二つの活動力となり、創始者は支配者（言葉の二重の意味での archōn（支配者））となって「活動（プラッテイン）する必要はなく、ただそれを執行する能力をもつ人々を支配（アルケイン）する」のである。こうした状況の下では、政治の本質は「最も重大な事柄を時を逃さずに始めて、それをいかに支配するかを知ること」となる。プラトンは、始めることと達成することをともに含んでいた活動の古い定義を改めて、知ってはいるが活動しない人と、活動はするが知らない人との区別を導入した最初の人であった。こうして、何をすべきかを知ることと、それを行うこととはまったく異なる二つの作業となったのである」（*HC*, pp. 222-223／三五一―三五二頁）。

（22）なお第二草稿第六部は The Hannah Arendt Papers では、Essays and Lectures, "Philosophy and Politics: the

"Problem of Action and Thought after French Revolution", lecture, 1954 (4 of 4 folders) として提示されている。

(23) 「ソクラテス裁判の含意を引き出そうとした過程で、プラトンは彼の真理概念に到達した。それは、はじめから生の政治的領域に対する敵意と世論〔ドクサ〕に対する反感がそなわっており、彼の師が抱いていた極度に政治的な真理の観念を受け継いだものではなかった。彼は真理と世論を対立させたのだが、おそらくそれはプラトンの踏み出した最も革命的な一歩だった。そして、それが最も反ソクラテス的なものだったことはたしかである」(『伝統』第二草稿第六部、二九〇—二九一頁)。

(24) ソクラテス的な「良心」の意味については牧野雅彦「アレントと「根源悪」——アイヒマン裁判の提起したもの」、『思想』二〇一五年一〇月号を参照。

(25) ただしここでいわれる孤独・単独であること(solitude)は全体主義の基礎となる大衆(マス)の原子化され、バラバラになった個人の孤立(lonliness)とは異なる。Arendt, *The Origins of Totalitarianism*, 2nd ed., p. 476(アーレント『全体主義の起原3』三一八—三一九頁)。

(26) 本引用ならびに次の引用とほぼ同様の言及はすでに『伝統』第二草稿第三部、二二二—二二三頁でなされている。

(27) これに続けてこう述べている「(ローマのソキエタス(societas)に唯一比肩しうるのはヘブライ人、とくにアブラハムが自分自身と他の部族や民族との間に打ち建てた契約の観念である。ユダヤの法はそれゆえ、市民法(ius civile)と普遍法(ius gentium)の区別、すなわちユダヤ人にだけ妥当するモーゼの法と、ノアの戒律との区別に似た区別を早くから知っていた。しかしながら、後者はユダヤ人と非ユダヤ人の間で働くように拘束された法というよりは、ユダヤ人がイスラエルに滞在する夷狄(バルバロイ)に期待し要求した一連の戒律であった。アブラハムの戒律はローマに比肩しうる政治体をうち立てはしなかった。反対にヘブライの神権的または王制的統治形態は、まったく異なった理念である他のすべての民族に対するユダヤ人の選民思想に基づいていた。すなわち、イスラエルと彼の神の間の契約に基づいており、それはユダヤ人民に優越と、すべての外敵を究極的には破ることを確約していた）」（『伝統』第二草稿第四部、二三八―二三九頁）。

（28）Arendt, *Was ist Politik?*, S. 122-123（アーレント『政治とは何か』一〇三頁）。

（29）「それがこれまでどれほど政治理論の中で説得力を持つべく受け入れられてきたかを最も明白に示す事実は、ヘーゲルが、政治的感覚そのものである国家感覚（Staatssinn）［Rosenzweig, II, 47］が、「支配と服従の感覚」だとなおも主張したということである」（『伝統』第二草稿第四部、二三九頁）。

（30）ハンナ・アーレント『過去と未来の間――政治思想への8試論』引田隆也・齋藤純一訳、みすず書房、一九九四年、第三章「権威とは何か」。

［第一章］

（1）もちろんそうした相互抑止は軍拡競争ではなく軍縮を通じて行われる場合もある。核軍縮や不拡散条約は核兵器の数的・質的制限や保有の範囲の限定を通じて一定の抑止効果をもたらそうとするものといえる。その意味においてはそうした相互抑止の試みは――必ずしも十分なものではなかったが――これまた第一次世界大戦以後の一連の軍縮協定の試みから始まったということもできるだろう。

（2）いまひとつ問われるべきは、核開発に典型的に示されるような科学技術の進展が人間存在のありかたにもたらす根本的な変化はいかなるものか、という問題だろう。この問題についてのアレントの基本的な見方は『人間の条件』に見ることができる。

（3）ハンナ・アーレント『精神の生活』下巻「第二部　意志」佐藤和夫訳、岩波書店、一九九四年、一三二―一三四頁。アレントがここで主に参照しているのはアウグスティヌス『神の国』第一二巻第二一―二二章である（アウグスティヌス『神の国』第三巻、服部英次郎訳、岩波書店（岩波文庫）、一九八三年、一五二―一六二頁）。

（4）リバティが消極的でフリーダムが積極的かといえば、抑圧からの解放を求めて積極的に戦うという意味ではリバティのほうが積極的だということもできるし、自由を行使する権利やその領域の保障を求めるという意味で後者のほうが消極的だという見方もできるだろう。その意味では消極的自由と積極的自由という言い方はやや誤解を招くきらいがある。少なくとも後者はアレントのいう「フリーダム」とは強調点がずれている。

（5）p. 133／二〇二頁。ここでアレントは、ロベスピエール自身の「市民的自由と公的自由との明確な区別（clear-cut distinction between civil and public liberty）」を「市民的自由と公的自由（civil liberties and public freedom）」と読みかえている。以下の論述でも、「古来からの自由」、私的利益追求の保障としての「市民的自由」という意味での「自由」には "liberty" あるいは "liberties" が用いられている。

（6）ジョン・アダムズはアメリカ建国の父祖の一人で第二代大統領を務めている（在任一七九七―一八〇一年）。なお第五章「創設⑵」で一箇所だけ名前が挙げられているジョン・クインシイ・アダムズは息子で第六代大統領（在任一八二五―二九年）。そこでの引用は父の「著作集」とは別なので注意（pp. 197-198／三一七頁）。

（7）*The Works of John Adams: Second President of the United States: With a Life of the Author*, 10 vols., Boston: Little, Brown, 1850-56 [rep. 1971], Vol. IV, "Defence of the Constitutions of Government of the United States of America", pp. 292, 293.

（8）*The Works of John Adams*, Vol. V, p. 40.

（9）後に述べることになるが、マキアヴェリはローマの共和政を代表するキケロの政治思想を継承するものとして位置づけられている。

（10）トマス・ペイン『人間の権利』第二部序論、西川正身訳、岩波書店（岩波文庫）、一九七一年、二一〇頁。

（11）牧野雅彦『政治思想への招待』日本評論社、一九九九年、第九章を参照。
（12）アレント最晩年の、未完の『カント政治哲学講義』（一九八二年）に依拠しながら、アレントにおける政治的判断・歴史的判断の立場を「観察者」のそれとする議論がしばしば見られるが、歴史的・政治的行為とその結果をどのように判断するのか、またその立脚点はどこにあるかという――フランス革命の影響を受けとめた上での――ヘーゲルさらにはニーチェの応答を視野に入れないとアレントの議論の意味するところは十全に理解できない。

［第二章］

（1）フランス革命期に食糧危機を契機として発生する都市の民衆運動の要求の基本的性格について柴田三千雄はこう述べている。「ブルジョワと民衆との間には経済的対立があります。もともと都市の商工業はコルポラシオン（ギルド）という社団に編成され、職人は一定期間をすぎると親方職になれることになっていたのですが、革命前夜には親方職は世襲的に固定化してきて、階級的な溝ができている。そこで、ブルジョワは絶対王政に固有な経済規制を廃止して競争原理に立つ自由主義経済へ移行することを望んでいるのに対して、民衆のほうは伝統的な経済観念をもっております。この観念は「モラル・エコノミー」とよばれるもので、利潤を追求する自由経済よりは人間の基本的な生存権を重視し、当局には経済活動の規制によって生存権を保障する義務があるのだ、という考え方です」（柴田三千雄『フランス革命』岩波書店（岩波現代文庫）、二〇〇七年、一〇三頁）。民衆の経済要求がむしろ伝統的な「モラル・エコノミー」の圏内にあること、そうした民衆運動の要求と、その圧力を受けた革命指導者たちの「社会問題」あるいは「貧しい人々」の像との間に乖離があることは、ただちにアレントの議論に対する反証にはならない。本文でも述べるように、アレントの視点はまずは「革命の人々」にとっての「社会問題」の意味、さらにその政治的経緯を後にマルクスが経済的な必然性から説明しようとしたことのほうにおかれている。

（2）『人間の条件』とくに第二章「公的領域と私的領域」第四―六節を参照。

（3）ヘーゲル『歴史哲学講義』全二巻、長谷川宏訳、岩波書店（岩波文庫）、一九九四年。

（4）アレントによれば、古代以来のそうした発想から引き継がれてきた西洋哲学の伝統、つまり実践的活動に対する観照の優位を転倒したのが、人間の行為の連鎖としての歴史の内に真理の実現過程を見たヘーゲルの歴史哲学であった。その意味においてもマルクスはヘーゲルの行った西洋哲学の転倒の徹底ということになる。『伝統』第二草稿第六部、三〇三―三〇六頁。

（5）もともと「階級闘争」という観念はギリシア・ローマの市民の共同体内部の門閥と平民との党派闘争のイメージを受け継いでいる。「プロレタリア」は古代ローマの下層市民、財産をもたずに零落していく無産市民を指す言葉であったから、マルクスはそれを古代世界の基礎である奴隷所有者と奴隷との対立に移し換えたということができる。「古代ローマでは、階級闘争は特権的な少数者の内部で、すなわち自由民の金持と自由民の貧乏人との間で行われただけであって、他方、住民の大多数をなす生産者、すなわち奴隷は、それらのあいたたかう人々のための受動的な踏み台に過ぎなかった」（カール・マルクス『ルイ・ボナパルトのブリュメール一八日』第二版（一八六九年）への序文、『マルクス＝エンゲルス全集』第八巻、大月書店、一九六二年、五四三頁）。

（6）『資本論』第三巻第七篇第四八章「三位一体の定式」（マルクス＆エンゲルス『資本論』第九巻、向坂逸郎訳、岩波書店（岩波文庫）、一九七〇年、一六頁）。

（7）「われわれが小農民国に生活している限り、ロシアの資本主義には、共産主義に比べて堅固な経済的土台がある。これを銘記していなければならない。都市生活と比較して農村の生活を注意深く観察した者は、だれでも、われわれが資本主義の根を引き抜いてしまってはいないこと、国内の敵の土台を、基礎をくつがえしてはいないことを知っている。国内の敵は、小経営の内に保存されており、そしてこれをくつがえすためには一つの手段がある——それは、農業を含めて国の経済を、新しい技術的土台に、現代的大規模生産の技術的土台に移すことである。このような土台とは、ただ電力だけである。／共産主義とは、ソヴェト権力プラス全国の電化である。そうしなければ国は依然として小農民国にとどまるのであって、われわれはこのことを、はっきりと自覚しなければならない。われわれは、世界的規模でそうであるだけでなく、国内でも、資本主義よりは弱い。このことは誰でも知っている。われわれはこのことを自覚しているし、経済の土台が小農民的なものから大工業的なものに移るところまで、事を推し進めるであろう。国土が電化されるとき、工業、農業および運輸が現代的大工業の技術的土台の上に据えられるとき、そのときはじめてわれわれは、最後の勝利を収めるであろう」（「第八回全ロシア・ソヴェト大会　一九二〇年十二月二十二日—二十九日」、「人民委員会議の活動についての報告」（十二月二十二日）、『レーニン全集』第三一巻、大月書店、一九五九年、五二三—五二四頁）。

（8）　T・ジェファソン『ヴァジニア覚え書』中屋健一訳、岩波書店（岩波文庫）、一九七二年、二九二—二九四頁。

（9）　同書、二九四—二九五頁。

（10）　この「ミズーリ妥協」にジェファーソンならびにマディソンは反対したが、その理由については議論がある。阿川尚之『憲法で読むアメリカ史（全）』筑摩書房（ちくま学芸文庫）、二〇一三年、一四〇—一四七頁。

（11）　Jefferson to Adams Monticello Jan. 22. 1921, *The Adams-Jefferson Letters: The Complete Correspondence Between Thomas Jefferson and Abigail and John Adams*, edited by Lester J. Cappon, Chapel Hill and London: Published for the Institute of Early American History and Culture at Williamsburg, Virginia by the University of North Carolina Press, 1988, p. 570.

（12）　ヨーロッパとアメリカにおける奴隷制への態度と社会問題への態度の対比、黒人奴隷制に対する無関心は共通しているが、社会問題への関心と同情において異なるということでのアレントの論旨は英語版とその邦訳ではいささかわかりにくい。独語版 S. 90-91 を参照して敷衍している。

（13）J・S・ミルは『自由論』第三章「幸福の一要素としての個性」で、各人が潜在的に備えている能力を発展させるためには、実際にその能力を行使することが必要であるという根拠から「行動の自由」を擁護している。優れた才能や個性にとって今日最大の脅威は、政治権力による圧制だけでなく、むしろ社会の多数者による圧制であるという観点をここに見ることができる。ただし、他方でミルは、そうした個性や能力の発達の可能性は――それが優れた少数の天才と比べればどんなに見劣りするものであろうとも――社会の多数の者にも与えられなければならないという立場に明確に立っている。言論や思想表現の自由（第二章）と同じく「行動の自由」もまた、優れた一握りの個人にではなく、「すべての人間」に保障されなければならないとミルが主張しているのもそうした立場に基づいている。優れた才能ある個人とその他大勢の者と、両者の間に幸福な一致を想定するミルの議論を不徹底と見るかどうかは意見の分かれる所だろうが、少なくともミル自身の主観においては、「多数者の幸福」を追求したベンサムの継承であった。J・S・ミル『自由論』早坂忠訳、関嘉彦責任編集『ベンサム J・S・ミル』（「世界の名著」38）中央公論社、一九六七年、特に二八〇―二八五頁、牧野雅彦『政治思想への招待』第六章、日本評論社、一九九九年を参照。

（14）ルソー『社会契約論』桑原武夫・前川貞次郎訳、岩波書店（岩波文庫）、一九五四年、四七頁。

（15）同所。

（16）ルソー『人間不平等起源論』本田喜代治・平岡昇訳、岩波書店（岩波文庫）、一九七二年、七四頁。

（17）同書、原註（O）、一八一頁。

（18）*Melville's Short Novels: Authoritative Texts, Contexts, Criticism*, edited by Dan McCail, New York: Norton, 2002, p. 128（メルヴィル『ビリー・バッド』坂下昇訳、岩波書店（岩波文庫）、一九七六年、六九―七

一頁)。

(19) ibid. p. 145 (同書、一一七—一一八頁)。

(20) ibid. p. 163 (同書、一六四頁)。

(21)『新約聖書』マタイ福音書第四章。

(22) マックス・ウェーバーも『職業としての政治』の「責任倫理」と「心情倫理」の問題の文脈で、「大審問官」に言及している。牧野雅彦『ウェーバーの政治理論』、補論「ウェーバーと『大審問官』——心情倫理と責任倫理との関係によせて」日本評論社、一九九三年を参照。

(23) pp. 82-83／一二三頁。ビリー・バッドが商船『人間の権利』から強制募集により軍艦『軍神』へと乗り込むという設定からも分かるように、メルヴィル自身がこの小説をフランス革命に対する寓話として書いている。

(24) p. 88／一三二頁。独語版はより明確に述べている。「だがこの親密さの領域において決定的なのは苦難(Leidenschaft)——個人の外にある諸力や所与によって苦難に捉えられること(leidende Ergriffenheit)——ではなく、感情(Gefühle)、感覚(Empfindungen)、情動(Emotionen)といった、要するに新たに発見された心の動きのスケールの上で惹起されるすべてのものなのである。同情はつまり自己省察の感情として発見されたのであり、理解されたのであって、他者の苦難による情熱的な感動(leidenschaftlich Ergriffenheit)に対応する感情であるというのが同情の通常の語義となる」(S. 112)。

(25) 他方で『全体主義の起源』などでも、アレントがナチズムや反ユダヤ主義と関連させてニーチェに言及するところはほとんどない。

(26) ちなみに標準的な世界史参考書でも、一七八九年から九九年の虐殺と戦争による死者は少なく見ても六〇万人、ナポレオン時代の死者は九〇万人であり、これは当時のフランスの人口のおよそ五%にあたる。これに対して一九一四—一八年の第一次世界大戦におけるフランスの人口の損失は三・五%であったと記されている（木下康彦・木村靖二・吉田寅編『詳説 世界史研究』山川出版社、二〇〇八年、三六五頁）。

(27) ハミルトン、ジェイ、マディソン「ザ・フェデラリスト」斎藤眞訳、松本重治責任編集『フランクリン ジェファソン マディソン他 トクヴィル』（「世界の名著」40）中央公論社、一九八〇年、三三八頁、A・ハミルトン、J・ジェイ、J・マディソン『ザ・フェデラリスト』斎藤眞・中野勝郎訳、岩波書店（岩波文庫）、一九九九年、五四—五五頁。および牧野『政治思想への招待』第八章参照。

(28) バスチーユ監獄襲撃にはじまる民衆の蜂起とそれがもたらした支配層の「恐怖」は、革命指導者たちの自己粛清としての「テロル」とは区別されなければならない。ただし、フランス革命の独裁者たちが行使した「テロル」は、周辺諸国との戦争がもたらした国の危急存亡の危機に対する非常手段としての側面があることは考慮せねばならないとアレントは述べている（p. 99／一四七—一四八頁）。

(29) 『全体主義の起源』第三部とくに「イデオロギーとテロル」を参照。牧野雅彦『精読 アレント『全体主義の起源』』講談社、二〇一五年。

(30) 『伝統』第二草稿第六部、二九六—二九七頁。

(31) すでに『全体主義の起源』においてアレントは抽象的な人間一般の存在を想定する「人間の権利」を批判して「イギリス人の権利」を擁護したバークの主張の方が実践的な点では健全であったと評価していた。牧野『精読 アレント『全体主義の起源』』一五七—一五八頁。

(32) この点で民主主義の進展は必然性の勝利をもたらすというアレクシ・ド・トクヴィルの時代診断（『アメリカに於ける民主主義』第二巻第二〇章、一八四〇年）は間違っていたとアレントは述べている。平等化の進展した民主主義社会では個人はますます無力となり、人々は自分たちの運命を支配する超越的な力の存在を信ずるようになるだろうとトクヴィルは論じていた。なるほど平等主義的な社会の匿名性はそうした傾向をもたらすかもしれないが、人々を拘束する巨大な必然性、いわば生物学的欲求の拘束力はアメリカの平等主義社会には欠けていた。その点で、トクヴィルは自らが経験したフランス革命の教訓とアメリカの平等社会の実際とを取り違えているのである、と（p. 113／一六七―一六八頁）。

［第三章］

（1）*The Adams-Jefferson Letters: The Complete Correspondence Between Thomas Jefferson and Abigail and John Adams*, edited by Lester J. Cappon, Chapel Hill and London: Published for the Institute of Early American History and Culture at Williamsburg, Virginia by the University of North Carolina Press, 1988, pp. 432-433. これはフランス革命にはじまるヨーロッパ世界の混乱が終結して、ナポレオンがエルバに流された後の手紙で、ナポレオンについてはこう書いている。「この時代のアッチラは王位から引きずり下ろされました、血への渇望抑えがたく、一〇〇〇万の人類を無慈悲に破壊した者、世界の権利と自由の大抑圧者は地中海の小島の中に閉じ込められて、彼が最も傷つけたものたちの恵みによりかかる慎ましい年金暮らしに堕落したのです」（ibid., p. 431）。

（2）ルソー『社会契約論』桑原武夫・前川貞次郎訳、岩波書店（岩波文庫）、一九五四年、一二四頁。

（3）*The Adams-Jefferson Letters*, p. 591. この部分は松本重治責任編集『フランクリン　ジェファソン　マディソン他　トクヴィル』（「世界の名著」40）中央公論社、一九八〇年所収のジェファソン「書簡選集」松本重治・高木誠訳、三〇三頁に翻訳されている。

（4）ibid., p. 594.

（5）J. Hector St. John de Crèvecœur, *Letters from an American Farmer*, 1782（クレヴクール『アメリカ農夫の手紙』秋山健・後藤昭次訳、『クレヴクール』（「アメリカ古典文庫」2）、研究社、一九八二年）。クレヴクールの経歴ならびにこの著作については同書所収の渡辺利雄「アメリカの夢と現実」を参照。

（6）クレヴクール『アメリカ農夫の手紙』手紙十二「辺境開拓者の悲哀」、二二一―二二二頁。

（7）「共産主義社会のより高度の段階において、すなわち諸個人が分業に奴隷的に従属することがなくなり、それとともに精神的労働と肉体的労働との対立もなくなった後、また、労働がたんに生活のための手段であるだけでなく、生活にとってまっさきに必要なこととなった後、また、諸個人の全面的な発展につれて彼らの生産諸力も成長し、協同組合的な富がそのすべての泉から溢れるばかりに湧きでるようになった後――ブルジョア的勝利の狭い地平は完全に踏みこえられ、そして社会はその旗にこう書くことができる。各人はその能力に応じて、各人にはその必要に応じて！」（マルクス『ゴータ綱領批判』望月清治訳、岩波書店（岩波文庫）、一九七五年、三八―三九頁）。

（8）J・S・ミル自身が「内面的意識」の領域に自閉していたというわけではない。「人々を個人的ないし家族的利己主義のせまい枠から連れ出して、彼らを共同の利益についての理解と共同の仕事の運営に慣れさせること――すなわち、彼らに、公共的ないしは半公共的動機から行動し、お互いを孤立させるかわりに結びつけるような目的によって、自己の行動を導くような習慣をつけさせる」ことが重要であることはミルも認めている。ただしミルによればこれは「自由の問題」そのものではなく、「自由な民衆の政治教育」の問題に属する（J・S・ミル『自由論』早坂忠訳、関嘉彦責任編集『ベンサム J・S・ミル』（「世界の名著」38）中央公論社、一九六七年、三四一頁）。もっとも「内面的意識」の領域への逃避の極限が、ベンサムによる快楽と苦痛――個体にとって最も「リアル」なのは結局のところ苦痛だとアレントはいう――への還元であるとすれば（*HC*, pp. 309-310／四八三―四八四頁）、ミルをそうしたベンサム的なリベラリズムの系譜に位置づけることは大局的には間違いではないだろう。

［第四章］

（1）革命とは「自由の創設」であるという政治学者（political scientist）の観点は、そうした歴史家の陥る誤謬を防ぐことになるだろうとアレントはここで述べている（p. 142／二二三頁）。歴史に対する

「政治科学（political science）」の意義をアレントが肯定的に語っている数少ない例である。もとよりそれは第二次世界大戦後アメリカで興隆しつつあるアメリカ的な「政治科学」とは異なる。むしろ本文の少し後にあるように、アメリカ革命の指導者たちが古典古代からのヨーロッパの政治的知識を「政治科学」と呼んで自らの武器庫にしたものに近いだろう（p. 149／二三三頁）。そもそも公的舞台における「現れ」としての活動すなわち政治的行為が基本的には「物語」としての性格をもつ限りにおいて、それを語る方法もまた「物語」＝「歴史」である外はないというのがアレントの見方であった。晩年の『カント政治哲学講義』でアレントはその典型としてマキアヴェリの『フィレンツェ史』（一五二五年）を挙げてこう述べている。いわく、彼のこの著書は『フィレンツェ史（*The History of Florence*）』ではなく『フィレンツェ物語（*Florentine Stories*）』と呼ばれるべきである。「マキアヴェリにとって歴史とは、人間のあらゆる物語を含んだ巨大な書物にすぎなかった」と。ハンナ・アーレント『カント政治哲学の講義』ロナルド・ベイナー編、浜田義文監訳、法政大学出版局、一九八七年、八四頁。

（2）トマス・ペイン『人間の権利』西川正身訳、岩波書店（岩波文庫）、一九七一年、二四六頁。

（3）バークの演説を掲げると以下のようになる。「わが植民地に広まっている気質や性格は、私が思うに、人為によって変えられるものではない。おそらく、この猛々しい人々の血統を偽って、諸君らは自由の血が脈打つ国民（a nation in whose veins the blood of freedom circulates）の出ではないと説得することはできない。あなた方が語りかける言葉そのものが、そうした作り話がペテンであることを暴露するだろう。あなた方の言葉はあなた方を裏切るだろう。イギリス人というのは、他のイギリス人に奴隷になるよう説得するのにおよそ地上で最も不適な人間なのだ」（Edmund Burke, Speech on Conciliation with the Colonies, 22 Mar. 1775／エドマンド・バーク『バーク政治経済論集——保守主義の精神』中野好之編訳、法政大学出版局、二〇〇〇年）。

（4）ただしバークの「イギリス人」にはある種の人種的な観念が入り込んできているともアレントは指

摘している。牧野雅彦『精読 アレント『全体主義の起源』』講談社、二〇一五年、一〇二―一〇五頁。

(5) フランス語の"pouvoir"が「権力」と同時に「可能である(can)」の意味を持っているように、「権力」という言葉それ自体がヨーロッパ系の言語においては「力」と同時にその「潜在能力的」な「可能性」を示しているとアレントは『人間の条件』で指摘している。「権力という言葉そのものが、たとえばギリシア語の"dynamis"にしても、ラテン語の"potentia"にしても、ラテン語から派生したさまざまな近代語にしても、ドイツ語の"Macht"(これは"mögen"や"möglichkeit"からきているのであって"machen"からではない)にしても、いずれも権力の「潜在能力的(potential)」な性格を表している」(*HC*, p. 200/三二二頁)。

(6) ハンナ・アーレント「暴力について」、『暴力について――共和国の危機』山田正行訳、みすず書房、二〇〇〇年。ただしアレントの「権力」の定義が独特であるのに応じて、これに対比される「暴力」、「力(strength)」や「強制力(force)」などの定義も通常の用語法からはいささか異なることに注意が必要である。

(7) A・ハミルトン、J・ジェイ、J・マディソン『ザ・フェデラリスト』斎藤眞・中野勝郎訳、岩波書店(岩波文庫)、一九九九年、四七―四八頁。

(8) p. 304, note 31(二四三頁、二八二頁、原註(31))。Ernst Kantrowicz, *The King's Two Bodies: A Study in Medieval Political Theology*, Princeton: Princeton University Press, 1957, p. 24(エルンスト・H・カントーロヴィチ『王の二つの身体』上巻、小林公訳、筑摩書房(ちくま学芸文庫)、二〇〇三年、五四頁)。

(9) 邦訳は「見えた(seemingly)」を強調して、以下のシェイエスによる「悪循環の解決」の説明を「解決の失敗」についてのアレントの批判的論評として訳している。シェイエスによる解決が本当の解決になっていないというのがアレントの立場であることは間違いがないが、この文章をアレントによるその理由の説明として理解しようとすると、以下の議論が分かりにくくなる。

（10）「第三〇条。人による統治ではなく法による統治とするために、共和国の政府において、立法府は執行権や司法権のいずれも行使してはならない。執行府は立法権や司法権のいずれも行使してはならない。司法府は立法権や執行権のいずれも行使してはならない（Article 30. In the government of this Commonwealth, the legislative department shall never exercise the executive and judicial powers, or either of them: The executive shall never exercise the legislative and judicial powers, or either of them: The judicial shall never exercise the legislative and executive powers, or either of them: to the end it may be a government of laws and not of men）」。

（11）田中美知太郎責任編集『アリストテレス』（「世界の名著」8）、中央公論社、一九七九年の『政治学』（田中美知太郎ほか訳）では「共和制」の訳語が採用されている。これは日本語訳に限ったことではなく、『国家』と訳されるプラトンの書物の英語版は通常 "The Republic" である。

（12）ハミルトン、ジェイ、マディソン「ザ・フェデラリスト」斎藤眞訳、松本重治責任編集『フランクリン　ジェファソン　マディソン他　トクヴィル』（「世界の名著」40）中央公論社、一九八〇年、三四一頁。『ザ・フェデラリスト』斎藤眞・中野勝郎訳（岩波文庫版）、八〇頁。いずれの邦訳も「純粋民主政（pure democracy）」を意味内容を汲んで「直接民主政」と訳しているが、アレントも強調しているように、マディソンの主張の核心は「民主政」と「共和政」の対置にある。マディソンにとって、いわゆる「直接民主政」は「民主政」の弊害を極大化する「純粋形態」であり、「代表制」をその制度的表現とする「共和政」とは相容れない統治原理なのである。ただしアメリカの政体が君主政でも貴族政でもないことは否定できないので、マディソンはこれを "popular government" と呼んで、否定的な意味合いの強い "democracy" と区別して用いている。牧野雅彦『政治思想への招待』第八章、日本評論社、一九九九年を参照。

（13）ハミルトン、ジェイ、マディソン「ザ・フェデラリスト」斎藤眞訳（「世界の名著」版）、三四一—

三四二頁。『ザ・フェデラリスト』斎藤眞・中野勝郎訳（岩波文庫版）、六〇―六一頁。

（14）ジョン・ロック『統治論』後編第九章第九九節。邦訳は加藤節訳の岩波文庫版『完訳 統治二論』（岩波書店（岩波文庫）、二〇一〇年）や鵜飼信成の旧訳『市民政府論』（岩波書店（岩波文庫）、一九六八年）など多数あるが、以下、節で指示する。該当箇所の原文を挙げると、“And thus that, which begins and actually constitutes any political society, is nothing but the consent of any number of freemen capable of a majority to unite and incorporate into such a society. And this is that, and that only, which did, or could give beginning to any lawful government in the world”.

（15）アレントが参照指示しているのは『統治論』後編第九章第一三一節。

（16）『統治論』後編第九章第一三一節の該当箇所の原文は以下の通り。“But though men, when they enter into society, give up the equality, liberty, and executive power they had in the state of nature, into the hands of the society, to be so far disposed of by the legislative, as the good of the society shall require; yet it being only with an intention in every one the better to preserve himself, his liberty and property; ”.

（17）第一章にも間接的にではあるが、「ロック風にいえば、マキアヴェリの「高遠なる天への訴え」はなんら宗教的感情に支持されたものでなく」という言及がある（p. 39／五三頁）。

（18）「活動の初等文法と権力の統語法」という表現は、Ramon Fernandez, « La Vie sociale dans l'œuvre de Marcel Proust », in *Cahiers Marcel Proust*, nº 2, Paris: Gallimard, 1927 からヒントを得ているようである。ドイツ語版『全体主義の起源』には「社会生活の文法と統語法（Grammatik und Syntax des gesellschaftlichen Lebens）」という表現が引用されている。Hannah Arendt, *Elemente und Ursprünge totaler Herrschaft*, Frankfurt am Main: Europäische Verlagsanstalt, 1955, S. 93（ハンナ・アーレント『全体主義の起原１　反ユダヤ主義』大久保和郎訳、みすず書房、一九七二年、一〇二頁）。

［第五章］

（1）以下で引用するように独立宣言原文は“the Laws of Nature and of Nature's God”となっているが、アレントのテキストでは二番目の“of”が脱落している。

（2）「ラティウム人のわれわれは、サートゥルヌスの後裔で、鎖や法によらずとも、自然に正しくおのずから、古来の神の方式に、則《のっと》りおのれを持するもの、これを知ってもらいたい」（ウェルギリウス『アエネーイス』上巻、泉井久之助訳、岩波書店（岩波文庫）、一九七六年、四四二頁）。

（3）原文は以下のとおり。“When in the Course of human events, it becomes necessary for one people to dissolve the political bands which have connected them with another, and to assume among the powers of the earth, the separate and equal station to which the Laws of Nature and of Nature's God entitle them, a decent respect to the opinions of mankind requires that they should declare the causes which impel them to the separation. / We hold these truths to be self-evident, that all men are created equal, that they are endowed by their Creator with certain unalienable Rights, that among these are Life, Liberty and the pursuit of Happiness”.

（4）最高裁判所が果たした歴史的機能については、修正第一四条の問題と内戦としての南北戦争の問題の検討が必要であろう。アレント自身、後の『暴力について』（正式な表題は『共和国の危機』）の論文「市民的不服従」でこう述べている。「修正第一四条の歴史は、法律と変化との関係について、おそらくとくに教示するところの多い例であろう。修正第一四条は、南北戦争の結果として生じた変化を憲法の用語に翻訳しようとするものであった。この変化は南部諸州には受け入れられなかったので、その結果として、人種的平等の条項はおよそ一〇〇年間実施されてこなかった。法律が変化を実施することができないさらに印象的な例は、もちろん禁酒に関する修正第一八条である。これは、実施できないことが明らかになったので廃止されなければならなかった。これにたいして、修正第一四条は最高裁判所の法的行為によってついに実施された。しかし、「人種的平等を否定する州法に対処する最高裁判所の明白な責任」はかねてからあったといえるかもしれないが、最高裁がそのような選択をしたのは、南部諸州の法律にかんするかぎり、明らかに市民的不服従の運動である市民的権利運動が黒人市民と白人市民の両方の態度の徹底的な変化をもたらしてからのことにすぎないのは明白な事実である」（ハンナ・アーレント『暴力について——共和国の危機』山田正行訳、みすず書房、二〇〇〇年、七四—七五頁）。

（5） キケロ「スキピオの夢」水野有庸訳、『キケロ　エピクテトス　マルクス・アウレリウス』鹿野治助責任編集（「世界の名著」14）中央公論社、一九八〇年、六八—七〇頁。『国家について』岡道男訳、『キケロー選集』第八巻、岩波書店、一九九九年、一六〇—一六二頁。

（6） Hannah Arendt, *The Life of the Mind*, Vol. 2, *Willing*, New York: Harcourt Brace Jovanovich, 1978, pp. 214-215（ハンナ・アーレント『精神の生活』下巻「第二部　意志」佐藤和夫訳、岩波書店、一九九四年、二五五頁）。

［第六章］

（1） ハミルトン、ジェイ、マディソン「ザ・フェデラリスト」斎藤眞訳、松本重治責任編集『フランクリン　ジェファソン　マディソン他　トクヴィル』（「世界の名著」40）中央公論社、一九八〇年、三四一頁。A・ハミルトン、J・ジェイ、J・マディソン『ザ・フェデラリスト』斎藤眞・中野勝郎訳、岩波書店（岩波文庫）、一九九九年、八〇頁。

（2） なお邦訳三七八頁の一—二行目（本書、二四〇頁の最終行にあたる）には、「解放ののちにはじめて現われる自由」とあるが、原文は“a freedom which was not preceded by liberation”である。

（3） この点については『人間の条件』の検討が必要になる。

（4） ここでいう「大陸の政党システム」とは、アングロ・サクソンの二大政党制と対比されるそれである。『全体主義の起源』第二部においてアレントは「海外帝国主義」と「大陸帝国主義」の二類型を設定し、その関連で英米型政党制と大陸型政党制を対比している。

（5）ジェファーソンは一七八五年から八九年に公使としてフランスに滞在しており、革命の勃発に立ち会っている。

（6）少し前のところで、アレントは革命家が評議会制の重要性を評価した重要な例外として、一八七一年パリ・コミューンについてのマルクスの評価と、一九〇五年と一七年のソビエトの経験についてのレーニンの言及を挙げている（cf. pp. 249-250／四〇〇頁）。マルクスおよびレーニンの評議会に対する態度についてアレントは Oskar Anweiler, *Die Rätebewegung in Russland 1905-1921*, Leiden: E. J. Brill, 1958 におおむね依拠している。

（7）マルクス自身は、組織された革命党派としての共産党が国家権力を掌握することを「プロレタリアートの独裁」の具体的内容として提示しているわけではない。「独裁」とは古代ローマの独裁官からきた言葉で、市民の共同体が対外的危機や内戦などの非常事態に直面した時に一時的に強力な権限を掌握する官職のことであった。したがって、市民社会の内部の階級対立――「プロレタリア」というのも古代ローマの零落市民からきている――が深刻化した危機状況にあって労働者階級あるいはその代表が全権を掌握してコミュニズムへ移行する「過渡期」の権力を「プロレタリアートの独裁」と呼ぶのは、そうした「独裁官」の概念の適用としてはあながち外れてはいない。ただし、アレントからするならば、問題はそうした「権力」が基本的には旧体制が行使した「暴力」との対応関係で理解されていることにあるだろう。「コミューン」――それは国家権力が、社会を支配し圧服する力としてではなく、社会自身の生きた力として、社会によって、人民大衆自身によって再吸収されたものであり、この人民大衆は、自分たちを抑圧する組織された強力（Gewalt）の代わりに、自分自身の強力を形づくるのである。――それは、人民大衆の抑圧者によって横領され、人民大衆の手によって人民大衆を抑圧するために行使されてきた社会の人為的な強力（人民大衆に対立させられ、人民大衆に対抗して組織された人民大衆自身の力）の代わりとしての、人民大衆の社会的解放の政治形態である」（カール・マルクス「フランスにおける内乱」第一草稿、『フランスにおける内乱』村田陽一訳、大月書店（国民文庫）、一九七〇年、一四四—一四五頁）。

なお、アレントがここにつけた註記（p. 325, note 64／四一〇頁、四五二—四五三頁、原註（64））で引用しているマルクスの発言は Anweiler, *Die Rätebewegung in Russland 1905-1921*, S. 19 に引用されているものだが、これはカール・マルクス「ケルン共産党裁判の真相（Enthüllungen über den Kommunisten-Prozeß zu Köln）」（一八五二年に執筆され五三年に匿名で発表、『マルクス゠エンゲルス全集』第八巻、大月書店、一九六二年）の本文ではなく、一八五〇年三月の「共産主義者同盟中央委員会の同盟員への呼びかけ（Ansprache der Zentralbehörde an den Bund der Kommunisten）」である（『マルクス゠エンゲルス全集』ではマルクスとエンゲルスの連名になっている。「一八五〇年三月の中央委員会の同盟員への呼びかけ」、『マルクス゠エンゲルス全集』第七巻、大月書店、一九六一年）。「民主主義者は、あからさまに連邦共和制をめざしてつとめるか、あるいは、単一不可分の共和国がどうしても避けられない場合には、せめて市町村や州をできるだけ自主的で独立的なものとして、中央政府を無力化することにつとめるであろう。労働者としてはこの計画に対抗して、単一不可分のドイツ共和国をめざしてつとめるだけでなく、この共和国内でも、権力を国家権力の手中にもっとも徹底的に集中することを目標として、つとめなければならない。労働者は、市町村の自由とか自治などという、民主主義者のおしゃべりにまよわされてはならない。ドイツのように、まだたくさんの中世の遺物をとりのぞかなければならず、地方や州の我意を大量に打ち破らなければならない国では、中央から指揮されてこそ全力量を発揮できる革命的活動に対して、一つ一つの村、都市、州が新しい障害となるようなことを、どんな場合にも許してはならない。——ドイツ人が、同じ一つの進歩を目標としながら、一つ一つの都市、一つ一つの州で別々に戦わなければならない現状が再現されることを、許してはならない。ことに、近代的な私的所有よりもっと前の所有形態で、どこでも必然的に分解してこの近代的な私的所有に変わりつつある市町村所有や、それをめぐって貧しい市町村と富んだ市町村の間に起こっている争いや、さらに、国家の市民権とならんで自治体市民権が存在していて、労働者に対する落とし穴となっているような状態、こうしたものが、自由な自治体制度なるものによって永久化されることは、もっとも許しえないことである。一七九三年のフランスでそうであったように、今日のドイツでも、もっとも厳格な中央集権化を実現することが真の革命党の任務である」（マルクス&エンゲルス「一八五〇年三月の中央委員会の同盟員への呼びかけ」二五七頁）。これは一八四八年革命の二年後に、今後の革命において「小ブルジョア的民主党」が優勢になることは不可避であるという展望の下に、プロレタリアートは自己を強力に組織し、武装化し、革命を永続化せねばならないとする文書の一部である。したがってアレントがこの発言をパリ・コミューンの「わずか二年後」のものとしているのは間違いである。おそらくアレントは一八四八年革命の挫折と一八七一年のコミューンの挫折を混同したものと思われる。

ただしアンヴァイラーは、パリ・コミューンがマルクスにとって予期せぬ出来事で、マルクスはそこから理想化された「マルクス主義的コミューン」像を創りだしのであって、彼自身革命のヴィジョンとコミューンの自治との間の矛盾に気づいていた、したがってコミューンの反中央集権的傾向をできる限り転じるためにマルクス、エンゲルスそしてレーニンも、コミューンの「否定的な側面」を強調するようになったと指摘していて（Anweiler, *Die Rätebewegung in Russland 1905-1921, S.* 19-23）、大筋ではアレントの議論と重なっている。

（8）　アレントの伴侶となったハインリヒ・ブリュッヒャーはかつて共産党員で一九一八年一一月のいわゆる「ドイツ革命」に加わっていることもあり、アレントがドイツの評議会運動についてどのような評価をしていたのかは興味の持たれるところだが、直接の言及はほとんど見当たらない。本文の少し後にローザ・ルクセンブルクのロシア革命批判が引かれているが（p. 263／四一九頁、後註参照）、ドイツにおける事態の進行の過程でローザがどのような態度を取ったかについては別の問題だろう。
（9）空想的社会主義者は通常ロバート・オウエン、サン・シモン、シャルル・フーリエを指して用いられる。プルードンやバクーニンのアナーキストをそこに含めるかは議論がある。そもそも「空想的社会主義者（Utopian Socialist）」という呼称自体が、マルクスあるいはマルクス主義陣営からの蔑称の側面をもっていた。アレントがそうしたニュアンスを込めてプルードンやバクーニンをこれに含めたかどうかは定かではないが、いずれにせよ本文にあるように、彼らは体制の破壊を目標にしても、あらたな「権力」（アレントの言う意味での）の設立は彼らの念頭になかったという意味では「空想的」だったということになるだろう。
（10）ドイツ語版ではこの目撃者は率直に職業革命家たちとされ、マックス・アドラーの名前と発言が引かれている。また、政党制にかんしては、「そこから人は容易に一党独裁を導きだすことができる」という言及が加えられている（S. 339）。
（11）アレントはローザ・ルクセンブルクの『ロシア革命論』（一九一八年）を参照指示している（p. 264, note 82, pp. 327-328／四一九頁、四五五頁、原註（82）。以下、ローザ・ルクセンブルク『ロシア革命論』伊東成彦・丸山敬一訳、論創社、一九八五年から引用し、その頁数を示す）。そこでは一九一七年一〇月のボリシェヴィキによる権力奪取を「ロシアは経済的に遅れた農業国で、社会革命やプロレタリア独裁に至るにはまだ成熟していないという、カウツキーと体制派社会主義者たちがもっている独断的な理論に対する一つの明確な反証」であると高く評価した上で（四頁）、権力掌握後にとった憲法制定会議の解散が批判されている。「憲法制定会議は一〇月の急転回という決定的な転換点のはるか以前に選ばれ、したがってその構成が新しい事態の姿ではなく、すでに乗り越えられた過去の姿を写しだすものであった以上は、この時効になった、つまり死産した憲法制定会議を解散してただちに新しい制憲会議の再選挙を公示するという結論が当然できたはずであろう！　かれらは昨日のロシア、ケレンスキーのロシア、動揺とブルジョアジーとの連合の時期を反映した会議に革命の運命を委ねることを欲せず、それを許さなかった。それならば、その代りに、再生してさらに進んだロシアから生まれた会議をただちに招集することだけしかなかったはずであろう」（三二一―三二三頁）。「無条件に開かれた公共的統制《コントロール》が必要だ。そうでなければ諸経験の交流が新政府の役人たちの閉鎖的な内輪でしか行われないことになろう。腐敗は避け難いものとなる（レーニンの言葉。『通信』第三六号）。社会主義の実践は数世紀にわたるブルジョア的階級支配によって人間的に貶められてきた大衆のイニシアティブを、あらゆる困難を乗り越える理想主義を、等々。レーニンほどこのことをよく知り、徹底的に語り、執拗に繰り返してきたものは他にはいない。ただ、彼は完全に方法を間違えている。命令、工場監督官の独裁的権力、懲罰、恐怖の支配。これらはすべて一時的な間に合わせである。こうした再生への唯一の道は、公的生活という学校そのものがもたらす訓練、無制限の広汎な民主主義、世論である。まさに恐怖の支配こそは士気を阻喪させ、頽落させるもとだ」（四三頁）。「これらすべてが欠落した場合には、現実には何が残るだろうか？　レーニンとトロツキーは普通選挙によって選出された代議体の代わりにソビエトを労働者大衆の唯一の代表機関であるとした。しかし全国の政治生活が抑圧されるのに応じて、ソビエトの中の生活力もますます衰えていくに相違ない。普通選挙、無制限な出版・集会の自由、自由な論争がなければ、あらゆる公的な制度の中の生活〔生命〕は萎《な》え凋《しぼ》み、そこには官僚制だけが唯一の活動的な要素として残ることになろう。公共の生活は次第に眠り込み、無限のエネルギーと限りない理想主義をもった数十人の党指導者が指令し、統治し、現実にはその中の一〇人位の傑出した首脳たちが指導して、労働者のエリートが指導者たちの演説に拍手を送り、提出された決議案を満場一致で承認するために、時折会議に招集される、ということになろう。つまり要するに同族政治なのだ――独裁には違いないが、しかしプロレタリアートの独裁ではなく、一握りの政治家たちの独裁、つまり全くブルジョア的な意味での、ジャコバン支配のような意味での独裁なのである」（四五―四六頁）。プロレタリアートの独裁とは「階級の独裁であって、一党や一派の独裁ではない。階級の独裁とは、つまり、もっとも広く公開され、人民大衆がこの上なく活発、自由に参加する、何の制限もない民主主義の下での独裁である」(四七頁)。アレントがフランス革命の決定的な転換点、アメリカ革命との分岐点を憲法の制定に求めていることからみれば、レーニンやトロツキーによる憲法制定会議の解散をロシア革命の決定的な転換点とみるルクセンブルクとの共通点は明らかであろう。

ただし両者の立場がどこまで一致するかはなお検討の余地がある。例えばルクセンブルクはボリシェヴィキが憲法制定会議と普通選挙権、出版・集会の自由といった要求に対しては極めて冷淡な態度をとりながら、「民族自決権」についてはこれを非常に重視していることを批判する。「名高い「民族自決権」はプチ・ブルジョアジーの空虚な空文句であり、たわごと以外の何ものでもない」と(一二三頁)。「ボリシェヴィキはこれまで彼らが取ってきた純粋な国際主義的な階級政策の精神で、ロシア全土にわたって革命勢力の緊密な結束をめざし、革命地域としてのロシア全土の統一性をあらゆる方法で必死に守り、ロシア革命の領域内のあらゆる民族のプロレタリアートの団結と一体化を政治の至上命令として、あらゆる民族主義的な分離要求に対して対置する代りに「国家的分離をも含む自決権」というこけおどしな民族主義的な空文句によって、それとは全く逆に、あらゆる辺境諸国のブルジョアジーに彼らの反革命的な志向のための願ってもない恰好の口実を、まさに旗印を与えてやったのである」(一一七頁)。

民族問題についてのローザの「誤謬」は彼女がユダヤ人であったことと関連しているとアレントは『暗い時代の人々』(一九六八年)で述べている。「同化されたユダヤ人の自己欺瞞が、通常自分たちはドイツ人と同じようにドイツ的であり、フランス人と同じようにフランス的であるとする誤った信念にあったのに対して、ユダヤ知識人の自己欺瞞は自分たちが「祖国」を持たないと考えているところにあった。彼らの祖国は実際にはヨーロッパだったのである。第二に、少なくとも東ヨーロッパのインテリゲンツィアは多国語を話したという事実がある——ローザ・ルクセンブルク自身はポーランド語、ロシア語、ドイツ語、フランス語を流暢に話し、英語とイタリア語をよく理解した。彼らは言語という障壁の重大性や、「労働者階級の祖国は社会主義運動である」というスローガンがまさに労働者階級にとってみじめな誤りである理由を決してよく理解しなかった。実際、ローザ・ルクセンブルク自身、彼女の鋭敏な現実感覚と、常套句を避けようとする厳格さをもちながら、このスローガンがどの点で原理的に誤っているかについて耳を貸そうとしなかったのは、少なからずわれわれを困惑させるものである。結局のところ祖国とは何よりもまず「国土」である。比喩的にではあっても組織は国ではない。このスローガンが後に「労働者階級の祖国はソビエト・ロシアである」と変えられたことはまさしく冷厳な正しさをもつが――ロシアは少なくとも「国土」であった――、しかしそれはこの世代のユートピア的国際主義を終熄せしめたのである」（ハンナ・アレント「ローザ・ルクセンブルク――一八七一―一九一九」、『暗い時代の人々』阿部齊訳、筑摩書房（ちくま学芸文庫）、二〇〇五年、七一頁）。

（12）アレントにおいて「国民国家」は、「階級」に区分されて編成された「国民」を社会的基礎とする市民の共同体「国家」であり、この両者を媒介するのが政党を通じて各階級を代表する議会という「代表制」であった。フランス革命以降に完成される「国民国家」の「階級」に属さないところにユダヤ人の独特の地位があり、一九世紀後半、まさにパリ・コミューンを契機に顕著になり始める国民国家とその代表制の解体が「反ユダヤ主義」の噴出をもたらすことになる。牧野雅彦『精読 アレント『全体主義の起源』』第一章、講談社、二〇一五年を参照。

（13）引用は François Odysse Barot, « Le Fédéraliste », 20. Mai 1871 in: Heinrich Koechlin, *Die Pariser Commune von 1871 im Bewusstsein ihrer Anhänger*, Imprimerie Alsatia: Mulhouse, 1950, S. 116-117（仏語原文は ibid., S. 224, Anm. 9）。

（14）ここでアレントがロシア革命に関して挙げている Anweiler, *Die Räitebewegung in Russland 1905-1921*, S. 155-158 は「経営評議会」の展開を論じている箇所で、後述の専門、管理と評議会との関係にかかわっている。アレントの勘違いと思われるが、本来の参照指示としてはおそらく先に紹介したS. 127-135のほうが適切だろう。

(15) 英米系の二大政党制と大陸の多党制の相違については『全体主義の起源』第二部の「大陸帝国主義」のところにも指摘がある。英米系の二大政党制の場合に、政権を担当する政党は政府と——一時的にではあるが——一体となるとそこでは述べている(ハナ・アーレント『全体主義の起原2 帝国主義』大島通義・大島かおり訳、みすず書房、一九七二年、二一四—二一五頁)。

(16) たとえばイギリスにおける近代政党組織の出発点となったバーミンガムの「コーカス」は、選挙権の有無を問わない支持者が「地区」ごとに普通選挙で役員組織「六〇〇人組」を選出し、すべての政策立案は「六〇〇人組」で審議され、各地区の全党員の討議と同意に基づいて市会へ提出された(河合秀和『現代イギリス政治史研究』岩波書店、一九七四年、六七—六八頁)。これは、アレントが描く合衆国憲法制定におけるタウン・ホールの集会を基礎とする審議過程を典型とする評議会型システムと基本的には同様の原則に基づいている。もとより下からの審議と同意の原則の実態がどうであったかについては議論がありうるだろう。マックス・ウェーバーも『職業としての政治』(一九一九年)の中で「コーカス」に代表される近代政党が基本的には指導者の支持調達のため——大衆の歓呼賛同に基づく「指導者民主制」の典型的な組織であると指摘している。いわば本来の「政治」とは異なる「支配」の局面を強調するウェーバーのこうした見方に、政党制と評議会制を対置するアレントの議論は影響されているところがある。ちなみにコーカスの組織原則が少なくとも形式的にどの程度「民主的」であったかは、バーミンガムでコーカスが設立された一八七〇年代当時の英国では、全国議会における一八三二年、六七年、八四年の三次の選挙法改正、また地方議会の選挙法においても男子普通選挙はまだ実現されていないことを勘案する必要がある。牧野雅彦『新版 共存のための技術——政治学入門』大学教育出版、二〇〇八年、七〇—七一頁参照。

（17）アレントとは対照的な立場からマックス・ウェーバーも政党つまりは職業政治家の存在を近代議会制の本質的要件だとしている。「地域と仕事の範囲の点で、地方的な小行政区（スイスのカントンのような）のレヴェルを越えたかなり大きな政治団体において、権力者が定期的に選ばれるようになると、政治は必然的に利害関係者による営なみという形をとる。すなわち、政治生活（つまり政治権力への参加）にとくに関心をもつ比較的少数の人たちが、自由な勧誘という方法で部下を調達し、自分や子分を候補者に立て、資金を集め、票集めに乗りだすようになる。大きな団体でこういう営みがない場合、どうしたら選挙がてきぱきとできるというのか、それこそお手上げというものである。この利害関係者による営みは実際には、政治的に積極的に活動する分子と、受動的なままでいる分子とに有権者を分けることを意味するが、もともとこの区分がそれぞれ各人の自由な意志に基づいている以上、選挙を義務づけたり「職能ごとの」代表にしたり、このような事態を是正（つまりは職業政治家の支配を阻止）することを公然と掲げたり、事実上そうした効果を意図したどのような提案やどのような措置をとったとしても、除去することはできない。指導者とその部下は、自由な勧誘によって追随者の範囲を拡げ、またそれを通じて指導者選出に必要な受動的な有権者を集めるという活動を担う政治上の能動分子として、どんな政党にもなくてはならぬものなのである」（マックス・ヴェーバー『職業としての政治』脇圭平訳、岩波書店（岩波文庫）、一九八〇年、四八―四九頁）。

（18）ただし、これまでの評議会運動の中心的な担い手が労働者階級であり、工場あるいは経営がしばしばその拠点となったことをどう評価するかという問題は残されている。一九世紀後半のパリ・コミューンの担い手はようやく親方と分離しつつある職人層であったといわれているが、二〇世紀に入ってからの評議会運動、一九〇五年のロシア・ペテルブルクの労働者代表評議会、そして第一次世界大戦中から戦後にかけての時期には一九一七年のロシア・ソビエトはもとより、イギリスのショップ・スチュワード（shop steward）運動、グラムシが指導したイタリアの「工場評議会」そしてドイツにおける「評議会」というかたちで、おもに生産現場を基盤とする労働者の――経営管理への要求を含む――自発的な相互結合が族生している。これらの「評議会」運動は職場に基盤を持つという点で、既存の労働組合や社会主義政党・革命政党ともしばしば対抗できるだけの「権力」（アレントの言う）を有していた。たとえばベルリンの金属労働組合の職場委員で工場現場に基盤を持つ「革命的オプロイテ」はベルリンの労働者・兵士評議会およびその執行委員会に実質的な指導権を握り、ローザ・ルクセンブルクらが結成した「スパルタクス団」とは革命戦術をめぐって対立していた（ローザはもとよりスパルタクス支持派は評議会にほとんど代表を送り込めなかった）。J・P・ネットル『ローザ・ルクセンブルク』下巻、諫山正・川崎賢・宮島直機・湯浅赴男・米山紀夫訳、河出書房新社、一九七五年、二九一―二九三頁。

さらにアレントも参照しているオスカー・アンヴァイラーのハンガリー革命についての論文（Oskar Anweiler, „Die Räte in der ungarischen Revolution 1956“, *Osteuropa: Zeitschrift für Gegenwartsfragen des Ostens*, Vol. 8, 1958, S. 393-400）によれば、一九五六年のハンガリーの人民反乱の中心的な担い手はやはり経営における労働者評議会であった。アレントも述べていたように反乱の当初労働者評議会とならんで公務員、軍隊、大学その他さまざまな評議会が形成されて、急速に相互に結集しはじめる。一一月四日のソ連軍による第二次の介入によって、それらの活動は停止または地下に潜行することを余儀なくされる中で、労働者評議会は一二月九日に強制的に解散させられるまで、ゼネストを呼びかけて公然と抵抗を続けたのである。以後、経営管理から労働者の評議会は排除されて、賃金や報酬について労働組合や政府機関とならんで一定の助言をする機能に限定される。ハンガリー革命における労働者評議会が果たした政治的役割に対しては、一方ではハンガリー共産党ならびにモスクワから「労働者組織を反革命のために利用する」ものと批判され、他方で「労働者自主管理」の本家とされるユーゴスラビアから「小ブルジョア的な抽象的自由主義的解決」と批判を受けることになる。アレントがここで言及しているのもそうした事情である（pp. 274, 330, note 97／四三二―四三三頁、四五八頁、原註（97））。

（19）　p. 325, note 64／四一〇頁、四五二頁、原註（64）。Anweiler, *Die Rätebewegung in Russland 1905-1921*, S. 127-137.
（20）　ibid., S. 133-134.
（21）　ibid., S. 157.
（22）　ibid., S. 154-156.
（23）　もとよりアンヴァイラーが指摘しているように、一〇月革命によって権力を掌握したボリシェヴィキが経済の中央集権化を進めようとするさいに、経営評議会の固有の利害要求と衝突することになる（ibid., S. 157）。
　なお、革命後の「戦時共産主義」の後に実施されるいわゆる新経済政策「ネップ」の時期には、ソビエト政府や党から相対的に自律した労働組合が形成されるが（アイザック・ドイッチャー『ソヴィエト労働組合史　一九〇〇―一九四九』労働組合運動史研究会訳、序章社、一九七四年、下斗米伸夫『ソビエト政治と労働組合――ネップ期政治史序説』東京大学出版会、一九八二年）、その後の急速な工業化路線にともなって解体されていくことになる（塩川伸明『「社会主義国家」と労働者階級――ソヴェト企業における労働者統轄　一九二九―一九三三年』岩波書店、一九八四年、塩川伸明『スターリン体制下の労働者階級――ソヴェト労働者の構成と状態　一九二九―一九三三年』東京大学出版会、一九八五年）。アレントはこの「ネップ」の時期のロシア・ソビエト国家を、レーニンがその政治家としての本能に従って、革命後にあらためて擬似的な「国民国家」、つまり諸階級に編成された国民を、労働組合や政党を基礎とする「代表制」を通じて国家へと統合する体制へと編成替えしようとした、と見ている。ハナ・アーレント『全体主義の起原3　全体主義』大久保和郎・大島かおり訳、みすず書房、一九七四年、二四―二六頁。牧野『精読 アレント『全体主義の起源』』一六七―一六八頁。
（24）　これに「エリート主義」というレッテルを貼ってもアレントを批判したことにはならない。アレントの「卓越」や「エリート」の意義の承認を批判するのであれば、論者の考える政治にとってそのような特定のものの能力や資質の発揮は不必要であるばかりか有害であることを論証するか、アレントの想定する「エリート」の条件と彼女が政治活動の必須の条件であるとした政治的「平等」が齟齬する関係にあることを示すか、あるいはそもそも「政治的な平等」という設定そのものが、他の何らかの自然的・社会的不平等を許容することによって、結果として彼女の想定する「政治活動」とそのための公的空間の存立を不可能にする、ということが論じられなければならない。

(25) アレントが念頭に置いているのはルネ・シャール『イプノスの綴り(*Feuillets d'Hypnos*)』のアフォリズム一八八、ならびに一九五である。

一八八　現実の世界と私との間には、今日もはや陰鬱な厚みはない(Entre le monde de la réalité et moi, il n'y a plus aujourd'hui d'épaisseur triste)。

一九五　もし私がここを抜け出すなら、この本質的な歳月の芳香と別れ、私の宝を自分から遠くに、そっと投げ出し(抑えつけるのではなく)、かつてのような、この上なく貧弱な行動の原則にまで、退去しなければならない。あの頃、私は華々しい行動になどけっして近づかず、剝き出しの不満、かろうじて垣間見られた認識と、絶えず問いを発する謙虚さの中で、自分を探し求めていた(Si j'en réchappe, je sais que je devrai rompre avec l'arôme de ce anées essentielles, rejeter (non refouler) silencieusement loin de moi mon trésor, me reconduire jusqu'au principe du comportement le plus indigent comme au temps où je me cherchais sans jamais accéder à la prouesse, dans un insatisfaction nue, une connaissance à peine entrevue et une humilité questionneuse)。

翻訳は『ルネ・シャール全詩集』吉本素子訳、青土社、一九九九年、一六〇頁、一六二頁。シャールのこのアフォリズムへのアレントの解釈に対する疑問を呈示しているものとして、西永良成『激情と神秘――ルネ・シャールの詩と思想』岩波書店、二〇〇六年、一一〇―一一一頁。「遺言なしに遺される」ことを否定的に捉えるアレントに対してシャールはむしろ肯定的なニュアンスを込めていたのでは、という指摘は興味深いが、本論で論じたように、アレントのここでの議論の眼目が政治的な経験そのものは簡単に伝承できないという点にあったとすれば、その点でのシャールとの共鳴関係を見るべきだろう。なお西永が指摘しているように、シャールは戦後ハイデガーとも交流があり、シャールのこのアフォリズムへの着目がハイデガーを経由している可能性はある。ハイデガーとアレントとの関係については別に論じなければならない。

(26) 関連しそうなアフォリズムとしては六二、六三、六六、一八八、二二〇があげられる

(27) ハンナ・アーレント『過去と未来の間――政治思想への8試論』引田隆也・齋藤純一訳、みすず書房、一九九四年、二頁。

(28) なお『革命について』ドイツ語版には、この言及は削除されていて、その代わりとなる次の言及がある。「詩人は多くの場合、政治的な才能や公的活動への嗜好に恵まれているわけではない。だからこそ、自分から望んでしたわけではない自己開示についてまれに見る的確さで証言しているこの言葉は注目に値するのである」（S. 361）。

(29) ニーチェ『悲劇の誕生』秋山英夫訳、岩波書店（岩波文庫）、一九六六年、四四頁。

(30) 「コロノスのオイディプス」高津春繁訳、『ギリシア悲劇II　ソポクレス』筑摩書房（ちくま文庫）、一九八六年、五一一頁。アレントの引用に合わせて訳語は変更した。

(31) トゥキュディデス「戦史」久保正彰訳、村川堅太郎責任編集『ヘロドトス　トゥキュディデス』（「世界の名著」5）中央公論社、一九七〇年、三五五頁。

（32）　クレヴクール『アメリカ農夫の手紙』手紙十二「辺境開拓者の悲哀」秋山健・後藤昭次訳、『クレヴクール』（「アメリカ古典文庫」2）、研究社、一九八二年、二二六頁。

（33）　その意味において『革命について』はたんなる「政治理論」あるいは「政治学」の書ではない。もとよりアレントにとって「政治理論」、「政治学」がどのようなものであったかについては、アメリカの政治科学に対する批判的意識の問題も含めて――アレントがアメリカのアカデミズムの中で、制度の上でも相対的に、また長い間「部外者」であったこととも関係するが――さらに検討を要する。アレントにとって政治学が具体的・歴史的な状況に対する分析であるという意味では、『全体主義の起源』そのものがいうまでもなく「政治学」の書でもある。

なおカール・ヤスパースは『革命について』を高く評価していて、アレントの著作では『全体主義の起源』を凌ぐものだと評している。一九六三年五月一六日付のアレント宛書簡（Hannah Arendt und Karl Jaspers, *Briefwechsel 1926-1969*, München: Piper, 1985, S. 264, S. 540-541／『アーレント＝ヤスパース往復書簡――一九二六―一九六九　3』大島かおり訳、みすず書房、二〇〇四年、二六五頁、二四六頁）。

あとがき

ゼミや研究会などで報告された方なら経験があると思いますが、アレントはなかなか要約が難しい思想家です。テキストの要所要所の文章を並べればレジュメができるわけではなく、そもそも延々と続くように見える文章のどこで区切ればよいのかすら分からない。思い切ってこちらから論点を設定してまとめようとしても、アレントの文章の流れがきちんと読めていなければ要旨のまとめようがない、という堂々巡りから抜け出す方法は、結局のところ次の二つしかありません

ひとつは、アレントが対象としている事象はどのようなものであったのか、アレントはその何処に注目したのかを検討すること。いまひとつは、アレントが相手にしている思想家のテキストに実際にあたってみて、アレントはテキストのどこを、どのように読んだのかを考えることです。これは歴史や思想史の基本的な方法なのですが、アレント自身そうした方法を踏まえて議論していることが分かります。

第一の点については、アレントは実証的な研究者ではありません。だからアレントの事実認識はここが間違っているという批判はしばしば行われるし、いやアレントの思想の意義は事実認識とは別のところにあるといった弁解めいた反論がなされることもあります。事実に即した検証に耐えないような政治思想に意味があるかという問題は措くとしても、アレント自身は事実についての目配りを欠か

しているわけではありません。たしかにアレントが問題としているのは、それぞれの人間や人間集団にとって見えているところの現象世界であり、彼らにとって世界はどのように見えているのかというわゆる現象学的な方法がアレントの見方の特徴なのですが、そこにはやはり事実とのつながりがなければならない。実証研究の立場からなされる批判は、アレントの議論の誤解や誤読に基づいてこれを批判したり、アレントから問題設定を拝借しておきながら細かい事実についてアレントの認識はこが足りないという批判に終わっている場合がかなりあります。

第二の、思想史の本道というべき方法についても同じことがいえます。個々の思想家についてのアレントの解釈は一見すると独特のように見えますが、本書で取り上げられているプラトン、アリストテレスにはじまってヘーゲル、マルクスといったアレントの言う西洋政治哲学の本流に位置する思想家はもちろん、マキアヴェリ、ロック、ルソーという近代政治思想の主要人物、そしてジェファーソン、ジョン・アダムズ、マディソンなどのアメリカ独立革命期の思想家、さらにはトマス・ペインやバークなど、アレントが参照しているテキストのそれぞれの箇所はいずれもその思想家の議論の核心部分に関わっていることが調べてみるとよく解ります。しかもそれらが相互の継承関係や同時代的な応答関係に置かれて論じられている。その意味においては、西洋政治思想のアウトサイダーとしてのアレントの側面のみを強調する見方は一面的です。

実は私自身もそうしたことを本書を執筆する過程であらためて痛感させられました。もともと本書は岩波書店の雑誌『思想』に掲載した論文「アレントと政治的思考の再建——『革命について』を読む」(上・下)(二〇一七年三月号、四月号)を基にしているのですが、議論を膨らませようとする際に『革命について』のテキストに立ち戻って調べ直す、考え直すという作業の連続でした。

このようなかたちで本書をまとめるにあたっては法政大学出版局の岡林彩子さんに大変お世話になりました。大部になりすぎた原稿を削って絞り込むというういつもの作業とは反対に、枚数についてはあまり心配せずに、その分だけ、いつもならこちらの論旨に合わせて省略したり無視していたテキストの部分について逃げずに扱うことができたのも岡林さんのおかげです。原稿から校正の過程でも、最初の読者として貴重な意見を沢山いただきました。

牧野雅彦

二〇一八年五月

牧野雅彦（まきの まさひこ）
1955年生まれ。京都大学法学部卒業、名古屋大学大学院法学研究科博士課程単位取得。名古屋大学法学部助手・教養部助教授などを経て、現在、広島大学法学部教授。専門は、政治学、政治思想史。主な著書に、『歴史主義の再建』（日本評論社、2003年）、『マックス・ウェーバー入門』（平凡社新書、2006年）、『国家学の再建』（名古屋大学出版会、2008年）、『ロカルノ条約』（中公叢書、2012年）、『精読 アレント『全体主義の起源』』（講談社選書メチエ、2015年）、『危機の政治学』（講談社選書メチエ、2018年）ほか。

アレント『革命について』を読む

2018年8月20日　第1刷発行

著　者　牧野雅彦

発行所　一般財団法人 法政大学出版局
〒102-0071　東京都千代田区富士見2-17-1
電話 03（5214）5540　振替 00160-6-95814

組版 村田真澄　印刷 ディグテクノプリント　製本 誠製本
装幀 森 裕昌

ISBN978-4-588-13024-3　Printed in Japan

人名索引

・ハンナ・アレントは対象としなかった。

[ア　行]

アイスナー、クルト（Kurt Eisner）（1867–1919年）　253
アクィナス、トマス（Thomas Aquinas）（1225頃–74年）　14, 40, 156-157
アダムズ、ジョン（John Adams）（1735–1826年）　6, 56-58, 83-84, 86, 139, 141, 145-146, 148, 150, 154-156, 166, 189, 212, 217-218, 300, 303, 307
アダムズ、ジョン・クインシイ（John Quincy Adams）（1767–1848年）　300
アリストテレス（Aristotelēs）（前384–前322年）　8, 11, 14, 18-20, 25, 36, 48, 50, 148, 152, 190, 311
アンヴァイラー、オスカー（Oskar Anweiler）（1925年–）　270, 273, 315-317, 324-325
イエス（ナザレのイエス）（前4頃–後30/33年）　20-21, 98-101, 103-109, 111, 113, 156, 186, 214
ウェーバー、マックス（Max Weber）（1864–1920年）　276, 305, 322-323
ウェルギリウス（プーブリウス・ウェルギリウス・マーロー）（Publius Vergilius Maro）（前70–前19年）　33-34, 213, 227-231, 313
エンゲルス、フリードリヒ（Friedrich Engels）（1820–95年）　269, 302, 316-317
オウエン、ロバート（Robert Owen）（1771–1858年）　318

[カ　行]

カーメネフ、レフ（Лев Борисович Каменев / Lev Borisovich Kamenev）（1883–1936年）　272
カルヴァン、ジャン（Jean Calvin）（1509–64年）　101, 154-155
カント、イマヌエル（Immanuel Kant）（1724–1804年）　152, 301, 309
カントローヴィチ、エルンスト（Ernst Hartwig Kantorowicz）（1895–1963年）　183, 310
キケロ（マルクス・トゥッリウス・キケロ）（Marcus Tullius Cicero）（前106–前43年）　32, 34, 149-150, 157, 225-226, 300, 314
キリスト　→「イエス」をみよ
クラウゼヴィッツ、カール・フォン（Carl von Clausewitz）（1780–1831年）　42
グラムシ、アントニオ（Antonio Gramsci）（1891–1937年）　255, 323
クレヴクール、ミシェル・ギヨーム・ジャン・ド（Michel Guillaume Jean [John Hector St. John] de Crèvecœur）（1735–1813年）　160, 162-163, 166, 286-287, 307, 328
クロムウェル、オリバー（Oliver Cromwell）（1599–1658年）　65, 189, 226-227, 257
ケレンスキー、アレクサンドル（Алекса́ндр Фёдорович Ке́ренский / Aleksandr Fyodorovich Kerenskii）（1881–1970年）　318
コペルニクス、ニコラウス（Nicolaus Copernicus）（1473–1543年）　65

[サ　行]

サン・シモン、アンリ・ド（Henri de Saint-Simon）（1760–1825年）　318
シェイエス、エマニュエル＝ジョゼフ（Emmanuel-Joseph Sieyès）（1748–1836年）　90, 182, 188-189, 211, 310
ジェファーソン、トマス（Thomas Jefferson）

（1743–1826 年）　6, 84, 86-87, 147-148, 150, 154-157, 165, 212, 214-219, 240-243, 245, 248-251, 288, 292, 303, 307, 315

ジノヴィエフ、グリゴリー（Григорий Евсеевич Зиновьев / Grigorii Yevseevich Zinoviev）（1883–1936 年）　274

シャール、ルネ（René Char）（1907–88 年）　280-282, 326-327

スキピオ（スキピオ・アエミリアヌス）（Publius Cornelius Scipio Aemilianus Africanus Numantinus）（前 185 頃 – 前 129 年）　225-226, 314

スキピオ・アフリカヌス　→「大スキピオ」を見よ

スターリン、ヨシフ（Ио́сиф Виссарио́нович Ста́лин / Iosif Vissarionovich Stalin）（1878–1953 年）　3-4, 121-122, 267, 272, 325

スミス、アダム（Adam Smith）（1723–90 年）　51

ソクラテス（Socrates）（前 470 頃 – 前 399 年）　20-25, 27-28, 39, 95, 99, 123-126, 156-157, 298

ソフォクレス（Sophocles）（前 496 頃 – 前 406 年頃）　280, 283-284

［タ　行］

大スキピオ（スキピオ・アフリカヌス）（Publius Cornelius Scipio Africanus Major）（前 236 頃 – 前 183 年）　226

デモステネス（Dēmosthénēs）（前 384– 前 322 年）　149

トゥキュディデス（Thucydides）（前 460 頃 – 前 395 年）　30, 39, 190, 285, 327

トクヴィル、アレクシ・ド（Alexis de Tocqueville）（1805–59 年）　55, 290, 306-307, 311, 314

ドストエフスキー、フョードル（Фёдор Миха́йлович Достое́вский / Fyodor Mikhaylovich Dostoevskiy）（1821–81 年）　98-99, 105-107, 109

トラー、エルンスト（Ernst Toller）（1893–1939 年）　254

トロツキー、レフ（Лев Давидович Троцкий / Lev Davidovich Trotsky）（1879–1940 年）　319-320

［ナ　行］

ナポレオン、ボナパルト（Napoléon Bonaparte）（1769–1821 年）　115, 189, 248, 305, 307

ニーチェ、フリードリヒ（Friedrich Wilhelm Nietzsche）（1844–1900 年）　111, 283, 301, 305, 327

ネットル、J・P（J. P. Nettle）（1926–68 年）　324

［ハ　行］

ハミルトン、アレキサンダー（Alexander Hamilton）（1755–1804 年）　6, 172, 180, 306, 310-311, 314

ハリントン、ジェイムズ（James Harrington）（1611–77 年）　145, 189, 225, 227

バロー、オディス（François Odysse Barot）（1830–1907 年）　260, 321

プラトン（Platon）（前 427– 前 347 年）　9, 11, 14, 17, 19-22, 24, 27-28, 30, 36, 48, 101, 125, 148-150, 157, 213, 290, 296-298, 311

フーリエ、シャルル（Charles Fourier）（1772–1837 年）　318

ブリュッヒャー、ハインリヒ（Heinrich Blücher）（1899–1970 年）　295, 317

ペイン、トマス（Thomas Paine）（1737–1809 年）　66, 171, 300, 309

ヘーゲル、ゲオルク・ヴィルヘルム・フリードリヒ（Georg Wilhelm Friedrich Hegel）（1770–1831年）　69-71, 77, 79, 299, 301-302
ヘロドトス（Herodotus）（前485頃－前420年頃）　14, 55, 327
ベンサム、ジェレミ（Jeremy Bentham）（1748–1832年）　304, 308
ペンドルトン、エドモンド（Edmund Pendleton）（1721–1803年）　163
ホッブズ、トマス（Thomas Hobbes）（1588–1679年）　58, 197, 200, 202
ポリュビオス（Polybius）（前200頃－前118年頃）　48

［マ　行］

マキアヴェリ、ニッコロ（Niccolò Machiavelli）（1469–1527年）　60-64, 123-126, 225-226, 300, 309, 312
マディソン、ジェームズ（James Madison）（1751–1836年）　6, 116-117, 172-173, 190, 192, 194, 237, 244, 303, 306-307, 310-311, 314
マルクス、カール（Karl Heinrich Marx）（1818–83年）　2, 9, 32, 36, 39, 51, 56, 77-81, 99, 124-125, 134-135, 146, 165-166, 177, 199, 213, 222, 227, 252-253, 255-256, 269-270, 290, 293-296, 301-302, 308, 314-318
ミラボー、オノーレ（Honoré-Gabriel Riqueti de Mirabeau）（1749–91年）　91
ミル、J・S（John Stuart Mill）（1806–73年）　88, 166, 304, 308
メルヴィル、ハーマン（Herman Melville）（1819–91年）　98, 101, 103, 107-109, 304-305
モンテスキュー、シャルル・ド（Charles-Louis de Montesquieu）（1689–1755年）　7-9, 14-17, 36, 138, 143, 146, 152, 161, 176-177, 179-182, 212, 290-292, 296

［ラ　行］

ラファイエット（Gilbert du Motier de La Fayette）（1757–1834年）　91
ランダウアー、グスタフ（Gustav Landauer）（1870–1919年）　254
ルイ・ボナパルト（ナポレオン三世）（Charles Louis-Napoléon Bonaparte）（1808–73年）　252, 302
ルクセンブルク、ローザ（Rosa Luxemburg）（1871–1919年）　317-318, 320-321, 324
ルソー、ジャン＝ジャック（Jean-Jacques Rousseau）（1712–78年）　58, 92-99, 106, 109, 111-115, 119, 131, 146, 152, 162, 176, 183, 208, 262, 266, 287, 304, 307
ルター、マルティン（Martin Luther）（1483–1546年）　50
ルッツ、ウルズラ（Ursula Ludz）（1936年－）　2, 293-295
レヴィーネ、オイゲン（Eugen Leviné）（1883–1919年）　254
レーニン、ウラジーミル（Влади́мир Ильи́ч Улья́нов [Ле́нин] / Vladimir Ilyich Ulyanov [Lenin]）（1870–1924年）　37, 81, 122, 138, 252-253, 255, 303, 315, 317, 319-320, 325

事項索引

・同義語には［同］、関連語には［連］、対義語には［対］をそれぞれ付して、参照を指示した。

［ア　行］

［カ　行］

［ナ　行］

［ハ　行］

［マ 行］

［ヤ　行］

［ラ　行］